FOREIGN
MICE CLASSIC RENDITIONS 国外会展经典译丛

EVENTS MANAGEMENT：
PRINCIPLES & PRACTICE

节事管理
原理与实践
（原书第2版）

【著】 拉扎克·拉杰（Razaq Raj）

　　　 保罗·沃尔特斯（Paul Walters）

　　　 塔希尔·拉希德（Tahir Rashid）

【译】 王馨欣　陈　刚

重庆大学出版社

图书在版编目(CIP)数据

节事管理：原理与实践：原书第 2 版/(英)拉扎克·拉杰 (Razaq Raj)，(英)保罗·沃尔特斯 (Paul Walters)，(英)塔希尔·拉希德 (Tahir Rashid) 著；王馨欣，陈刚译. --重庆：重庆大学出版社，2022.6
(国外会展经典译丛)
书名原文：Events Management：Principles & Practice
ISBN 978-7-5689-3286-8

Ⅰ.①节… Ⅱ.①拉… ②保… ③塔… ④王… ⑤陈… Ⅲ.①展览会—管理 Ⅳ.①G245

中国版本图书馆 CIP 数据核字(2022)第 083188 号

国外会展经典译丛
节事管理
——原理与实践(原书第2版)
JIESHI GUANLI
—YUANLI YU SHIJIAN

拉扎克·拉杰　保罗·沃尔特斯　塔希尔·拉希德　著
王馨欣　陈　刚　译

策划编辑：尚东亮
责任编辑：杨育彪　　版式设计：尚东亮
责任校对：关德强　　责任印制：张　策

*

重庆大学出版社出版发行
出版人：饶帮华
社址：重庆市沙坪坝区大学城西路 21 号
邮编：401331
电话：(023) 88617190　88617185(中小学)
传真：(023) 88617186　88617166
网址：http://www.cqup.com.cn
邮箱：fxk@ cqup.com.cn (营销中心)
全国新华书店经销
重庆三达广告印务装璜有限公司印刷

*

开本：787mm×1092mm　1/16　印张：17　字数：406 千
2022 年 6 月第 1 版　2022 年 6 月第 1 次印刷
ISBN 978-7-5689-3286-8　定价：48.00 元

作者简介

　　拉扎克·拉杰博士是利兹城市大学节事、旅游和酒店专业的高级讲师。他在节事、节事财务管理、信息技术、文化节庆活动、可持续旅游和宗教旅游等相关领域都有作品发表。拉扎克是教科书《国际化视角下的宗教旅游和朝圣管理》《高级节事管理：综合实用方法》《节事管理与可持续发展》的作者。他是某国际期刊和学术协会的董事会成员，也是《旅游、休闲和运动国际期刊》的前主编。

　　保罗·沃尔特斯在音乐管理、展览设计、节庆、项目管理、巡回剧院管理、电影制作、赞助/市场营销和公共关系等领域有着长达 20 年的从业经历。在这个过程中，他积累了丰富的知识和经验，这笔财富让他走进曼彻斯特城市大学并担任了高级讲师的职位。他的研究领域及目前的专业活动包括节庆和文化活动，以及国际户外大型活动的管理与运作管理。保罗目前在德国的天使商学院讲学。

　　塔希尔·拉希德博士是一个在零售管理、市场营销和企业战略领域有着丰富经验的企业家。作为管理顾问，塔希尔引导政府和欧洲赞助项目，帮助中小企业提高其管理和 IT 能力。塔希尔拥有丰富的高等教育经验，他的专业领域包括关系营销、管理营销、网络营销和企业战略。他发表过很多经同行评审过的期刊文章，还有一本专著，以及数篇有关高等教育和中小企业领域的关系营销学、网络营销、在线教育的会议论文。

目　录

第 1 部分
节事概念和管理入门

第1章 节事旅游

在本章,您将了解到如下内容:
- 节事管理发展史;
- 节事管理的专业定义;
- 不同区域内节事活动的规模;
- 节事产业;
- 节事产业领域的价值;
- 节事活动分类;
- 当地政府的节事活动策略;
- 公司的节事活动策略;
- 慈善活动;
- 总结;
- 问题讨论;
- 案例研究。

本章提供了节事管理的历史概述,以及该行业是如何随着时间发展的。本章的核心主题是在需要保持一致工作关系的活动经理和活动专家之间建立一种对话。本章的每一段内容都将与行业内合适的最佳实践相结合。此外,本章还讨论了节事管理行业中存在的不同类型的事件。具体来说,本章将分析和讨论一系列节事活动对行业的影响,包括为以社区为导向的活动和节事创造机会。

节事管理发展史

节事以有组织的表演形式起源于古代史。在西罗马帝国灭亡(公元476年)之前的历史时期,人们就记载了事件和节日。它们在社会中具有重要作用,为参与者提供了维护自己身份并与他人分享仪式和庆祝活动的机会。人们有庆祝特殊的宗教性质神圣日子的传统,例如圣诞节和复活节。主权统治者和其他领导人经常将组织活动作为控制大众的一种方式,尤其是在 17 世纪和 18 世纪。

在现代社会中,人们可能会认为,传统的宗教节日和国家节日不再被视为社区庆祝活动的主要焦点。相反,现代西方社会倾向于创造一些庆祝个人里程碑、周年纪念日和成就的事件。生日聚会、婚礼庆祝活动和暖屋派对都是人们聚在一起的方式。

如今,人们认为这些活动会为举办国家的文化和经济发展做出重要贡献。对主办社区来说,这些活动也会为当地文化旅游的发展带来重大影响。

节日可以被定义为团体聚会或以某些主题为中心,每年举行或在特定时间内举行的活动。人们经常利用历史和文化主题举办年度节事活动以吸引游客,并通过在团体环境中举办节日为主办城市塑造文化形象。越来越多的大型活动和节日不是专门针对任何一个特定群体的社会和文化需求设计的,而是为了获取所期待的经济效益才经常举办的,这主要是通过带动旅游业发展带来经济效益。这些节日吸引了越来越多的本地、区域和国际游客,因此,可能有助于加强与国际团体的联系。

人们普遍认为当地社区的节日和庆祝活动为社会做出了重要贡献。这些当地的节日为居民和游客创造了娱乐活动,也有助于培养一种社区意识,它在不同的社区团体之间搭建桥梁,让他们有机会聚在一起庆祝他们的历史和了解他们居住的地方。

节事管理的专业定义

为了更充分地了解如今发生的一系列节事,必须从检查它们的目标开始。字典中对"节事"的任何定义都包含一个广泛的语句,比如"发生了一些事情"。

"节事活动"这个词在医学、哲学或物理学中也有特殊含义。在这类科学中,我们关心的是超乎人们意愿的事件。当我们把这个术语与"管理"的概念结合起来时,将会看到"组织""管理"和"控制"等词,"管理"的定义是有目的的人类创造。因此,要管理活动,它们必须涉及其他人,并有预先确定的目的和地点。

因此,节事活动管理可以这样定义:

节事活动管理是对目的、人和地点的能力和控制过程。

因此,节事活动本身可以被定义为"在有目标上的事件"。

一个节事活动的主要目标可以被严格地定义。一个目标可以是定量的和财务上的,例如,销售门票和产生利润。在活动期间和活动之后涉及参与者的思想、感受和情感方面,也可能还有一些不太有形的、定性的目标,这些都将是一场婚礼或一个私人聚会的关键目标。

在下一章中,我们将更密切地关注活动目标,特别是它们在活动规划过程中的作用。本节中我们将探讨"活动目标组成"如何帮助我们分析当前正在举办的各种国际节事活动。

节事活动的目标组成是活动目标的基石。根据早期对节事管理的定义,它们被分为三类:目的、人和地点(图 1.1)。

因此,为了理解节事的种类,我们可以尝试根据其目标组成对它们进行分类。但是,这个过程产生了如此多的排列和重叠,以至于最终我们必须得出结论,节事活动不能被精确地分类。然而,一个积极的结论使所有的事件都涉及一个社会群体,这个群体可以是本地性的,也可以是国际性的;它还可以是一个特定的商业群体或一个文化群体。

如果我们关注从个人到全球的不同范围的事件、私人活动,如结婚纪念日或生日派对,包括在个人的生活中的一个特定的日期相聚在一起庆祝的家人朋友群体。文化和群体都通过活动的社会互动而得到表达和加强。就全球范围而言,比如,2012年伦敦奥运会或2014年巴西世界杯,可能会涉及其分层目标和利益相关者的每一个可能的组成部分。这是由于这些重大事件的复杂性实际上是由一系列事件组成的。回顾事件目标组成图(图1.1),我们可以辨认出文化、嘉年华与庆祝开幕式和闭幕式;众多竞争者;企业元素;以及这些节事活动给公民、社区、城市和国家带来的积极变化。

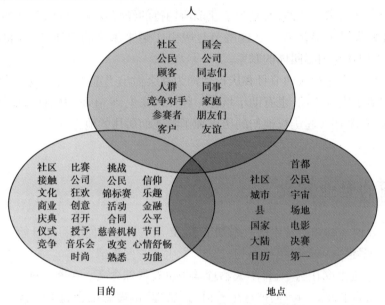

图1.1 事件目标组成——事件的"C"和"F"

因此,群体是活动目标组成中最重要的组成部分,包括国际田径或足球群体;外籍人士及其后裔群体,如城市的爱尔兰群体或加勒比群体,他们聚集在一起庆祝圣帕特里克节或狂欢节;或任何商业领域,如英国公用事业工业商界。所有的事件都是关于世界上广泛而多样的群体的,节事活动场所是人们交流的地方。

不同区域内节事活动的规模

现代活动在规模、复杂性和涉及的利益相关者数量方面差异很大,从群体节日到大型体育赛事。

节事活动的大小与其复杂性之间的关系见图1.2。

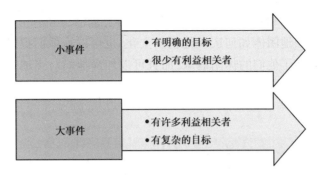

图1.2 事件的大小与其复杂性之间的关系

节事活动规模越大,它的目标组成部分就越多,因为许多子事件和利益相关者事件构成了整体,奥运会等项目尤其如此。图1.3中的节事活动的类型展示了从个人到跨国组织的组织者在世界各地开发的不同类型的事件。

在过去的十年里,节日的性质发生了相当大的变化。它们以前往往倾向于与关键的日期、特定的季节和遗产地点联系在一起,但现在世界各地都有更广泛、更多样化的节日和活动发生。商业刺激了节日的革命。当地社区团体需求的变化,增加了活动组织者和当地企业的商机。

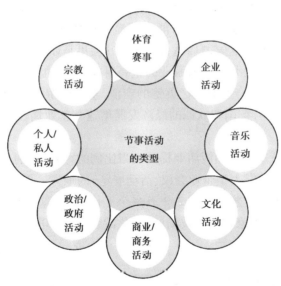

图1.3 节事活动的类型

节日在一个城市和当地社区的经济中起着重要作用。这类活动对主办社区很有吸引力,因为它们可以增强当地人的自豪感和认同感。此外,节日还可以在促进主办社区作为旅游和商业目的地方面发挥重要作用。活动可以帮助塑造目的地的形象,并可能吸引假期以外的游客。它们还可以产生重大的经济影响,促进当地社区和企业的发展,为那些寻求经济机会的人和重要工业部门提供支持。

节日为当地人提供了一个发展和分享他们文化的机会。如果我们将"文化"理解为社区遗产的个人表达,我们就可以看到节日是如何在当地社区中创造一种共同的价值观、信仰和

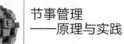
观点的。举办节日的人们和社区也为游客提供了一种充满活力和有价值的文化体验。这些活动可以让游客看到当地团体如何庆祝他们的文化,也可以给他们提供一个与当地居民互动的机会。这不仅满足了他们的休闲需求,而且可以加深他们对当地文化和遗产的理解和欣赏。

节事产业

一直以来,关于节事产业是否存在人们是有争议的。那些专门从事展览工作的人视自己为展览业的一部分;那些音乐会专职人员也许就将他们自己定义为了乐坛的一部分,而其他人,如婚庆组织者,也许将自己归到单身人士行列中了。

将这些不同节事活动组织者聚集在一起的常见纽带就是那些把节事活动当成全部或部分事业的节事活动供应商。门票销售业务完全依赖于节事活动的订单,这些活动有可能是体育赛事、文化活动、音乐会或者某企业的盛会。为了活动的成功举办,一个专业的大型公司就需要与活动举办地和活动组织签订合同,需要敲定的事项从为教堂或夜总会安装永久可用的声音系统,到一个音乐会或会议的临时系统。一家印刷厂的顾客群可能很大,但是需要大量海报、传单和手册的节事活动却可能为其提供相当可观的业务量。节事活动也可能成为酒店的部分业务,尤其是这家酒店适合集会或开会更是如此。

迄今为止,商务旅游一直是英国旅游业的重要组成部分,也是英国经济中最大的产业之一,每年18万项商务活动能产生190亿英镑的产值,整个旅游业和节事产业的招聘规模超过1 400万人。过去10年,英国和欧洲的经济发展增速与就业岗位的增加都离不开商务旅游所做出的贡献。

另外,旅游业能为节事活动和饭店业提供相当比例的客源,特别是那些组织大型会展活动[MICE,即会议、奖励旅游、大型企业会议、活动展览)的地方。例如,仅伯明翰国家展览中心NEC就能为英国西米德兰兹郡提供2.2万多个工作岗位(这个组织包括国家展览中心、国际会议中心、交响乐厅、国家室内竞技场(英国旅游管理局,2010)]。

节事产业领域的价值

要评估包罗万象的英国节事产业的经济影响显然是很难的。图1.3所示的节事分类将节事活动分成了不同的大类及子类,其中某些领域所包含的信息要比其他领域更容易被理解。这种分类和数据充分考虑了节事活动在经济和就业领域的重要性。

2010年,英国会议市场趋势调查结果预测,每年的活动价值为188亿英镑,展览和商品交易会每年的价值为20.4亿英镑(包括会上成交的商业价值在内)。这意味着展览业是第五大贸易媒介,占到英国媒体支出的11%[英国旅游管理局,2010(网络数据)]。企业活动每年估值7亿英镑到10亿英镑。图1.4中的阴影部分表示商务旅游和节事部分所产生的全部收入。

英国活动市场趋势调查显示对英国的活动产业得出了一个截然不同的结论,即将其下降趋势的原因直接归结为 2008 年的全球经济衰退[UKEMTS,2011(网络数据)]。正如报告中所列的证据那样,2006—2008 年活动的经济收入微降,因为 2006—2008 年举办了 375 场活动,而 2005—2007 年是 396 场。2008 年,大概有 6 700 万人参加了 131 万场节事活动[Eventia,2010(网络数据)]。

有趣的是,这个报告还关注到了节事活动中"时间"这一因素的变化,比如,举办时间进一步缩短,确认时间延长,取消次数增加,等等。举办地所处位置对其能否举办活动影响显著:城市平均一年要举办 447 场节事活动,而农村地区举办的活动平均每年为 250 场。

展览和节事活动产业的收入见图 1.4。

在过去的 5 年里,户外节事活动呈现出稳定增长态势,我们可以根据游客参与的项目、他们的消费去向,以及城市和乡村节事活动增加的数量总结出这一趋势。2009 年,英国音乐(英国一家进行游说和活动组织的集团)发表了一篇综合性文章,它主要研究的是消费者在英国音乐节上的消费情况,是伯恩茅斯大学国际旅游中心与酒店研究中心通力合作的成果。这组数据表明,音乐活动能为英国经济增长做出积极贡献。研究小组分析了音乐会和音乐节 250 万张门票的购买数据,结论显示来自英国和海外的 770 万游客参加了活动。这群人又有 14 亿英镑的衍生消费能力,并能为提振英国经济贡献 8.64 亿英镑。除了音乐类节事活动的增长,2009 年,英国唱片的总销售收入也上涨了 4.7%,增至 39 亿英镑,而 2009 年录制音乐行业的

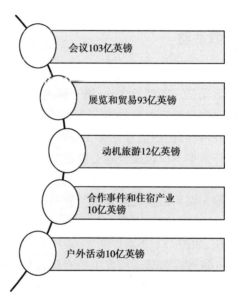

图 1.4　展览和节事活动产业的收入

价值,包括唱片销售和数字销售在内,是 13.6 亿英镑,与 2008 年持平。表演权协会(PRS)是英国作曲家、作词家和演唱家的利益代表,而且其收入也都汇集在该协会。其统计数据显示,2009 年,该协会共收入 5.11 亿英镑,涨幅 4.1%,从 2009 年到 2010 年,广告和赞助收入上涨 4.2%,音乐授权,比如对声田(Spotify)的授权,广告和赞助共收入 9.67 亿英镑,增长了 4.4%[PRS 音乐部分,2010(网络数据)]。而音乐录制行业的销售收入却出现了显著下滑,即使考虑到 2008 年到 2011 年经济发展的不稳定,并且 2010 年取消了 34 项节事活动[《卫报》,2011 年 8 月 7 日(网络资料)],英国的音乐类节事活动还是超越消费趋向,为英国经济创造了一个强大的提升效应。

体育赛事本身就非常值得深入研究,它是节事活动和利益相关者的共同领域。鉴于许多体育赛事都是国际比赛的一部分,我们很难单独把英国市场划分出来。最明显的例子可能非英超足球赛莫属了——在现场观众和电视观众眼里它是英国最受欢迎的运动项目。英超足球协会在其发布的财务报表(2006—2007 财政年度)中表示,其年营业额近 5.985 亿

欧元。

最能说明问题的数据就是联盟和天空广播公司之间签署的转播权合同价格飙升。自1992年联盟成立以来,签订了前五年的转播权,价值为2亿欧元。到2007年,三年期合同价值为17.82亿欧元。另外,2012年新签署的为期三年的合同价值已经增加到30.18亿欧元。

节事产业的各个专业领域都活跃着一批基础性企业和组织。它们提供的是"活动的支持服务",因此是整个节事产业的基础。

节事活动分类

宗教活动

从参与人数的角度来看,世界上最大的活动便是沙特阿拉伯的麦加朝圣。这一年一度的活动是一场朝圣之旅,属于穆斯林的信仰范畴。

它是伊斯兰教的第五个也是最具决定性的一个信仰支柱,每年大约有340万人参与(来源:沙特阿拉伯信息资源、沙特阿拉伯文化部、信息网站和沙特阿拉伯的官方通讯社)。这一统计数据不仅包括世界上数量最多的"宗教游客",他们不远千里从世界各地前来,还包括大量从沙特阿拉伯和邻国聚集到麦加的人。教皇访问是大型宗教活动的另一个例子。当教皇约翰·保罗二世访问爱尔兰和美国时,他说聚集到柏林、纽约和波士顿的人能有百万之众。

这些大型集会的参与者在一起会分享其关于信仰和情感、文化、社区、仪式和沟通等的看法,如图1.1所示。

这种宗教活动所发生的时间,以及他们在活动中的感受和情绪会深深印刻在参与者的记忆中。对个人的信仰活动同样如此,比如犹太男孩的成年礼。一个犹太男性到13岁生日时会自动举行成年礼。我们常见的成年礼已经是相对现代化的,经过了一定的创新,今天司空见惯的成人仪式和聚会在一个世纪以前根本都是闻所未闻的。而犹太男孩的成年礼则是有着犹太信仰的朋友和家人,以及当地犹太社区的人共同参与的庆祝活动。

成年礼在犹太男孩13岁生日后不久的一个星期六举行。星期六是犹太人的安息日,他们会在这一天休整身体,丰富精神。男孩子每周都要到犹太教堂服务。这些服务可能简单到只是祝祷即可,但更多情况下服务内容会很多,而且会因教会会众不同而有所不同。

成年礼上,男孩通常要发表一个演讲,而且一定会按照传统规定,从这句话开始:"从今往后我就是一个男人了。"之后,他的父亲会送上祝福,并感谢上帝让他解除对孩子的责任。

现在的宗教仪式通常会伴有一个招待会和庆祝仪式。的确,这种活动是一种文化或者私人活动,但是如果没有宗教仪式这个庆祝活动也就不会举行。

成年礼的功能之一就是举办一场庆祝其信仰的聚会。在规模和影响范围上讲,成年礼完全可以媲美婚礼,因此是节事产业非常重要的组成部分。

文化活动

很多文化活动其实都有宗教性的一面,另外,很多文化活动也是出于商业需求而举办的。

然而,此类活动的主要目的是文化庆典或文化认同。文化活动(如音乐会、嘉年华)的举办都是需要费用的,但它们同样会创造重要的经济机会并产生经济影响,虽然区、镇、城市从活动中的受益可能并不是直接地体现在资产负债表上。例如,每年8月底举办的利物浦的马修街头音乐节都由利物浦市议会出资,不过,这一活动也为当地带来了3 000万英镑的收益[利物浦文化公司(网络数据)]。

一方面,文化活动促进小型社区的融合与包容,以及区内家庭和朋友更为广泛的交流和沟通。另一方面,活动也允许外人和来自不同文化背景的游客参与并分享活动过程。例如,圣帕特里克节不仅在都柏林和贝尔法斯特举办,也在纽约、波士顿和世界各地举办。虽然这些活动是爱尔兰特色的,但它们也希望给所有人享受爱尔兰美食、饮料和音乐的机会。

音乐活动

从格拉斯顿伯里音乐节或罗斯基勒音乐节,在皇家阿尔伯特音乐厅举办的逍遥音乐会终场之夜,到各种各样的音乐会和演出都属于音乐活动。

音乐活动往往都有商业目的,但同时又有文化和时尚的一面。它们甚至可能为改革和慈善而举办,也可能是为庆祝某项创意。一群有着共同兴趣和爱好的朋友以及新伙伴相聚在音乐会上,所以说音乐会特别能提升群体的归属感。

公园茶会音乐节就是一个例子,它现在已经成了苏格兰最大的音乐节。1994年,这个音乐节在格拉斯哥市郊区的斯特拉思克莱德公园首次亮相。不过,到了1997年,公园茶会音乐节就转移到了更核心位置的巴拉多(Balado),离珀斯很近。这个更大、更方便到达的举办地自然也推动了公园茶会音乐节的发展。现在它以能够吸引来自世界各地许多国家的数百名音乐家而闻名。他们在4个不同的舞台表演类型更为多样的流行音乐,吸引了总共超过85 000位听众。音乐节在每年7月初的某个周末举办。2011年,公园茶会音乐节45%的门票被除苏格兰以外的人买去,它已经是苏格兰每年最大的年度旅游吸引物之一。

地方议会和所在社区都大力支持这个音乐节的举办,因此它像英国其他类似节事一样存在许可问题。

2004年,公园茶会音乐节成为唯一一个第二次取得三年许可证的活动。该音乐节利益相关者众多且目标各异。比如,组织者、DF音乐会和冠名赞助商,苏格兰啤酒品牌Tennents的音乐节现在已经是商业性的了。对观众来说,这是一次音乐狂欢,表达了苏格兰人对音乐的热爱,也是一场他们希望与人分享的盛会,这就是这个音乐节的气氛。节事活动是关于国家的,但也是有趣的;它是苏格兰流行音乐社区日历上的日期。现在节事活动的目标已经超越最初的商业目标。苏格兰首席大臣杰克·麦康奈尔在参加attend T in the park音乐节时说:"很高兴看到如此多的年轻人玩得开心。这个节日对苏格兰经济非常有价值,它象征着我们想描述的现代苏格兰"。

体育赛事

从规模最大的国际赛事到地方联赛和儿童俱乐部联赛都属于体育赛事的范畴。其目的是比赛、挑战和竞争，但它们也需要伙伴、友谊与合作。它们通常表现为角逐冠军的形式，在这个过程中运动员要展示不同的运动技能和高超技艺。比如，美国高尔夫球公开赛或一级方程式大奖赛，或某城市学校的游泳盛会以及其他不计其数的或大或小的活动。

作为职业体育赛事，不管是男子运动还是女子运动比赛，都一票难求。很多体育比赛能吸引大量观众，包括全球的大量电视观众。任何大型体育赛事一定会有极强的商业目的，这是毋庸置疑的。来自某一社区、城市、郡县或国家的男女团队对取得团体赛或个人体育运动胜利后，通常会引发一场大型的庆祝活动或者集会聚会，即便他们自己无意举行。最好的例子莫过于希腊在葡萄牙举办的 2004 欧洲足球锦标赛上的夺冠。此次大胜对希腊民族自豪感的提升有着非常积极的作用，而且这种自豪感一直持续到雅典奥运会之后。所以，体育赛事本身含有政治意义。由于利益相关者众多，风险又高，体育赛事就需要进行极为专业的节事管理。

曼彻斯特市议会成功取得了 2008 年欧洲联盟杯比赛的决赛举办权。决赛于 5 月 14 日举行，是曼彻斯特 2008 年世界体育项目中的一部分，是 2008 年该项目申办和主办多项国际体育赛事的长期策略。据西北地区发展体育机构测算，曼彻斯特的 2008 年国际体育赛事计划为这个城市吸引了超过 31.7 万游客，预计产生 2 300 万英镑的经济价值。曼彻斯特市议会及其合作伙伴委托诺里北部的益普索联合益博睿统计这次活动的经济效益。

同年，曼彻斯特赢得了体育赛事管理奖（SportsBisiness Sports Event Management Awards）获得了"世界顶级体育城市"的荣誉，领先于墨尔本、柏林、多哈、莫斯科和纽约。

个人/私人活动

个人/私人活动是指与朋友和家人一同庆祝某些特殊时刻的活动。我们可以把这种活动视为一个小型的文化活动，因为跨文化人群的婚礼和葬礼习俗都是不同的。与此同时，庆祝两个新人的结合或哀悼生命的逝去都是最古老和最广泛的文化活动。其他生命阶段的庆祝活动或与年龄有关，或与成就有关，比如生日、周年庆、毕业典礼、乔迁。这些活动事关家庭和朋友，他们聚在一起或欢庆或分享某种情感。

政治/政府活动

从每年的年度政党政治会议和工会会议到特定政府部门举办的活动,可能会是商业性的,这样它们在举办时就可以不计成本,不过,他们追求的利润不是财富增加而是政治改革。

因为媒体在此类事件中发挥关键性作用,所以,有些节事活动(尤其是政党会议)已演变成了一场竞赛。竞赛范围广泛,可以从内部微妙的争权夺利(基本藏在幕后),到反对党之间的公开竞选(争夺公众舆论导向和未来投票偏好),这类节事活动要在参与活动的媒体提供的舞台上"表演"。

为了成功地推动门票销售和吸引听众,大多数节事活动都可能需要某些媒体联盟参与其中。在对媒体的利用上,可能没人比得上政治会议了。没有媒体的参与,基本的政治信息在传播环节就会丢失。作为国家电视台的 BBC,其道义准则就是在所有媒体平台中扮演一个公平、客观的报道者形象。

商务活动

这些活动通常会吸引整个行业或产业的所有单位参加。在所有活动类型中,展览往往是最复杂的一种,因为每一个展位都可以被视为一个"次级活动",尤其是在新产品或新服务发布时。所有展位的利益相关者都在争夺客源。

这些活动往往是日程安排中的关键点,因为它是全行业的聚会甚至讨论会,会上大家开展商务活动、结识新朋友、签约。因此,商务活动是其核心目的。

大型展览,比如车展或所有展览中规模最大的航空展,情况特殊,它可以让买家和制造商集结一堂,还能吸引大量买票入场的普通观众。英国国际车展就是一个绝好的例子。1978 年,因为当时伦敦的展览设施已经无法满足英国国际车展需求,所以这一展览迁至新的伯明翰国家展览中心(NEC)举行。车展每年吸引约 70 万名观众,与底特律、布鲁塞尔和都灵车展规模相当。2006 年,它重返伦敦,在 ExCel 可以查询到相关信息。

商务活动还包括"协会活动",这是一类范围极广的专业性年度商务集会。从牙科诊所到银行、从海洋技术到电子商务,人类工业社会中的各领域都至少会有一个行业协会会议。

公司活动

这类活动只牵涉某一单位、公司、企业或组织,比如年会、产品发布会、员工表彰大会或颁奖典礼。公司活动的参会者都来自组织内部,并且在选择会场或举办地时往往都会考虑"激励"机制。

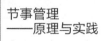

举办此类活动的目的可能是通过空间和地点的变换,从而让员工感受到一种不同于公司办公室的变化感。这个过程的主要任务包括考虑竞争对手、客户、顾客的情况,评估组织所面临的挑战,并针对这些挑战提出建设性的解决方案。

特别活动

"特别活动"这个词用于指那些顶级活动,或得到非凡的和普遍的公众认可的活动。特别活动极大地提升了当地人民的生活质量,并以其独特性吸引外地游客的参与。

特别活动有时会成为举办地的代名词,而且它对举办地的依赖程度也很高。例如,一年一度的爱丁堡国际艺术节就是特别活动的典型例子,无论这个艺术节在哪里举办都不会再有同样的声望,没有人会把哪怕其中的一个环节放到其他城市举办。

特别活动的主要目的是提升当地和活动组织者的认知度。诺丁山狂欢节、布拉德福德梅拉、柏林爱情游行、多伦多街头艺术节和英国女王的周年庆典都属于这类活动。这类活动能为旅游目的地塑造一种旅游形象,并吸引游客到来。某个城市想要升级基础设施或其政治形象也可能会用到大型活动,以此从企业和高一级政府那里获得资金。

主办社区从特殊的社会和经济活动中受益。然而特殊活动也通常依赖于公共资金的大量支出,这不仅可能来自举办活动,也可能来自最初投标举办活动。尽管主办社区带来巨大的成本和收益,但其对社会环境和经济的全面影响却很少被计算在内。

小到小型社区集市大到大型体育赛事都可以归为特殊活动,因为他们可以为游客创造一个文化和社会环境。大城市利用特殊活动来庆祝这个城市并强调其在体育、音乐、文化和艺术方面的优势。

休闲活动

大型休闲活动能够吸引大量的游客,获得全球媒体报道,举办地也获得巨大的经济效益。通常有一个竞争性投标程序决定谁将举办这样的大型活动,比如确定谁将举办奥运会、世界杯和英联邦运动会等大型赛事。

如此规模的活动对举办者来说极其重要,不仅因为游客的数量巨大,还因为这类活动会修建场馆,很可能继续影响主办地在活动发生之后的收益。申办大型体育赛事通常将城市复兴目标纳入其战略中,并以此向相关利益者解释为什么举办成本如此之高,尤其是向当地社区解释。大型休闲活动都与政府资助项目有关,因此,才可以添置设备,建设基础设施,并重建和重组城市结构。这个过程会留下有形的、经济的和社会性的"遗产",从而惠及当地的长远利益。法律表明,此类事件作为变革的催化剂,能够凝聚人心,让大家围绕一个共同目标而努力,并且它还是获取额外资金和按项目蓝图开工建设的一条快速途径。(1993:107)

休闲活动可以作为城市复兴的工具,因为有了这些活动,主办城市就有机会展示自己的新形象或宣传自己现在的形象,从而在全球范围内提升自身形象。提升当地旅游目的地形象,便可以吸引游客到此旅游,从而提高未来旅游部门的就业水平。

至关重要的是,休闲活动可以为城市复兴和新设施建设提供获取资金的机会。这些活动在策划时就应包括一个遗产计划,从而确保当地社区在未来能持续从活动和相关投资中受益。

为此,应将活动对举办地的城市复兴和社会影响考虑在内,剔除不利因素,以确保周边社区可得到的福利不会消减。一旦主办城市的活动结束,那么新设施如何使用便成了一个重要问题,因为规划不合理可能意味着它们无法最大限度地发挥潜能。2002年曼彻斯特举办的英联邦运动会,其设施就得到了充分利用。因为在规划阶段,组委会就同意将主体育场移交给曼城足球俱乐部,体育村交给地方当局作为住宿设施。21世纪,国家或地方政府竞标大型体育赛事时,如果没有一个综合的赛后战略规划,那么国家和地方政府利益相关者是不会同意举办这样一个大型休闲活动的。

很多人都在讨论,谁才是大型休闲活动的最大受益者,以及不同的利益相关者是否平等地共担成本和收益。比如,很明显的,政府和企业能从运动会中获得实实在在的好处,尤其是旅游业。除了以这样或那样的方式参与盛事的特权,社区还有很多无形福利都是不言而喻的。

无论是为当地商业繁荣还是为吸引游客,社区节事活动现在都在创收方面发挥着重要作用。过去十年,随着节事活动的规模不断扩大,这些经济的影响也显著增大了。信息技术和媒体网络的扩张促进了活动规模和整个产业的发展,这个产业才是推进和运作这些活动的主体。节事组织者现在都在利用新的沟通工具宣传自己,从而让更多的观众能对活动有所了解。现在,节事活动能吸引来自全国各地甚至世界各地的游客,不仅节事期间,而且因为媒体的关注,这种吸引力还可能是相当长远的。不过,一个节日给某地带来的影响可能是正面的也可能是负面的。如果积极影响更强,它可以帮助当地居民提升自豪感和认同感。这方面的例子有格拉斯顿伯里音乐节、雷丁音乐节和爱丁堡艺术节。这些活动都以主办地的名字命名,节事活动与举办地关系也因此得以加强。

当地政府的节事活动策略

许多地方政府都用节事活动定位目的地市场,从而支持他们的文化、旅游和艺术策略发展。在过去的十年里,地方政府的策略已经开始关注节日在促进旅游、发展经济和社会凝聚力、培养自信心和自豪感等方面的重要性,这些可以将地方政府与他们所服务的社区紧密联系起来。通过举办各种活动,委员会可以获得政治权力,并影响当地居民和企业。当地政府承诺开发或者直接运营节事活动,以此追求特定的经济和社会发展目标。考虑到他们对公共场所的责任,他们在户外公共活动方面有一些优势。

主办2002年英联邦运动会后,曼彻斯特市议会(和西北开发机构)提出了一项重大节事活动策略,其主要目标是鼓励国际赛事到这座城市举办,并以现有活动为基础开展建设项目,从而吸引更多游客。建成五个定制场馆,升级一个网站,共计花费1.6亿英镑,若不从这些场馆中获取长期经济收益,那一定是不可思议的。成为旅游目的地城市的策略由许多目

标组成,概括如下:

- 确保该地区可以最大的优势,并做好充分准备以举办和投标大型活动;
- 在合理可行的前提下,管理区域内的竞争行动,从而避免浪费精力和资源;
- 建立区域性重大赛事举办和招标专业知识交流与发展机制;
- 开发评估工具,持续衡量重大节事活动的影响并指导投资决策;
- 设计一个战略框架支持投标国家和国际组织在西北地区的节事活动经费;
- 确保机遇最大化,以便从公共和私营部门获得签约机会和资金支持。(西北开发机构,2004)

对曼彻斯特来说,要想树立国际旅游目的地的形象,曼彻斯特就必须举办一个国际艺术节。2007年,曼彻斯特国际艺术节开启,两年举办一次。那一年,这一节事活动从曼彻斯特市议会和业务相关部门获得600万英镑的资金支持,曼彻斯特利益相关者补充了剩余的资金缺口。

英国地方政府制定城市节事型战略,并将举办节事活动作为提高其在国内国际城市形象的营销手段,这样每年可以吸引数十万计的游客。目前,英国节事活动领域有许多公共和私人公司或机构,其主要工作就是致力于成功举办节事和节庆活动。地方政府越来越意识到节事活动产业的重要性,以及它为当地社区提供灵感和目标方面的作用,尤其是为那些国际层面的大型节事活动。

虽然不是所有的地方政府都有一个明确的节事型战略,但还是有很多地方政府将节事活动作为营销工具来实现他们的某些目的和目标。节事和节日可以促进城市更新,提升城市的形象。国际大型体育赛事都会给主办国积极带来经济和社会效益。例如,2012年伦敦奥运会就对当地经济和整个城市发展产生了重大影响。

公司的节事活动策略

过去十年,公司类活动行业一直是英国增长最快的产业。公司用这些活动吸引和保持顾客的忠诚度,提升其业绩水平,并提高员工的积极性和主动性,且让这种积极性和主动性保持在一个较高水平上。

过去十年里,公司在策划活动时越来越具有战略意义,并最大限度地影响其业务发展。例如,他们可能会在每年的特定时间举行一次团建活动。或将其活动与特定仪式、仪式或大型体育活动联系起来。公司活动可分为两种主要类型,如图1.5所示。

图 1.5　公司活动的两种类型

大型活动可能包括如奥运会、英联邦运动会、皇家阿斯科特赛马会、大奖赛、足总杯决赛等体育赛事,也可能包括与文化和生活方式相关的活动,如诺丁山狂欢节、柏林爱情游行、切尔西花展、大型音乐节等。

公司的商务接待指的是企业为了自身利益而出资招待客户、潜在客户或员工的活动或者会议。这些有趣的活动选项很多,包括晚上的招待会或者就当前展览带有个人观点的晚宴。

对员工来说,公司的商务招待活动是一项非现金奖励形式,目前越来越多的公司采用这种方式激励员工,培养团队精神和确保员工能有长久的忠诚度。这种活动有可能是文化类的、团队建设或体育赛事。高质量和高调的商务接待活动数量不断攀升,使全球专门组织这类节事活动的管理公司不断增多。公司活动是英国市场的大业务。2010 年,该行业论坛估值为 361 亿英镑,2015 年估值 422 亿英镑。这些年来,公司的商务接待活动规模也有所增长,达到了 10 亿英镑的规模[Eventia,2010(网络数据)]。

社区节庆

“社区”是一个复杂的社会、心理和地理维度的概念,而且对什么是“社区”,大家的看法也多有不同。传统观念认为,“社区”是以地理位置、地域归属感以及这一区域内社会和经济活动的混合体定义的,分析师赋予这一概念最大的复杂性。利益型社区并不依赖特定地点,但却有其他方面的特征,如种族、职业、宗教等。这类社区在社交网络和社会/心理依恋中蓬勃发展。英国一直是一个多元文化的社会,不同历史背景、信仰和文化的人们定居于此。第二次世界大战后,来自南亚、非洲和加勒比地区的人抵达英国,以帮助解决劳动力短缺的问题。

现在,这些多元文化社区在增强英国文化多样性方面发挥着重要作用。多元文化社区遍及英国全国,约 30% 定居在约克郡和亨伯赛德郡的次区域。

很明显,一些社区可能会有一个共同地域来源和利益点,这些社区有底层复杂性,会影响公共政策的制定,尤其是社区发展目标。对“社区”有误解,或对上述因素缺乏精准的理解,就会导致偏差、失败,最浪费政治举措。

现在,社区节庆在为当地企业创收和为当地吸引游客方面发挥着重要作用。地方经济的蓬勃发展更有鼓励供应商到旅游相关部门工作,而不是创造新的就业机会,然而,许多其他部门也因此受益了。

社区节庆或文化活动的产生首先是为了社区,其次才是作为一个旅游吸引物。人们会出于各种各样的原因组织社区活动,包括庆祝宗教节日,如排灯节等。社区活动可以是再生计划的一部分,这一计划旨在让社区有参与感,并培养社区精神。社区活动是由社区成员、社区领导人和专业节事活动经理或节庆承办商组织的。这些活动往往被政府和社区领导人视为一种增进社区各部分之间交流的工具。

除了提高社区凝聚力,这样的节庆和活动还有可能提高举办地的经济发展水平,通过提高就业、贸易和商业水平,投资基础设施,提供长期宣传效益和税收收入的方式。节事活动不仅产生巨大的经济效益,还为举办地提供了向国内外营销自己的机会,并且在节事活动举办期间拥有不同背景的人们将聚集在一起,这就为举办地提供了具有高地位的旅游形象,加强旅游与商业之间的联系、事件活动通过提高一个地方形象,产生如发展多地社区和商业的经济影响,提供不受季节影响的旅游吸引物,支持关键产业部门的方式实现上述效益。

节事活动对经济的影响是最容易被感知到的,也是最常用来衡量的一个方面。经济影响可分为积极和负面影响两个方面。积极的经济影响包括游客消费、基础设施投资、增进就业。负面的经济影响包括商品和服务价格的通胀,以及从涌入的游客身上谋利,或者当地政府出资的节事活动亏本举办,目的只是增加当地的议会税收。

后者实际上发生在1991年谢菲尔德举办的世界大学生运动会之后。这次运动会的经济影响并没有完全发挥出来,因为主要的利益相关者缺乏远见。布拉姆韦尔(1997)提到这样一个事实:当且仅当在一个战略计划的指导下,大型活动可以为主办城市带来大量资产。布拉姆韦尔(1997)还提到,直到1994年才实现的战略计划,即1995年推出的菲里尔计划,并将节事活动视为推动城市旅游的一种手段。

慈善活动

慈善活动是节事活动中的一种主要类型,而且它还创建了一套达成某一个目标的工作模式。社会名流和媒体频道策划一个有价值的活动,就可以得到消费者的支持、赚取到收入,并吸引媒体关注。英国各城市的8、10、12千米跑步组织非常多,它或者是为了提高某种意识,或者是出于某种金融方面的考虑。其中最著名的活动就是2010年被国际田径联合会(IAAF)认可并背书的Bupa 10K城市跑步活动,BBC为其提供电视转播服务。其实,这个活动本身并不是慈善活动,但大部分选手参加活动的目的却是为特定的慈善机构筹集资金。

慈善领域的"版图"在过去20年中大幅扩张。目前,英国注册的普通慈善机构超过164 000家,在2005—2006年的总收入为310亿英镑,支出超过290亿英镑。这些慈善机构的雇用规模达到611 000名员工(占英国整体劳动力的2.2%)。相比之下,2002年大约150 000家注册慈善机构,年度总支出为204亿英镑。

慈善市场监控(2008)给出的数据也对政府支持进行了总结,结果表明,因慈善类型和营业额不同,支持的力度也存在差异。

政府资助总额占该行业收入的35.7%。收入在10万~100万英镑的慈善机构主要依靠政府拨款,而收入低于10万英镑的慈善机构依赖政府资助最低(9.2%)。自2002年以来,资助形式已经从拨款改为了签订合同。[英国慈善事业,2011年(网络数据)]

总结

在这一章里,我们通过探讨可知,这些年节事和节日的发生变化的方式。过去,节日都与日历上某些关键日期有关,尤其是特定的季节和遗产地点相关。节事和节日已经发生了彻底变化,它们更多的是满足市场上的商业需求,以回应当地社区组织变化的需求,并为节事组织者与当地企业提供更多的商业机会。

地方政府正将节事活动作为提升城市形象的主要工具,并调整方向以投标大型体育赛事,理由是这是他们再生策略的组成部分。节事活动和节庆管理人员现在都在使用历史和文化主题策划年度事件以吸引游客,并通过丰富社区设施为主办城市打造文化标签。此类活动为当地人发展和分享他们的文化提供了一个机会,以提升自己的价值观和信仰,促进当地文化对游客和旅游者的影响。

此外,我们已经深入探讨了节事类型,并讨论了很多不同节事活动的事例。综述的重点在于关注不同类型事件的目的,或者更准确地说,是成这些目标的人物、地点和意图。本章已经确定这些目标组成部分最基本的部分即"社区"在其所有应用中的组成部分。毫无疑问,节事活动和节庆是可以实现经济目标和发展社区凝聚力的,因为它们本身就具有吸引游客的功能。我们也注意到,游客在当地购买商品和服务上的支出对当地的商业发展有直接的经济影响,同时这些收益可以通过经济链条和社会产生更广泛的传导效应。

然而,文化旅游没有考虑到地方美景损失和环境退化,以及它所吸引的游客参与当地生活而对群众所产生的直接和间接的影响。另外,在促进当地社区成为旅游和商业目的地的过程,节事活动和节日发挥了重要作用。节事活动和节日可以帮助目的地打造形象和口碑,以此在出游季吸引游客到此度假。

本章介绍了节事产业的各个领域的情况,包括组织大量不同活动的专家,以及分包在这些大型的节事活动和核心节事活动支持服务。

问题讨论

问题1

讨论为什么节事经理会让社区举办节日和节事活动。

问题2

批判性地分析和讨论节日和节事活动在旅游业中的作用。

问题3

战略性事件管理如何整合人员、地点和过程模型,以增加节事活动整个生命周期内的价值,例如在节事活动和节日之前,举办过程中和之后。

问题 4

确定并讨论商务接待活动策略的好处。

问题 5

探讨音乐活动对当地社区和地区旅游局的影响。

问题 6

确定并讨论在当地社会环境中开展的节事活动和与节日相关的所有问题。

案例研究 1　利兹西印度狂欢节

加勒比海狂欢节是一个年度节事活动,自 20 世纪 60 年代以来便在利兹市举办。这一狂欢节是欧洲最古老的加勒比狂欢节之一。

自 1967 年 8 月法定假日以来,这个狂欢节为所有参与活动的各种族和民族人民创造了一个多元文化的精神世界。

最初,利兹西印度狂欢节在市中心举行,但 20 世纪 80 年代这一传统就改变了。狂欢节的发展已经超出了最初的概念,现在在查珀尔敦和哈里希尔举办。

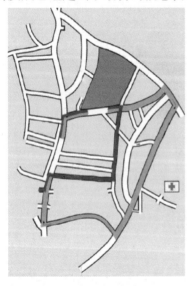

图 1.6　利兹狂欢节的现场平面图

在色彩和音乐背后,狂欢节还有更深层的意义,它根植于加勒比人 20 世纪 50 年代末到 60 年代初抵达英格兰后所引发的时代变革。所以这是一个为社区寻找身份和归属感的活动,为此,狂欢节才发展起来。

加勒比狂欢节建立了一个大众聚会的平台,来自各种不同背景的人们在这个平台上与当地社区分享他们的社会和文化传统。它是一场聚会,而且是开心的聚会。

2011 年,8 万多人享受了本地人和国际人士的大聚会,会上神奇的音乐混合着加勒比食物的美妙味道。下午,10 万多人观看了狂欢节游行。

狂欢节在 J'ouvert 的伴奏下,从早上 6 点就开始了。下午,游行队伍离开波特尼顿公园,他们会在查珀尔敦和哈里希尔的街道上不停地跳三个半小时的舞蹈。2011年,有 800 人参与了狂欢队伍,其中包括两个音响系统和来自不同背景和文化的游人组成的多彩混合队列。图 1.6 是狂欢节的现场平面图。

狂欢节为当地社区带来了多样性的文化,并鼓励参加派对的人享受盛装游行,华丽的服装带来美好的视觉盛宴,传统的加勒比音乐给人美妙的听觉享受。狂欢节还将不同年龄、种族和国籍的人们汇集在一起,享受这有趣而美好的一天。

过去十年,该地区的旅游业也有所发展,因为活动本身吸引了那些对所创造的文化和美观感兴趣的人们。狂欢节为利兹市打造了一个非常特别的城市形象,因为它把当地人聚集在一起,还吸引了来自英国各地的人和海外游客。

案例研究 2　每日电讯报 Board-X 节日

Board-X 于 7 年前成立,介绍了滑雪、轮滑和 BMX(自行车越野)运动中最好的运动员们。2003 年 11 月 8—10 日,该活动在伦敦的亚历山大宫殿举行。在三天内,估计有 2.5 万人来到亚历山大宫殿。亚历山大宫殿为组织者提供了大块区域,从而给轮滑和自行车越野的选手们在室内修建了原样的街景,但是活动的亮点还在于为滑雪运动员准备的户外大型赛道,赛道和从前的一样大,最高处有 25 米,长度有 100 米。事件组织者之一,乔治·福斯特解释说,"随着滑雪板爱好者数量的持续增加,Board-X 在英国已经发展为一个节日,在支持产业发展的同时能够满足各种级别的运动员、爱好者、追随者的需求"。通过冠名赞助商在《每日电讯报》的介绍,该活动能够随着滑雪文化而继续发展,现在它已经是欧洲最为综合的滑雪节。

通过参加 1997 年和 2003 年的活动,嘉年华活动和骑行项目的规模都有了显著提升。活动完整地保留了最初的感觉,英国滑雪之所以大规模盛行,根源就在这里,它还极好地将顶尖的 DJ、街舞者、轮滑运动员、自行车越野运动员和零售商聚集起来,活动多样,所体现的生活方式无论是专业运动员还是业余爱好者都能够享受其中。

第 2 章　事件目的地管理

在本章,您将了解到如下内容:
- 节事旅游;
- 文化旅游;
- 节事下的利基旅游;
- 通过节事/节日发展社区文化;
- 节事活动中的游客管理;
- 文化和经济的影响;
- 总结;
- 问题讨论;
- 案例研究。

　　本章介绍了节事旅游的概念。节事旅游和旅游目的地有着内在的联系。城市、地区乃至英国和欧盟为鼓励发展节日和节事旅游制定了很多战略政策。节日吸引文化旅游者参与当地社区的活动,促进当地人和旅游者进行充分交流。已有既定的旅游路线和流散的模式以及外来移民所形成的社区,这些地方通常能够举办具有显著特色的节日和活动。本章探讨了英国文化旅游的发展与多元文化的节日和节事活动,以及这些节事活动的积极贡献在巩固社会关系中所起到的作用。

节事旅游

　　如今,节事活动的组织者都愿意利用历史文化主题开发年度活动来吸引游客,他们在社区举办节事活动,从而打造出一种文化形象。节事活动并不只是希望满足任何一个特定群体的需要。活动的发展程度通常是由该地区的旅游和经济发展机会,以及该地区的社会和文化利益所决定的。很多研究人员认为,当地社区在节事活动的开发中发挥了重要作用。

　　现在,政府对节事活动都采取支持和促进这种活动的态度,并将其视为推动经济发展、国家建设和文化旅游策略的一部分。换言之,不同地区都将节事活动视作吸引游客,加深对当地印象的重要工具。根据 Stiernstrand(1996)的观点,在某一区域内,旅游对经济的影响主要来自旅游产品的消费。McDonnell,Allen 和 O'Toole 认为,旅游相关服务,如出行、住宿、餐饮和购物,是节事旅游的主要受益者。

对活动和旅游而言,在过去的十年里,政府、私营部门、社会的作用和责任的总体趋势都发生了很大改变。之前,国家对旅游业的发展和推广负主要责任。我们现在正处于这样一个大环境中,公共部门有义务必须通过放弃传统的责任制彻底改造自身,将它们交给省、州和地方政府。言外之意,节事活动在许多方面影响了当地居民和其他利益相关者,例如社会、文化、体育、环境、政治和经济。所有这些因素都是具有积极和消极作用两面性的。

当前,世界上几乎所有地区的发展趋势都倾向于半公共化,不过自主旅游组织还是会与私营部门和地区和/或地方政府建立合作关系。在发展、组织和促进目的地发展方面它们共同发挥作用。

在营销方面,主办方为满足大众和市场的要求,不是简单地在活动中吸引更多的游客,而是在游客心中创设和目的地的强有力的关联。也就是说,举办一场新颖的、不同的节事活动的基础是,需要多元化社区依据不同的节日和事件策划出一个主题与故事。套用著名文化研究学者斯图尔特·霍尔(1995)的观点,具有多元文化的节事活动就是为文化、举办地和活动品牌之间建立某种联系。

节事活动无处不在,它们被组织者和目的地形象塑造者视为一个独特的旅游景点,构成旅游业中增长最快的、最令人激动的领域之一。

这种被称为"事件旅游"的现象起源于 20 世纪 80 年代。节事活动和节日的组织者认识到这是一个提升节事旅游发展的机会,它可以作为一个品牌吸引消费者,也让旅游者确认他们可以受益于目的地的选择。正如 Getz(2005)所说,正确方法就是提倡创建一种科学和艺术的混合物。

实际的形象构建机制是科学和艺术的一部分。科学正在满足潜在客户的需求、动机、感知过程。艺术能催生出一项节事活动或产品来满足需求,以及有效沟通的吸引力优势。(Getz,2005:369)

Getz(2005)认为,许多国家和目的地都没有认识到节事活动的优势,因此往往无法管理负面形象和宣传。Getz(2005)还指出,由于竞争日益激烈,旅游胜地和社区应该制订战略计划,以实现其环境、社会和经济目标。

节事活动有可能促进旅游大发展,催生迎合外地客户的潜力区域。虽然因这一行业的复杂性和多样性,现在还没有明确数据说明节事旅游的影响力,但主要休闲市场(Key Leisure Markets)(2010)却声称,英国一日游所产生的价值已超过国内游和入境游的价值总和。X-leisure 做出的报告表明:

英国家庭休闲游年收入达到 900 亿英镑,是英国的一个重要市场。尽管当前消费者正在收缩各方面的支出,但家庭休闲游仍然继续显示出弹性和稳定性。[X-leisure,2010(网络数据)]

Key Note2010 年的报告指出,2009 年,户外休闲活动的市场价值为 604 亿英镑,正好占总消费支出的 7%。

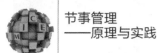

另外,节事活动对国家和举办地区都发挥着重要作用,如目的地的规划、形象的提升,以及旅游和商务的对接。在过去的十年时间里,节日已经不只是旅游吸引物那么简单了,它对举办地的经济发展有很大影响。节事行业也由于信息技术和媒体网络的拓展而实现大发展。节日组织者现在利用这些新兴的通信工具向更广泛的观众宣传他们的活动。

人们在更为广阔的社区里策划社区活动来创建跨文化多样性,并提升当地少数民族社区的经济价值。非洲和加勒比狂欢节和亚洲米拉等活动都已经给当地社区赋予了全新的意义,即主办城市获得了长远的文化收益。这样的活动可以促进当地社区和游客之间的跨文化交流和社会融合。

文化旅游

《国际文化旅游宪章》的专业人士给出的文化旅游定义如下:

国内游和国际游仍然是文化交流最重要的工具之一,它能为个人积累经验,这些经验不仅来自古人的记录,也来自同时期生活和社会中的其他人。[ICOMOS,1999(网络数据)]

文化可以被看作一种地域特征,也指个人在地方和国家的社会组织,如地方政府、教育机构、宗教团体、工作和休闲机构中起到的重要作用。文化旅游指的是游客在远离家乡的地方参与文化活动。文化旅游的目的是让游客在旅行中发现遗产和文化古迹。凯勒(1995)在一次为白宫旅游会议上所做的演讲中给文化旅游下了最好的定义。

我们之所以需要考虑文化旅游,是因为实际上没有其他类型的旅游形式。什么是旅游……游客来美国,并不是为了机场、酒店、娱乐设施……他们是冲着文化而来的:先进文化、落后文化、中层文化,右边的、左边的、真实的、想象的——他们是来看美国的。[凯勒,1995(网络数据)]

文化这个主题虽然已经发展了几十年,但仍然没有一个清晰的文化概念可以被我们所所接受。在现代社会,文化通常被视为政府、大型机构或个人在既定市场中站在各自立场上开发出的一种产品。

汤姆林森(1991)解释说,文化的定义很多,它们涵盖了文化的某一个侧面。文化范围极广,Yeoman 等人(2004)说,它的范围可以从高雅文化,如艺术,到不同领域的流行文化,如足球、音乐和电视节目。

Reisenger 和 Turner 认为——文化是一种多元化概念。有关文化的定义有很多,它们纷繁复杂、内容不清,现在还没有一个可以被广泛接受的达成共识的定义。绝大多数都是从心理学角度下的定义,主流文化影响大多数人,还有因地域差异而有所不同的各种亚文化。

斯图尔特·霍尔认为,"文化"包括——有某种意义的社会实践,以及受这些共同意义制约的实践。提供了规定的共享意义。共享同一"意义地图"给我们一种对文化的归属感,创建一种联合体,以及一种有别于其他社区或身份认同感(1995:176)。

此外,文化旅游指的是那些周游世界的个人或团体,他们前往各个国家、地区或参加某个节事活动,为的是体验各地传统文化、宗教和艺术,从而不断加深对不同地区生活的人们生活方式的了解。这其中会包含非常宽泛的文化旅游经历,例如,艺术表演,参观历史遗址和古迹,教育旅游,参观博物馆、自然遗产和宗教节日。如图2.1所示文化旅游模型显示了文化旅游类型吸引游客到不同的目的地和著名遗迹参观。

发展中国家或城市未来的节事旅游明显依赖于节事旅游政策。因此,政府出台清晰明确和有效的事件旅游规划策略是相当重要的。同样重要的还有旅游目的地和国家了解客户的潜在需求和期望,并向消费者介绍节事活动的决策过程。未来的旅游业水平很难预测,但至关重要的是,政府和其他有关部门不是寄希望于靠某些节事活动来吸引游客,而是通过各种各样的未来事件旅游策划来推进文化旅游发展。此外,一些国家或城市很难改善他们由于媒体传播造成的负面形象。因此,对各国政府来说,避免公众媒体传播旅游目的地的负面消息,以及强调国家和城市的文化元素来鼓励事件旅游发展,就显得尤为重要。节事活动可以对国家积极形象发挥重要作用,而改变一个国家的负面形象则对主办地经济和社会发展都很重要。

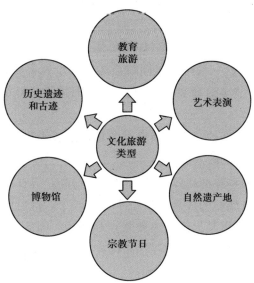

图2.1　文化旅游模型

过去,国家制定大量的战略决策,但地方的支持不足。因此,国家与地方合作吸引游客参观文化遗产就显得十分重要。他们也需要改善旅游地区的交通、住宿和餐饮设施。政府应该为这些满足当地和国际游客需求的公司提供税收优惠。

节事旅游让地方变得独立。国家法律允许当地人生产和销售工艺品,租赁自己的住房,并为游客提供饮食。这对当地社区及国家经济来说都是一大利好。有了地方的支持,国家就可以制定政策定期修缮建筑遗产,如博物馆、教堂和大型体育设施。它们可以为游客提供活动设施,确保游客参观时不被当地人打扰。节事活动还可以培养社区居民的自豪感、自给自足精神及跨文化交流能力。

节事下的利基旅游

一方面,包括 Raj 等(2009)、Yeoman 等(2004)和 Kim(2002)在内的许多研究人员都质疑当地社区在通过文化节庆旅游、体育赛事和标志性事件来推动旅游发展这一过程中是否发挥着重要作用。

另一方面,现在评估文化节庆活动的标准取决于参加活动的游客的人数,而不是旅游和事件活动数量的暴增,但游客的旅游体验却被忽略,管理者和组织者只是将其视为创收的工具。这可能掩盖了节庆活动在建立文化、身份和文化之间的更广泛的意义。

Richards(2001)认为,事件导向的"文化资本"市场策略必须考虑平衡城镇游客和居民之间的利益,警告"社会空间"被用于商业利益和竞争优势的陷阱。根据 Richards(2001:62)的观点,事件导向策略引发了危机,然而,这个城市将被困在投资跑步机上,需要持续不断地创造充足的事件,以确保客流量。他建议,如果可能,更合适和可持续的策略应该集中于提高一个城市的"文化资本",这一策略可以同时让居民和游客都受益。其结果是,"劫持"存在竞争关系的社会空间为节事活动和旅游创造环境,而排除了社区需求。(Richards,2001:14)

节日可以成为旅游目的地的一个大商机。节日逐渐成为当地旅游策略的一部分,因为他们可以给当地经济带来新的收入。

现在看来,文化活动的重要性比以往任何时候都要高。节日可以作为景观吸引游客的注意力,并且在短时间内将他们的注意力集中于这座城市。这可以使主办方在世界舞台上展示他们自身的魅力并且突出其提供的主要景点和活动。因此,当地政府正在使用事件定位当地市场,从而实现他们的文化、旅游、节日和艺术策略[Raj 和 Morpeth(2007),Yeoman(2004),Hall(1992)]。

通过节事/节日发展社区文化

最初,节日的变革主要是为满足当地群体不断变化的需求和增加事件组织者和当地企业的商机。节日对主办地区有吸引力,是因为它有助于当地人增强民族自豪感和民族意识。此外,节日在国家和主办地区的目的地规划、加强旅游和商业活动的连接方面扮演着重要角色。这一角色可以有以下几个方面:形象制造者、经济发电站,旅游景点打造者,反季游吸引物;有助于地方和企业的发展;关键工业部门的支柱。

节事组织者和社区所举办的节日能够为游客提供一个活力十足且有价值的文化标志物。此外,文化是地方文化和地方视角的一种个性化表现。所以,节日也为那些依靠分享地方文化追求商机的人们提供了支持。联合国环境规划署(2002)强调,文化旅游是由节日和事件的发展来推动的。地方可以通过多种方式增加旅游的活力。比如,节事活动的主要参与者和观众是当地居民,而往往是他们不断更新和增加着游客们的旅游兴趣。英国和其他一些国家的地方政府已经开始提供政府拨款和支持,为当地节日增加了更多活动,从而吸引更多游客。其中,那些包含鲜明主题的节庆活动被赋予了较高的优先级(图2.2)。

图2.2　游客必不可少的活动

　　举办地政府支持当地节事活动的主要目的是为当地创造财富。旅游业在提供就业和创收方面发挥了至关重要的作用。此外,游客到了某地可能会游览多个地方,这就给当地社区和企业提供更多的连带收益。

　　多年来,节事旅游已经发展成为旅游目的地一个巨大的财富“发电机”。游客在市区停留时间和人均支出都有了明显增长,这些都对地方产生了积极的影响。

　　然而,延长游客在市区的停留时间要比吸引他们到这里来困难得多。除非该地区因其特有的历史和文化而著名,但很多城市资源贫乏,并不具备吸引游客的特质。

　　大型体育赛事是一个国家和城市打造节事旅游的关键点。一项体育赛事可以带来全球曝光率,并提升当地和国际游客来此旅游的兴趣。大型体育赛事可以是“景观”,从而吸引世界媒体关注,并让他们在短暂的激烈竞争时刻内集中关注某一特定城市,而东道主则可以在世界舞台上展示他们的目的地形象,尤其是重要景点和所组织的活动。

　　大型体育赛事是非常有利于城市作为旅游目的地宣传自己,并提升游客的体验。根据联合国世界旅游组织的数据,与2008年相比,2010年的国际游客数量增长了近7%,达到了9.4亿。尤其需要注意的是,旅游目的地在试图实现其品牌差异化,以及从更深层次上吸引游客的过程中,未经选举的官员,即目的地营销官员,可能不仅会发现他们主办的节事活动是如何代表目的地形象的,以及他们想怎样与世界联系,还会发现他们想对世界说些什么。

案例研究　布拉德福德的梅拉节

自 1988 年以来,布拉德福德的梅拉节每年都在皮尔公园举行一次。它是一个非常迷人的节日,是亚洲之外最大的节日,也是罕见的混合派对和充满快乐的旅行。在过去 23 年时间里,布拉德福德打造了一个独特的城市形象。梅拉节完美地诠释了它在社区发展中的独特作用,它将不同文化背景的人聚在一起进行各种不同的展示。同时,它还为布拉德福德带来了自豪感,以及亚洲传统艺术。

布拉德福德的梅拉节在两天时间里吸引了 8 万到 10 万人参加活动,这对布拉德福德的经济运行会产生巨大的影响,尤其是当地小型企业更能从节日中获得至关重要的收入。节日期间,游客在当地大量消费,虽然也会与当地人遇到一些社会和实际性的问题,但这些问题与游客在此地的消费相比都算不了什么。

此外,布拉德福德的梅拉节将当地社区居民聚集在一起共同庆祝多元文化。过去 10 年布拉德福德的梅拉节已经成为一个重大的文化事件,对外展示了文化多样性优点的英国社会。此外,这个节日已经创造了巨大的经济影响,并促进了当地企业从实际节事活动中受益。

多年来,布拉德福德的梅拉节已经发展成为一个国际事件,吸引了来自英国和世界各地的参与者。因为大型南亚社区在布拉德福德,所以它吸引了大量来自国外的家人和朋友。他们经常选择节日时间拜访这座城市的亲朋好友,从而推动了当地旅游业的发展。

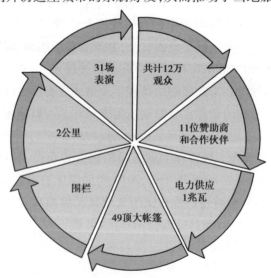

图 2.3　布拉德福德的梅拉节的关键因素

布拉德福德再生委员会执行委员艾德里安·奈勒议员说:

布拉德福德的梅拉节在欧洲是第一个给了这个城市世界范围认可的活动。对企业而言,这是一个很好的展示机会。参会者行进过程中能看到所有的一切。

（布拉德福德电讯报和安格斯,2009 年 6 月 14 日[网络资料]）

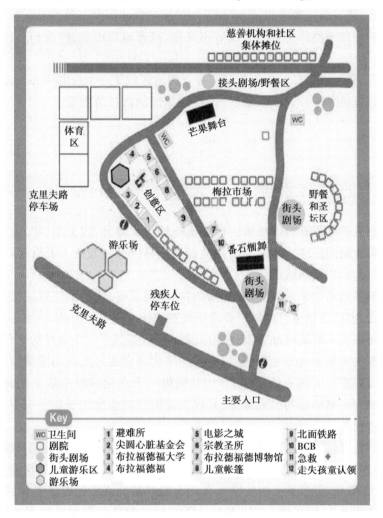

图 2.4　布拉德福德的梅拉节的布展计划

节日参与者为当地带来了巨额的财政收入,比如他们在当地过夜,就为当地企业带来了直接的经济收入。同时,节事活动对主办城市还有一个重大影响,那就是在活动筹备、开展期间甚至在活动后提供了额外的就业机会。图 2.3 中的数据凸显了这个节事活动给这座城市带来的实际益处。

布拉德福德的梅拉节已经发展成为布拉德福德国际艺术节项目的核心内容之一。梅拉节已经证明,过去 20 年里的文化显示可以吸引游客并塑造布拉德福德的城市形象。图 2.4 是布拉福德 2011 年的布展计划。近年来,许多地方企业受布拉德福德的梅拉节的吸引,在梅拉市场设了展位。

布拉德福德的梅拉节现在吸引了来自不同社区团体的游客,并为他们创造了文化体验的机会。从传统意义上讲,布拉德福德的梅拉节依靠的还是当地游客。早期的梅拉节吸引的95%游客都是当地人。而过去10年,这一情况已经发生了变化,现在42%的游客都来自布拉德福德之外,还有像巴基斯坦、印度和孟加拉国这样的国家。英格兰其他城市也采用了和布拉德福德的梅拉节类似的方法发展城市文化,提升城市形象、声誉和地位,并从南亚地区吸引游客。

虽然没有任何精心的策划,但该节已经在亚洲地区成了一个公共关系活动,也为其他地区理解南亚文化提供了一种方式。最后,布拉德福德的梅拉节创造了一个促进城市旅游发展的案例。

节事活动中的游客管理

主持和举办活动是提升目的地旅游形象策略的组成部分,过去10年,它日益受到全球旅游机构和国家政府的关注。从举办国际活动促进社区节日发展方面看,节事活动可以为一个地区塑造旅游形象及地域形象。

通过分析节事活动带来的旅游潮和游客对当地的了解,我们不仅可以知道目的地希望向游客展示什么,也可以知道目的地自身希望发展成什么样子。因此,节事活动为潜在游客和其他国家人民深入了解某国过去、现在和未来的情况提供了一个很好的平台。

社区节日提供了展示地方文化的舞台,这些文化适合通过大众的眼睛传播出去。大型活动的举办可以提高一个国家的地位,并为其提供一个在全球展示其文化和愿望的舞台。节事活动已经成为形象塑造的组成部分,并成为旅游目的地区别于竞争对手的定位发挥核心作用的一个过程。

节事活动的效果可以直达利基市场和广大受众,这个过程不仅依靠不断增长的游客数量,也要依靠游客心目中所构建起的与目的地的强有力的关联。这种关联与节事活动的性质有关,如宗教类节日,但这种节事关联也会让人们对某国或某地得出整体感知,如"动态""青春""历史""体育""娱乐圈"等。下面的案例探讨的就是曼彻斯特当地的目的地管理权威。

案例研究2 曼彻斯特旅游目的地

2010年,作为主要驱动力的英格兰西北地区,尤其是曼彻斯特市,制定了一个战略模式以推动经济向前发展,并助推曼彻斯特成为国际目的地,对标纽约、巴塞罗那和巴黎等城市。曼彻斯特有大约250万人口,在英国是仅次于伦敦的第二大城市。

在2003年制订的5项目标中,节日和节事活动被作为提升城市和地区形象的一个重要目标。2007年,曼彻斯特市议会举办了面向世界的国际艺术节,这项活动从一开始就是两年举行一届,并打开了一个全新局面。它是一个国际性的文化艺术节,已经成为曼彻斯特的标志性事件。2004 年 1 月,曼彻斯特市议会批准了 200 万英镑承办这个节日。这笔资金中也有一部分是来自英格兰艺术委员会和西北开发机构的。

早期的经济影响研究估计,这个节日为曼彻斯特的经济发展贡献了 3 400 万英镑,同时也得到了私营部门的支持,潜在观众达到了 27 万。

2007 年,曼彻斯特议会的报告和决议中公布了此次活动的财政支持。

MIF 已经收到联合或协议赞助的 250 万英镑,其目标是 280 万英镑,同时,收到公共资金 150 万英镑,其中包括艺术委员会的 125 万英镑(包括 50 万英镑的城市文化计划基金)和索尔福德市议会 25 万英镑。最开始制订的目标是所有公共和其他私营部门合计收入 300 万英镑,以匹配 200 万英镑的捐款。

2007 年 6—7 月,由莫里斯·哈格里夫斯·麦金太尔发布的首届国际艺术节的独立评估,题为"曼彻斯特的进步"。该研究报告运用定量方法指出,该节吸引了 200 930 名观众,创造了 34 个就业机会,据估计,这个节日实现了 2 880 万英镑的经济收入。

文化和经济的影响

节事活动对主办地有多方面的影响,从文化到经济,从社会到环境。同时,节事活动对主办地也存在正负面的影响,但其重点往往集中在经济方面。活动组织者的作用是集中关注节事活动带来的各方面的影响,而非单独关注经济方面。

过去 10 年,根据节事活动市场的发展,节事活动对主办地的影响正在发生变化,因此,事后评估不仅对审查情况,而且对识别和管理最大化未来收益的影响都极其重要。然而,对节事活动管理者来说,过度关注事件的财务影响是很常见的,但这会使他们对赛事期间可能发生的其他影响目光短浅,对节事活动管理者来说,识别这种潜在情况并识别与管理活动产生的积极和消极影响是非常重要的。

经济价值通常放在宣传获得利益的事件,可能在之前、其间和之后发生。专栏和广告成本是用来量化这种影响的。

毫无疑问,除了创建社区凝聚力,节事活动还可能通过发展就业、额外的贸易和商业发展、基础设施投资、长期宣传和税收收入给事件举办地带来更大经济活力,节事活动不仅会产生巨大的经济效益,也为举办地提供在国内、国外推销自己的机会,在活动期间将拥有不同背景的人们带到目的地。因此,这提高了举办地的地位和旅游形象,节事活动经济影响是最明显的,也是最常衡量的影响。经济影响可以是积极的,也可以是消极的,积极的影响是游客的支出、基础设施的投资和就业的增加。

总结

当地政府在过去 10 年里已经确定使用节日刺激旅游需求的重要性。许多国家已经意

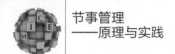

识到节事旅游的积极影响。如美国、澳大利亚和中国都举办了各种各样的活动,如奥运会,这些活动成功地促进了国家的发展。诸如此类的例子表明,节事旅游是吸引游客的有效工具,不仅吸引游客,而且吸引未来。

本章认为,节事旅游促进了地方性节日的发展,取得了更大的经济效益和文化效益。这些节日吸引了远在欧洲和加勒比群岛的游客。人们发现在这些节日中,是社会和经济因素导致了节事旅游增长。利兹布拉德福德的梅拉节和西印度狂欢节已经成为当地的主要旅游吸引物。

节事活动促进了文化庆典旅游的发展。节事活动吸引游客到当地社区活动中,增进了游客和居民之间的文化交流。节事旅游为城市带来了好处,但这些好处并没有得到深入分析。旅游节庆活动对当地的经济有直接或间接的重大影响。游客在当地的商品和服务消费对当地企业有直接好处,也在经济和社区中广泛传递。

讨论问题

问题1

批评性地评估和审视文化活动在发展社区凝聚力方面的作用。

问题2

节日文化吸引游客到当地社区活动,促进游客和居民之间的文化交流。
批判性评价上述陈述。

问题3

举办大型社区和文化活动的目的地有哪些优势和劣势。

问题4

确定并讨论户外活动对主办城市的经济影响。

问题5

调查管理游客参加文化活动体验的重要性。

问题6

批判性地评估自治旅游组织与私营部门和地区/地方政府合作的成功。

案例研究 1　特克斯和凯科斯群岛

特克斯和凯科斯群岛位于大西洋,包含 40 多座岛屿。岛链位于巴哈马群岛的末端,用国家旅游局的说法就是坐落在"世界上第三大的珊瑚礁系统"。岛屿形成于一个自治的英国海外领地,人口超过 25 000。

每年,旅游业为该岛屿带来超过 150 000 次的游客,其中 70% 来自北美,20% 来自加拿大,10% 来自欧洲。尽管越来越多的游客来到岛屿是为了海滩,更重要的是"享受生活",但在珊瑚礁中潜水对游客来说仍是一个主要的吸引力。在 20 世纪 90 年代中期,该国通过提出"自然之美"的口号来促销群岛的自然美景。

特克斯和凯科斯群岛必须借助更多的预算和在加勒比海内更大的市场份额与更大、更成熟的旅游目的地竞争。当各个国家都促销有关沙滩、阳光和大海的关键信息时,区分区域内特定产品便是一个挑战。此外,大多数目的地市场都将潜水作为利基产品。2000 年年初,在这样一个竞争激烈的市场上,特克斯和凯科斯群岛遇到选择适当营销的困难。越来越多的出版物正在接近投放广告的目的地。而该岛屿的预算有限,单靠自己无法产生这样的影响力。

2002 年,特克斯和凯科斯群岛旅游局决定举办一个自由潜水世界纪录比赛并且赞助自由潜水员和环保主义者塔尼亚·斯特里特。这一新的战略是基于目的地的需求,以超出旅游页面的方式、以一种有限的广告预算无法实现的方式吸引全球范围内的具有特殊兴趣的、潜在的大众。该策略的成功关键在于举办这样一个小众和特殊利益的体育赛事所涉及的风险/兴奋程度,人们相信,这项运动的特殊性和风险会吸引新闻报道。

来源:Mnlligan,l. 和 Raj,R(2008),"目的地营销"在 C. vignali,T. vranesevic 和 D. vrontis (2008)《战略营销和零售思想》,zagreb:Acent.

案例研究 2　伦敦 2012 年奥运会——可持续性

背景

伦敦是第一个从一开始就将可持续发展纳入其计划的夏季奥运举办城市。可持续性是指我们所做的一切都是为巩固我们的愿景"利用赛事的力量来激发持久的改变"。

制定这些方针是为了确保 2012 年伦敦奥运会主办或与之相关的所有活动。2012 年伦敦奥运会的所有活动都是可持续发展中的积极例子。

2012 年,伦敦奥运会制定的全面的可持续性发展的管理体系符合英国 BS 8901(2009)英国可持续赛事标准,2012 年伦敦奥运会超出了这些指导方针的规定。

早期计划

要举办一场可持续的活动,提前做好规划是必不可少的,从一开始就确定活动的主要可持续方向是很重要的,作为一个起点,我们希望与我们合作的机构拥有的环境/可持续发展可访问性,有关的相关政策的证据,此外,我们将要求,这些组织保证遵守所有适用的法律,要求并承诺至少致力于实现 BS 8901(2017 年可持续会展项目管理体系规范)。

利益相关者参与

与所有参与活动方(包括场地、供应商、赞助商等)和那些可能受到活动影响的人(如当地社区)联络,将有助于确定最重要的可持续发展的影响和问题。利益相关者将提供至关重要的地方性知识,保持联系、了解社区敏感性并帮助避免与该地区正在计划的其他活动支出潜在的时间、地点或文化冲突。

利益相关者通常包括赞助商或合作伙伴、场馆业主或经理、供应商、当地居民、潜在劳动力、客户/观众和/或参与者、法定机构、应急服务、安全服务和相关的非政府组织。它总是值得映射出一个利益相关者对于任何给定的事件列表,确保你有同一标准并尽可能地确定所有需要参与的关键各方。

识别潜在的影响和问题

我们挑选了我们认为与在奥运会筹备期间所组织的赛事类型最相关的 10 大重点领域。以下这些主题的指导要点为实现积极的改变提供了一个良好的开端。

测量结果

进展记录还扩展到整个事件阶段,以帮助活动团队确保目标正在交付或处于交付的轨道上。例如,有多少垃圾被回收,报告任何事故或侥幸脱险,或对于这些活动期间的观点是否合适。

准确的测量对于理解在事件发生前阶段所采取的行动已经产生了结果,并确定什么产生了最重要的结果是至关重要的,它还能让你决定下一个活动将集中在哪里,并借此机会为你通过实施这些持续改进准则所取得的成就感到自豪。

交流成果

骄傲的你值得抓住机会实现这些指南。你所积累的经验包括:

- 提供叫持续性的事实和数字演讲、简报或屏幕上滚动文本——例如,资源保存、采购的材料,与设置之后会发生什么;鼓励其他人"广而告之";
- 显示标识详细措施;
- 显示标识,以促进更可持续的工作方式,如当电器不使用时,关闭电路;
- 发布关于可持续性发展的新闻稿或案例研究;
- 将可持续性信息集成到新闻稿;
- 确保打印文件和材料,如门票和小册子,记载有关回收内容和印刷过程的信息。

来源:伦敦奥组委(2012)(网络资料)

第 3 章　创业活动

在本章中,你将了解到:

- 企业家是什么?
- 如今的企业家精神;
- 企业家的特点;
- 不同类型的企业家;
- 创业过程;
- 开始一个新的事件业务;
- 购买一个现有的事件业务;
- 总结;
- 问题讨论;
- 案例研究。

本章旨在概述活动行业中的创业精神。本章将讨论创业的首要方法和创业理论,这些方法和技巧会帮助节事经理发展必要的技能和态度来应对挑战,同时利用不断发展的节事行业带来的新机会。

活动行业是创意产业的关键经济部门的关键角色。活动行业主要包括活动的设计、推广、广告和交付,但也包括一系列的支持专业和边界行业。

大多数企业家在他们自己感兴趣和专业领域开始了他们的第一次创业。这意味着具有活动技能的新兴企业家(特别是节事活动专业毕业生)更有可能在活动行业中找到机会。因此,重要的是,作为一个潜在的活动企业家,应该了解活动行业的范围并发现潜在的商业机会。

尽管全球经济低迷,但印度和中国等新兴经济大国带来了挑战与机遇,但西方的活动行业仍在蓬勃发展,为具有创新和直觉的活动企业家提供了大量机会。

企业家是什么？

　　企业家这个词被广泛应用在日常会话中。企业家在管理学和经济学中是一个专业术语。它是一个可以追溯到 18 世纪的法语词，最初指个体委托执行的一个特定的由钱投资的商业项目。这个项目往往是一个海外交易的项目，给风险投资者（可能会赔钱）和企业家（可能会损失更大）都带来了风险。因此，创业活动的风险从一开始就是明显的。

　　从那时起，这个词就演变成了那些从事风险投资的人，尤其是开始新业务的人。这个意思是理解英语中"entreprenear"一词的核心，尽管法国人更喜欢使用"créateiur"。从"企业家"这个词衍生出了许多概念，如创业精神和创业过程。企业家精神是企业必需的。它更像一个过程，一种将创新转化为市场机会或竞争优势的做事方式。创业过程是通过创业风险项目而创造新价值的手段。创业是一个形容词，描述企业家如何承担他们所做的事情。

　　然而，在管理学和经济学文献中发现了许多关于企业家的定义，提供一个简明和明确的定义无疑是一项任务。定义它的尝试主要集中在利用企业家的技能，利用那些属于创业一部分的过程和事件，以及利用创业带来的那些结果（戴维森，2003）。大多数现有的定义都是这三个定义的混合体。例如：

　　一个企业家是一个识别一个机会或新想法并且发展成一个新的风险项目的人。（伯克，2006）

　　在这方面，企业是企业家精神的一个结果，例如，这个组织是一个企业家创建的。然而，对于一些人，它基本上是利用创业来创造新的业务。在这方面，企业是创业的一种手段。这里需要注意的是，人们普遍认为，企业家是变革的推动者，他们为企业的成长与盈利提供创新和创造性的想法。他们的行动是从零开始创造和建立一个愿景，从而具有进取心。

　　考虑到上述想法，活动企业家是管理创业过程的关键创新者。这通常包括在团队成员的帮助下，计划、组织、促进、指导、控制、管理和交付一场活动，以及相关的业务风险。

　　企业家精神被公认为社会创新的驱动力，节事行业也不例外。因此根据上面的定义，一个事件的企业家可以被定义为建立一个新的风险项目的人。为了实现这一点，节事行业的企业家需要发现新的商业机会，并通过协调资源、提供事件确定客户的需求。

如今的企业家精神

　　今天，随着互联网的迅速发展，企业家代表着经济中最具活力的力量之一。正是他们在推动技术迅速发展，进而推动世界经济的增长。从宏观经济角度来看，这使企业家的地位变得十分重要。因此，企业家也是一种经济现象。这种经济现象对全球经济产生重大影响，因此商业的全球化变得更加普遍，这种影响会更加深入。企业家已经成为发展中国家和全球

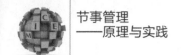

经济的主要力量。

创业涉及的范围将继续变化和发展,然而在如何创业、如何融资、如何与社区分享业务,以及如何互相学习方面仍有一些常见问题。所有企业家都面临的一些常见问题是创业的挑战,无论是进行新发明,在业务中寻找一个新想法,找到合适的机会进入一个业务,还是购买特许经营权。为了实现这样的目标,需要进行各方面的组织规划。企业家们面临的另外一个挑战是融资。甚至内部创业家(那些在现有的组织内创业的人——企业内部的创业家)也通常面临在公司规定上的财务障碍。因此,除非风险投资中投入的是你自己的资金,否则如何融资就是一个挑战,这项挑战需要准备投资提案或编写实施计划,为贷款和风投做准备。关于创业的这些阶段有非常多的这种信息,以至于鉴别出好的信息本身就是一个巨大的挑战。

企业家的特点

创业精神的概念的一部分是采取行动的能力。正是这种能力使企业家有别于其他人。此外,对企业家来说,全面的能力也被视为是有用的。这些能力包括知识、技能和个人特质,如:

- 管理技能——成功管理时间和人力的能力(包括自己和他人);
- 具有团队精神;
- 善于组织规划;
- 自我激励,能够激励他人;
- 纪律和适应能力;
- 具有首创精神,创新思维;
- 一心一意的;
- 在压力下工作并坚持下去的能力;
- 极具竞争力;
- 做一个好的沟通者,能够与他人沟通;
- 推销和出售新创意、新产品产品的能力。

此外,多年来的许多研究表明创业家往往是冒险家,或者是更愿意从事高风险活动的人,即具有高冒险倾向的人更倾向于利用创业机会,因为承担风险是企业家精神的一个基础组成部分。企业家的冒险包括许多方面:投资自己的钱、离开稳定的工作、建立和管理事业所需承担的压力、需要花费的时间。Lobia 和 Sikalieh(2010)认为,富有企业家精神的人往往寻求实现富有成效的机会,因此会在不确定的环境下工作。

不同类型的企业家

虽然任何人都可以成为一个潜在的企业家,但是有些人出于兴趣研究了人口统计变量,如年龄、性别和种族与企业家精神的关系。

年轻的企业家

从一些研究中可以明显看出,大多数创业者最有可能在 25～40 岁时创建新企业。事实上,研究还表明,创业精神甚至在 8～24 岁的年轻人身上就已出现。下面的案例研究对此进行了阐述。

案例研究

2010 年青年创业调查研究

尽管现在的经济环境不佳,但美国的许多年轻人仍对创业感兴趣。在全球创业周开始之际,尤因·马科思·考夫曼基金会互动在线民意调查显示,在被调查的 8～24 岁的青年中,有 40% 希望在未来的某个时期开办一个企业,有些人已经这么做了。此外,绝大多数青年十分乐观地认为,未来拥有自己的企业的可能性很大。在 8～12 岁的青年中,有 75% 认为,他们如果努力,就能够成功创业;而 13～17 岁和 18～24 岁的青年中,持相同观点的人均占 62%。

2010 年 8 月,对 5 077 名青年的调查结果与 2007 年进行的一项研究一致。

"现在经济低迷,没有阻止年轻人拥有自己企业的梦想。"考夫曼基金会总裁兼首席执行官卡尔·施拉姆说。施拉姆在加利福尼亚州棕榈泉举办的安永(Ernst & young)战略发展论坛上,发起了全球创业周。该论坛有 1 700 多名企业家参与,是美国所有快速发展企业的最大聚会。"这样的调查结果是个好消息,因为经济复苏取决于创业精神。调查结果还表明,使青年有机会接触成功的企业家可激励他们自己创业,这正是建立全球创业周的目的之一。

调查显示,认识创业者的年轻人对创业最感兴趣。

将青年与成功的企业家连接起来是全球创业周的目的之一。它的目的还在于,激励这些青年开始他们的想法,并展示如何将它们转化为实际的项目和风险。全球创业周由全球最大的创业基金考夫曼基金会和英国企业联合会共同创立。其专门致力于帮助具有企业家精神的年轻人。后者是英国一个由政府支持的商业性组织。全球创业周帮助当前和潜在的企业家获得知识、技能和人际关系网,以激励并帮助他们建立起可持续发展的企业。

关于全球创业周

全球创业周旨在拥抱创新、想象力和创造力,鼓励年轻人大胆思考,并将他们的想法变成现实。从 2010 年 11 月 15 日至 21 日,世界各地的数百万年轻人加入一场日益壮大的运动,以产生新的想法,并寻求更好的做事方式。数十个国家正在计划开展数以万计的活动。全球创业周是由考夫曼基金会和英国企业联合会创立的。

考夫曼基金会是一个私人的、无党派的基金会,致力于利用创业精神和创新力量来发展经济和改善人类福利。通过其研究和其他倡议,考夫曼基金会旨在让年轻人看到创业的可能性,促进创业教育,提高对创业友好政策的认识,并找到为新知识和技术商业化的替代途径。此外,该基金会专注于堪萨斯城地区的倡议,以提高学生的数学和科学技能,并提高城市学生的教育成就,包括尤因·马里恩·考夫曼学校。这是一所面向初高中生的大学预备特许学校,计划于 2011 年开设。该基金会由已故企业家兼慈善家尤因·马里恩·考夫曼创办,总部设在密苏里州的堪萨斯城,拥有约 20 亿美元的资产。

[改编自考夫曼基金会,2012 年(网络资料)]

女性企业家

当女性创业精神正在上升之际,女性创业的速度比其他任何小型企业都要快。在美国,它们占所有企业的 29%。虽然女性拥有的企业在零售业中所占的比例非常高,但女性现在正扩展到男性主导的行业,如采矿业、制造业、建筑业和交通运输业。下面的案例研究进一步说明了这种上升趋势。

案例研究　美国女性拥有的企业正在激增

根据美国运通开放(The American Express OPEN State Of Women-Owned Businesses Report)的女性企业报告,美国女性拥有企业的增长速度快于男性拥有企业。

1997—2011 年,美国的企业数量增加了 34%,而女性拥有的企业数量则增加了 50%,是全国平均水平的 1.5 倍。报告发现,截至 2011 年,美国有超过 810 万女性拥有企业,收入近 1.3 万亿美元,雇用了近 770 万人。

尽管女性拥有的企业数量继续以超过全国平均水平的速度增长,占所有企业的 29%,但女性拥有的企业只雇用该国劳动力的 6%,业务收入的贡献不到 4%。此外,1997—2011 年,女性拥有企业的就业和销售增长(分别为 8% 和 53%)落后于全国平均水平(17% 和 71%)。

美国运通在报告中表示:"在女性控股的企业中,我们看到了稳步增长,但在规模上缺乏进展。"而且,与同类企业相比,女性拥有的中小型企业正在跟上全国平均水平,并以缓慢增长速度超过了男性拥有的企业。然而,随着女性拥有的企业的壮大,有些东西让她们放松;在拥有 100 名员工,价值 100 万美元的资产后,她们在创业这场马拉松中就落后了。

少数民族企业家

某些少数民族比包括土著居民在内的其他民族更倾向于从事自营职业。亚洲人和东欧人等少数族裔企业家发现,自己创业是摆脱贫困的一种途径,也是提升阶级体系的一个机会。例如,从历史上看,在英国,第二次世界大战后,是犹太人开创了自己的事业,其次是 20 世纪 50 年代和 60 年代,来自印度次大陆和亚洲的中国人。然后是在 20 世纪 70 年代到达的亚裔非洲人,接着是在欧盟边境开放后来到英国的东欧人。有趣的是,这些群体的共同之处在于,他们拥有来自本国的某种创业特征,并利用了英国开放的商业体系所带来的机会。研究表明,影响他们成功的可能因素有很多,包括文化、宗教、家庭、网络支持、决心、承诺和努力工作。

亚洲人参与自主创业的可能性是白人的两倍。然而,这些亚洲人的创业活动历来都是在低利润、低增长的行业,如少数民族零售和服装(Rashid,2006)。

家族企业

家族企业可以被描述为由同一家族的两个或两个以上成员经营的企业,并且该家族对该企业拥有整体的财务控制权。这些都是许多经济体中不可分割的一部分。

合伙创业者

合伙创业者是创办并拥有自己企业的夫妇。每一个人都为企业带来了特殊的专业知识,两者在所有权和决策方面都被认为是平等的。对一些人来说,这可能会导致离婚。然而,夫妻双方应该在创业之初就制订规则并明确定义他们的角色,以减少摩擦和冲突。需要解决的一个关键领域是将家庭事务与商业事务分开,并将家庭时间与工作时间分开。

合作企业家

企业内部可以存在 3 种类型的企业家:内部企业家、冒险者和变革者(博尔顿和汤普森,2003 年)。内部企业家是组织中有进取心的人。他们是开发新产品、新服务、新流程、新的市场机会和新的分销渠道的创新者。他们愿意改变,并且经常是大型组织变革的煽动者和拥护者。

冒险者是下一层次的企业家。他们有能力从现有业务中剥离出新业务。他们要么离开一家已建立的企业去创办一家新企业;或者当公司开发出新想法,但不符合现有设置,但仍有增长潜力时,他们抓住机会;或者他们决定,在他们投资组合内的一些企业撤资会更好。

变革者是企业界的成长型企业家。他们位于企业家的顶端,拥有领导大公司转型的专业知识和技能。这 3 种类型的企业家之间的关系如图 3.1 所示。

图 3.1 内部企业家、冒险者和变革者之间的关系风险

创业过程

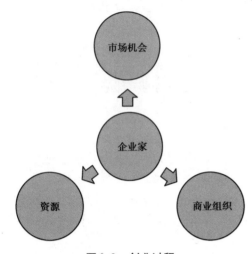

图3.2　创业过程

来源:改编自韦翰(2006)

创业过程为我们提供了一个了解企业家如何创造财富的框架,并且帮助我们理解具体企业过程的细节。根据韦翰(2006)的研究,这个过程是基于4种相互作用的突发事件:企业家、市场机会、商业组织和资源(图3.2)。

企业家是创业中心并推动创业的个人或团队,也可以是一个团队,有不同的角色和责任。他们可能来自同一个家庭、合伙创业者,或者是在被管理层收购后就开始自己创业的现有管理层。

市场上的机会是现有参与者留下的差距,并得到企业家的认可,要么为客户提供比目前更好的服务,要么做一些不同的事情。活动企业家的职责是研究市场上那些没有被利用的机会和可能性。然而,在所有情况下,重要的是客户要认识到,企业家提供的新产品对他们来说具有足够的价值,他们愿意为此付费。该组织是由企业家创造的新企业,需要协调不同的人的活动,以向企业提供创新。这些组织中的企业家往往表现出强大和有魅力的领导力。

资源可以被认为是有形资产和无形资产。有形资产包括金钱、为其做出贡献的人、机械和生产设备、建筑物和车辆。无形资产包括品牌名称、人员的知识和技能、公司声誉、客户和供应商商誉。所有这些资源都可以进行投资。企业家在吸引投资到合资企业中,创建资产,为市场提供创新利润方面发挥着关键作用。图3.2说明了创业的过程。

开始一个新的事件业务

作为创业过程的一部分,企业家经常会问这样一个问题:我应该开始一个新的活动业务,还是购买一个现有的活动业务? 在本节中,我们将研究两者的利弊。开始一个新的创业项目并不容易,并且一开始就接受这一点可以避免任何失望和遗憾。预计工作模式将会发生很大的变化,工作时间可能会不规律,业务可能会优先于其他一切事情,包括家人和朋友。这时来自家人和朋友的支持将是至关重要的,特别是一开始,道路艰难时。一个崭露头角的活动企业家可能会面临一个具有挑战性的问题:"我可以轻松地开始什么样的活动业务,它会成功吗?"这是一个非常难以回答的问题,因为它取决于企业家、当时的趋势、所有国家和区域经济形势及市场的需求。然而,开启一项业务的最成功的想法来源于识别市场上的差距或人们所面临的问题。潜在的活动企业家可以开始询问和回答以下问题:

- 我拥有什么技能和能力?

- 我有什么业务经验和专业知识？
- 我开始新业务的理由和动机是什么？

寻找这些问题的答案，并彻底评估你的才能、技能、经验和人脉，看看这些问题是否能转化为一个成功的业务，这是非常重要的。在开展新业务时需要进一步考虑的几点包括：在开始创业之前，研究你的新业务想法是否有市场。

- 谁是你的客户，他们在哪儿？
- 开展可行性研究以确定是否追求你的商业点子。
- 确定谁是你的潜在竞争对手。改进自己的弱点，避免与他们的优势竞争。
- 找出刚刚开始的事件的趋势，迅速利用它们。
- 制订一个商业计划，设计一个长期、中期和短期的商业战略。
- 考虑从主场开始，但要始终保持专业性。
- 总是试图协商任何合同的条款和条件。

另一种可能性是考虑在一个你熟悉的事件管理领域开始创业，并且你已经明确地考虑到了它的独特性。你可以利用现有的联系人和网络获得建议与帮助，同时寻找各种资金来源。覆盖财务基础很重要，因为这不再是雇主的钱，而是你和/或你的投资者的钱。

购买一个现有的事件业务

收购现有企业并使其更有利可图的趋势在企业家中日益增长。这在那些雄心勃勃地想成为企业家的失业工人中尤其流行，在那些寻找专业小企业为新市场提供创新产品的大公司中尤其受欢迎。

许多企业家在创业时并不是新型人才，但在收购企业方面更成功，并通过发展现有企业和使它们扭亏为盈，从而提高利润。他们有一种公认的天赋去识别好的商业机会，当他们看到好的商业机会，是振兴和革新它们，而不是从零开始创造新的业务。对商机经过彻底的分析、思考并与购买者现有的专业知识和经验相匹配时，购买现有业务是一个好主意。虽然购买一个新的事件业务的优势超过了一个从零开始的业务，但其缺点也不应该被忽视。

表 3.1　购买现有的事件业务的优点和缺点

购买现有的事件业务的优点	购买现有的事件业务的缺点
风险较低	市场饱和，激烈竞争
降低资产成本	隐性成本相关的业务
卖方可以为全部或部分业务提供资金	卖方不诚实，可能会退出
买方对运营有更清晰的认识	业场潜力不足
企业可能已经建立了市场	业务价值不大
商业历史	

续表

购买现有的事件业务的优点	购买现有的事件业务的缺点
建立了供应商	
建立客户基础	
卖方可提供经营业务的管理培训业务	

总结

　　本章概述了节事行业中的创业精神。活动企业家是管理创业过程的关键创新者,特别是开始一个新业务,如婚礼策划或会议组织企业。今天,随着互联网的蓬勃发展,企业家是经济活动中一支生力军,帮助推动了科技繁荣,而科技繁荣反过来又推动了世界经济的大部分增长。从宏观经济的角度来看,这使企业家们非常重要。因此,企业家是一种对全球经济有重大影响的经济现象,随着商业全球化变得更加广泛,这种影响将更加深刻。

　　创业是一项活动,旨在创建和管理一个新的组织,以在市场上寻求一个独特的和创新的机会。虽然企业家有许多特征,但最重要的是采取行动和承担风险的能力。此外,企业家是那些非常需要自我实现和独立的人。

　　研究表明,大多数企业家的年龄在 25~40 岁;女性是新创业初期增长最快的群体;亚洲人和东欧人以及少数民族更倾向于自主创业。

　　虽然在决定是开始一个新的业务事件还是购买一个现有的业务事件时都存在优缺点,但作为一名企业家,你应该考虑你现有的技能、能力、经验和动机,将降低新活动企业的风险。

问题讨论

问题 1

　　尽管经济衰退,但为什么节事行业仍在增长。

问题 2

　　描述企业家和企业开拓者的区别。

问题 3

　　解释创业过程应用于行业的事件。

问题 4

分析一个企业家的性格特征。

问题 5

讨论为什么年轻人、女性作为企业家更成功。

问题 6

评估购买现有业务事件或开办新企业的优缺点。

案例研究 1   节事活动管理业务

节事活动是管理一个广泛的行业，许多企业选择专注于一个领域。在过去的 10 ~ 15 年，节事行业有了巨大的发展。根据国际社会特别活动协会的数据，全球每年节事活动支出为 5 000 亿美元（3 000 亿英镑）。

- 活动策划者会做什么？
- 举办活动有各种原因、多种形式。一些主要的事件类型包括：
- 企业活动（研讨会、小型会议、团队建设日、讲习班、网络）；
- 教育活动（培训研讨会、讲习班、会议）；
- 私人活动（婚礼、生日派对、其他庆祝活动）；
- 公共活动（节日、演出、嘉年华、博览会、抗议、集会）。

虽然这个列表并非详尽无遗，但你可能会看到为什么这么多的活动经理选择专注于一个领域。当一个活动经理被要求组织一项活动时，他们可能会被要求涵盖以下一个或所有领域：

研究——特别是节事活动的门票销售。人们会想要参加这次活动吗？竞争对手是谁？在同一天，附近的地方还有其他事情发生吗？

活动设计——活动看起来如何，会有一个主题吗？对一些节事活动来说，这可能包括灯光和声音——这些最好留给专业人士。

寻找地点——场地需要容纳多少客人？该场地适合举办活动吗？如果需要一个酒吧，该场地有合适的营业许可证吗？你的客户是否需要一个专业吧台，例如喝鸡尾酒的，你能找到合适的调酒师吗？

餐饮——对大多数活动来说，任何菜单都应预先商定。你需要确保提供足够的食物，并在所有的健康和安全法律中达到良好的标准。对一些活动来说，还可能需要有等候的工作人员。

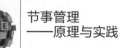

娱乐或扬声器——大多数的庆祝活动都需要某种形式的娱乐活动,通常是一个乐队或播音员。总是检查你的客户的需求——他们可能会有一些非常具体的想法。在其他情况下,一些场馆可能会有内部的播音员——尽管在决定预订之前,可能值得参加他们正在表演的活动。对于教育活动和会议,你可能必须安排演讲者——尽管在某些情况下,客户可能已经确切地知道想要谁了。

装饰——同样,这是在庆祝活动中最常需要的方法。向客户确认一切,确保你很有组织——你绝不想在某人的婚礼上挂上"生日快乐"的横幅!

交通和住宿——在英国,这很可能是在企业活动中需要的。一些公司会花钱让员工参加其他城镇的培训活动,有时这些活动很早就开始了。通常酒店会议套房会被用于此类活动,如果是这样,看看举办活动的酒店是否会组织团体住宿折扣。或者,在附近的酒店也尝试同样的方法——确保员工能够从酒店去参加活动。

邀请和客人名单——尽管你可能只需要发出婚礼和私人聚会的邀请,大多数活动很可能会有客人名单,这样你就可以确保正确的人参加。

监督——你或你的团队成员可能要参加大多数你组织的活动,以确保活动顺利进行。你还需要协调活动的运行,例如确保一切按照计划运行——尽管对一些活动,比如会议,这个地点可能会有一个团队,确保一切按计划顺利运行。

案例研究 2　节事企业主失败的 10 个理由

如果你刚刚创办一个节事公司,不要采取这 10 种方法增长你的业务。

以下是为什么现场活动行业的人工作很长时间,没有什么可展示的原因(包括宴会承办商、活动策划师、婚礼策划师、摄影师、设计师、装饰师、娱乐、活动服务……)。

思考不妥当

活动策划人生意失败的首要原因是,他们认为自己是"婚礼策划人""活动策划人""派对策划人"或"宴会策划人"而不是商人。这种思维方式限制了他们发展公司的能力。如果市场营销、销售和资金管理不是你的首要任务,那么你的业务将会停滞不前。你会因为更多的商业竞争而失去生意。

你的首要任务是必须建立一个企业。如果你缺乏提升和管理成长型企业所需的技能,你可以发展这些技能或与拥有这些技能的人合作。

停滞不前

你如何找到激动人心的新想法,让你的客户感到兴奋并建立你的声誉呢?最好的节事活动和餐饮企业是行业协会的活跃成员,并参加展会和会议。

特殊活动协会(ISES)和国际餐饮业协会(ICA)是两个值得考虑加入的优秀团体。然而,不要只是加入——而要成为一个积极参与者和领导者。

参加如由 BizBash Catersource /Event solutrons 赞助的行业展会。订阅优秀的出版物。

没有系统

建立稳定的潜在客户群新线索流和建立客户基础为下周的派对订购新床单更重要——但营销任务似乎并不那么紧迫。

要意识到作为企业主,你的主要任务是发展新的客户。为了有效地做到这一点,你需要系统,需要吸引新客户的系统、让现有客户满意的系统,以及确保完成所有基本细节的系统。

市场营销

市场营销和销售活动服务既不容易,也对时间不敏感。许多活动的人讨厌销售,对市场营销一无所知。因此,他们推识了它,尽管这并非因为他们懒惰。活动策划者每天都要(晚上和周末)应对不可能的挑战,很容易被日常事物缠绕。

定义不明确的目标

通过完成一个肤浅而不明确的目标,一个每天工作 12 个小时、一周工作七天的宴会承办人,实现了他"赚更多钱"的目标,但他为此很痛苦。他体重超重,脾气暴躁,而且即将离婚。他得到了他想要的东西——但还有很多他并不想要的东西。一个明确的目标对你的营销计划的成功至关重要,更重要的是你的生活。

没有战略

你的营销策略是什么? 当被问及这个问题,事件策划者会列出他们喜欢做的事情:做广告、黄页广告、登在当地报纸上的广告、明信片和信件等。这些都是战术,而不是战略。有什么区别呢?

正确的策略使得你的战术更好地运用。正确的策略会减轻完美执行战术的压力。

确定有价值的和有意义的短期、长期目标对你来说很重要。"为什么"。为什么你从事(酒店、婚礼、事件、餐饮)业务。然后制订一个实现更大愿景的计划。

销售技能

电话是说服陌生人预订活动的最好方式吗? 不,但遗憾的是,很多新的活动组织者认为就是这样的方法。发现如何帮助人们购买东西是很重要的。另外,当你正确地进行营销时,你就不会浪费任何时间和那些还没有"推销"你的人交谈。学习如何以正确的方式销售和营销。

财务控制

活动行业吸引了许多"非金融性"和"非思辨性"类型的人。这个行业倾向于吸引创造性和社会性人物——但只有那些拥有或发展分析和执行技能的人才能作为企业主生存下来。无论是合伙人、外包还是委托，绝不要放弃你的财务控制。

员工管理

你可能认知一个或两个企业主他们付给员工的薪酬和对待员工的方式都很差。他们不喜欢或不信任自己的员工，当然这种感觉是相互的。员工只做他们被要求做的事情，并且只有在他们的活动变动密切监控的情况下才会这样做。记住，对于你的长期成功来说，你的员工比任何客户都重要。雇用最好的员工并照顾他们，他们会像对待金子那样认真对待你的客户。

职业倦怠

职业倦怠在任何行业中都是失败的主要原因——在节事行业中也很容易发生。设定包括你现实生活的各个方面的目标。工作到死是不可能的。确保你的商业计划包括了你对美好生活的愿景。

第 4 章　人力资源管理

在本章中你将了解到：

- 人力资源管理；
- 组织的类型；
- 人力资源规划过程；
- 雇主和雇员的合法权益；
- 培训和职业发展；
- 监督和评估；
- 保留活动组织中的人员；
- 终止就业；
- 过程评估；
- 人力资源管理理论；
- 总结；
- 问题讨论；
- 案例研究。

本章旨在概述节事活动的人力资源管理(HRM)。我们将讨论人力资源管理的理论，以确定主要的方法和技术，以帮助活动经理发展必要的技能和态度，以便在工作场所与员工打交道。在日本，认识到人应该被视为战略计划中的一个关键资源，这改变了人们对就业的态度，并提高了日本产品和商业实践的质量。这使得日本能够挑战其在工业上的主导地位。这个例子表明，人确实是任何组织的关键资产，而对人的管理必须是任何战略问题的核心，而不是必要的不便。

人力资源管理

近百年来，人力资源管理已成为组织的一个显著特征。人力资源管理起源于对日本制造业发展感兴趣的美国学者对日本公司的研究。他们发现，日本的人事政策围绕着绩效、动

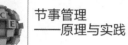

机、灵活性和机动性(布莱顿和特恩布尔,1992)。人力资源管理是一个组织和有效地雇用员工来追求组织目标的过程。德斯勒曾指出,人力资源管理是指:需要执行的政策和实践的人或人力资源方面的管理工作,包括招聘、筛选、培训、奖励和评价。(2000:2)

根据 Krulis-Randa 的观点,人力资源管理包括以下特征:

- 注重水平的权力和简化的等级制度;管理和非管理之间的界限模糊。
- 如有可能,将人员管理的责任交给部门经理——专业人员的职能是支持和促进这一任务的实现,而不是控制它。
- 人力资源规划是主动地与企业规划相结合;以综合方式战略性地处理人力资源管理方面的问题。
- 员工应被视为具发展潜力的客体,人力资源管理的目的是识别这种潜力和发展符合组织的适应性需求。
- 人力资源管理表明,管理层和非管理层都对组织的成功感兴趣。它的目的是确保所有员工都能意识到这一点,并致力于实现共同目标。(Krulis-Randa,1990:136)

不管节事活动组织中人力资源管理有哪些特点,都要认真执行人力资源计划,以满足不同类型节事组织的需要。

组织的类型

组织的灵活性

一个有活动的组织指的是其劳动力会随着需求而增加或减少。这就意味着组织必须灵活,既有固定工人,也有其他类型的员工。由于外围临时工的特殊性质,他们会提出自身的管理问题。

在商务接待的组织中,使用临时工意味着该组织充满活力,因此具有灵活性。灵活性可以放在两个不同的领域:功能性和数字灵活性劳动(戈斯,1994)。

职位的灵活性

职位的灵活性可以让那些拥有多项技能的员工担任各种工作和扮演多种角色。

一个公司性的接待组织在职位和数据方面都是非常灵活的,因为其用工需求是不断波动的。职位的灵活性指的是类似这样的情况,比如,一个员工本来进入节事项目时是物流负责人,但出于活动需要,他又得去做另一个部门的经理,因为之前的工作已经完成了。

数值的灵活性

在企业接待方向的数值灵活性是指很多仅在活动期间聘用的代理人员,之所以被称为灵活性是因为这些人员在事件活动发生前后都不被需要。在数值方面灵活就业的员工事实上仅是短期雇工，所以在他们身上就存在着如何实现产出最大化、如何建立高效的合作关系，以及如何让其提供高水平服务的问题。

人力资源规划过程

人力资源战略

节事活动在这一阶段会涉及许多工作，包括工作分析和工作描述。

工作分析

工作分析是人力资源规划这一阶段非常重要的组成部分。它包括根据具体的任务、职责，来定义工作并确定完成这项工作所需的的能力、技能和资质。

各种节事活动的工作分析过程都有所不同，对于一些小型活动，只要志愿者对活动感兴趣就可以参加。不过在这种情况下，仍需考虑志愿者的技能、经验和体能，这些同样很重要。

工作描述

它是工作分析过程的另一个结果，而且你需要十分熟悉对各项工作的描述。只有这样，你才能高效地为各岗位匹配工作人员（包括员工和志愿者）。工作描述是识别性表述，比如这项工作为什么会产生，这项工作的负责人需要做些什么，以及这项工作需要在什么条件下完成。

规定和流程

活动的各项规定和流程需要搭建一个框架，用来安排人力资源计划中其余的工作任务，包括：招聘与选拔，培训和专业发展；监督评价；结束聘用；新工作安排；再就业；评估。Stone（2002）指出，规定和流程有助于：

- 全体员工相信他们会被公平对待（例如，资历将在请求的决定因素由志愿者填补职位空缺）；
- 帮助管理者制订快速且意见一致的决策（例如，不用经理去费力思考该不该结束与某位员工或志愿者的雇用关系，他们可以很简单地遵循既定流程）；
- 给经理解决问题和捍卫自己职位的信心（例如，活动经理拒绝考虑现有员工的申请，如果有争议，可以指出有关雇用现有人员亲属的政策）；
- 活动经理要确保政策和程序已经传达给了工作人员，此外，还需要对资源进行分配，以便存储政策和程序文稿，在需要时访问并更新/修改。

招聘

招聘是为了确保用合适的员工做正确的工作。对于大型活动,很可能会有一个预算,以支付招聘代理费、广告费、非本地申请人的差旅费和高管安置公司的搜索费等费用。然而,对于现实中规模较小的活动,在招聘过程中,活动经理很少有资源可供分配。

一旦招聘到合适的员工,活动组织就需要提供适当的培训和发展。

雇主和雇员的合法权益

1974 年,《工作健康与安全法》与欧洲法规有直接联系。它指出,如果你有 5 个或 5 个以上的员工,雇主除制定健康和安全政策外,还必须对所有员工进行工作环境风险评估,也应该考虑工作条件可能危及其健康的雇员。因此,职业风险评估可以成为健康和安全政策的一部分。一旦制定全面的健康安全政策,并将其介绍给所有员工,组织就可以进行投保。

根据 1969 年《雇主责任强制保险法》,其对所雇用对象的企业都是强制性的。如果你的组织在国外有员工,他们必须由公司投保。一般来说,任何英国企业的最低保险水平是 5～10 万英镑。但是,保险责任因业务类型以及计划管理和交付的活动类型,并出示雇主责任保险证明的副本,必须在所有员工能访问该证书的地方显示该证书,对于雇主的责任有一些豁免,其中一个领域是家庭成员的雇用。

如果活动公司存储了员工的个人数据,特别是需要获得犯罪记录局(CRB)的批准的情况下,则必须通知信息委员会。绝大多数的活动公司都积极参与直接营销,但一个公司持有的个人信息(如联系方式),只有在获得每个人的授权后才能使用。有权收集个人数据的网站必须保护个人的权利。你可以在第 8 章中找到更多关于健康和安全以及公共责任的信息。

另一项关于在活动中使用安全措施的立法是《安全产业法》(SIA),该法案于 2001 年出台,并于 2006—2007 年实施。这项立法的主要目的是清除/清理渗入在休闲娱乐行业的安全公司。它还拥有与其他七项授权活动有关的进一步授权。

当你的组织为确保该活动的安全而接近一个场馆时,确定该场馆所雇用的安保人员的合法性是至关重要的。一旦你满足了这些运营和法律要求,那么公司就有责任发布符合英国和欧洲就业权利立法的雇用合同。任何雇主在选择雇员时,以及在员工发展/培训和提高认识期间,都必须充分了解最低工资、人权、残疾歧视、平等和种族歧视立法。

培训和职业发展

活动经理的主要动机应该是将个人视为一项重要资产,并使他们能够对组织做出最大的贡献。这只有在个人在工作中受过教育和充分训练的情况下才能实现。培训是能够激励和提高劳动力知识的最重要的渠道。

因此,必须帮助新员工和现有员工发展新技能,帮助他们为活动组织的总体目标做出贡献。可以为员工设立培训课程和讲习班,处理不同的技能和发展领域,并增加今后工作人员的知识。图4.1 显示了培训计划应包括的内容。

如果你的组织解决了培训和员工发展问题,那么你更有可能让员工满意,也避免员工高流失率,这在活动行业是一个重要问题。博埃拉和戈斯-特纳(2005)已经指出,员工需要通过以下内容发展并有效实现其角色工作。

- 所需的知识;
- 多年来发展起来的技能;
- 对这份工作的态度。

作者描述了如何通过有效的培训和明确的指导来完成所需的任务。通过向员工提供清晰有效的培训,有助于组织更快、更有效地完成既定的任务。

Mullins(2007)描述了培训是如何成为员工能力、士气、工作满意度和承诺的关键因素,这将提高服务水平和客户满意度。活动和节事产业非常复杂,其变化也符合活动的性质。因此,活动组织提供在职培训,并根据个人技能任命是很重要的,为了支持这一点,美国劳工部概述了人力资源专业人士的作用如下:

为了提高员工士气和生产力,减少工作失误,并帮助组织提高绩效和改善经营成果,他们也可以帮助企业有效地利用员工的技能,提供培训和发展机会,改善这些技能,并提高员工的工作满意度和工作条件的满意度。尽管一些人力资源领域的工作只需要有限地与办公室外的人接进行有限的接触。与人打交道是工作的重要部分。

[美国劳工部统计局的数据,2011 年(网络资料)]

培训的重要性是毋庸置疑的,但由于需要员工的时间较短和组织的灵活性,它在活动中并不总是可持续的。由于活动和酒店业都以客户为中心,员工的大部分时间将花在客户界面上。这意味着很多培训可能会被认为是"在工作中"(博埃拉和戈斯-特纳,2005 年)。在大型活动的企业招待环境中,这可能会给一个自己可能不熟悉活动的经理带来额外压力。

由于现场有大量工作人员,并且他们是临时的,因此在活动中需要进行培训是显而易见的。在一个持续的企业文化中,导向采取社会化的形式,可以被描述为获得了企业的文化视角和理解他人的期望以及他们的个人角色界限(Foote,2004)。如果没有达到这种理解程度,那么它可能会导致误解和一个组织功能失调。

这就提出了一个问题:你如何有效帮助确定在活动当天早上到达的临时员工?

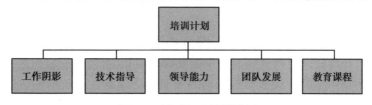

图4.1　活动经理培训计划

监督和评估

这一职能可以通过多种方式实现,包括让潜在的主管跟随现有的主管,开发一个指导系

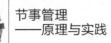

统,或鼓励员工学习专业课程。

主管和经理的主要任务之一是绩效评估。这个任务通常涉及评估性能、沟通、评估和制订一个改进计划。这个过程的主要结果是一个更好的事件、更有能力的工作人员和志愿者。

一旦进行了评估,就应该进行后续审查。这将允许审查工作职责,这些职责是如何履行的并找出可以改进的表现。应为参与这一过程的经理/主管提供培训机会。

评价系统其中还包括奖励,就新员工而言,奖励的形式包括奖金、利润分成、晋升到其他工作或其他活动以及福利,如汽车和设备使用(比如笔记本电脑的使用)。也有一系列的选项奖励志愿者的努力。这些包括:

- 培训新技能;
- 免费商品(如服装、徽章、活动海报);
- 免费食物/饮料;
- 升值的证书;
- 有机会见到名人、体育明星和其他贵宾;
- 推广更有趣的志愿活动;
- 通过媒体公开承认;
- 免费门票。

管理人员也需要考虑纪律。因此,判定反映不同行为/行动严重性的具体政策和做法是有益的。这些政策和做法应传达给所有工作人员(有偿和自愿)纪律政策很可能以某种形式的谨慎开始,以解雇结束,还需要注意的是,许多惩罚受薪员工的方法(例如取消加班的机会)不适用于志愿者。可能适用于这一群体的方法包括重新分配、取消奖励/福利,以及由主管进行简单的训诫。

保留活动组织中的人员

留住员工是一般组织中的一个基本问题。但这对活动组织来说是一个特殊问题,因为它们的活动方式不同于其他组织。活动组织通常会在一夜之间改变它们的结构,为一个活动增加大量人员,然后在几周内缩小到原来的规模。这种脉动特性在事件管理上有独特之处和具体要求去留住人才。例如,对于重大体育赛事组织,操作周期有三个截然不同的阶段,管理者需要在每个阶段考虑不同的元素。这三个阶段是活动前、活动中、活动后(Hanlon和Jago,2004)。

在事件开始阶段,如果关键人员离开,事件可能会面临风险。在许多情况下,大多数人员都是季节性的,在这些人员离开之前最少需要提前通知,否则可能会出现问题。在活动过程中,员工的流失是不幸的。许多参与活动的兼职人员通常在活动的最后阶段开始寻找其他工作。一些工作人员甚至可能会在活动的最后几天离开。这三个阶段的性质意味着,大型体育赛事组织需要比一般组织更复杂和更量身定制的保留策略。Hanlon和Jago(2004)建议,为了解决这些问题,组织应有一个指南来说明他们的挽留实践,它认识到在活动周期的不同阶段,不同的人员类别需要不同的策略。这将有助于活动经理优化性能。此外,他们认为,拟议的战略效果能够适用于所有人员。

终止就业

事件管理者偶尔会面临终止雇用某个员工的情况。这可能是在必要的情况下,一个员工违反劳动合同(如在工作场所多次迟到)或表现不佳。

这种需求也可能出现在经济或商业组织开展活动时,这种情况下需要员工离开(如由于门票销售不佳和收入不足)。

过程评估

定期审查是非常有必要的,以了解该过程的进展情况。为了进行此类的审查,在自愿的前提下必须获得相关监督人员或管理人员以及组委会成员的反馈。应该留出特定的时间分析该过程及其各个部分的完成程度。一旦评审已经完成,后续活动流程才可以修改。

人力资源管理理论

什么激发了员工的工作热情,怎样激励他们才能使其追求卓越? 一些员工可能因为被赋予更多的权利,有些员工可能由于升职,也有一些员工可能是出于加薪。理解了人力资源管理的各种理论,就很容易回答出这些问题。

授权

了解了自己的工作角色会导致另一个管理问题——授权。这可以被描述为允许员工承担以前由管理层执行的职责和责任(马林斯,2007)。

这个描述和人力资源管理的理念是一致的,授权将是通过削减不必要的管理层级来提高效率。在现场活动中,授权就会与授权的艺术联系在一起。

授权是指权力和责任通过组织结构传给其他人(马林斯,2007)。授权可以是组织层面的授权也可以是个人授权。

赋权管理可能引起担忧,因为差别很大的管理风格会导致可控性失败(Boella 和 Goss-Turner,2005),但也有可能会决定权。

承诺

未来人力资源管理要考虑的是管理临时工才符合组织承诺的理论。这是一个有争议的问题,因为其主要目的是培养致力于组织和工作的员工。

这一理论的基本假设是,如果你致力于组织并且相信它的目标,那么你就会为其付出努力。然而,为了让你致力于组织,该组织首先应该给予你什么呢? 在事件中,一个员工可能不会致力于组织,但可能会致力于这个事件或他们负责的这个事件或工作。因此,本组织由责任加强和维持这一承诺。

为了实现承诺,组织必须满足员工的需求。这将是一个艰巨的任务,因为每个员工都会有不同的需求,而且根据自己的心理预期他们会有不同的期望。

多样性

这导致工作场所多样性的问题。多样性可以定义如下：

重视每个人，将他们视为员工、消费者和客户。

[CIPD 2011（网络）]

个人发展特许研究协会将多样性分为 3 个独立的类型，如图 4.2 所示。

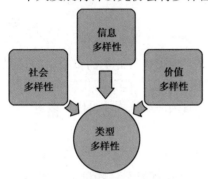

图 4.2　3 种类型的多样性

- 第一类是社会多样性，涉及人口差异如人口年龄和种族等差异。
- 第二种类型是信息多样性。这体现在人的背景不同，如知识、教育和经验的不同。
- 第三类是价值多样性。这是指人的性格和态度的差异，也被称为心理的多样性。

多样性是与其他人力资源管理理论和实践相平行的一个问题。这是一个需要管理的因素，仅仅是因为一个事件的劳动力存在着多样性。一个员工的背景、年龄、经验和种族可能影响他们的动机、承诺和如何实现最大产出。

作为一名经理，你可以采取以下行动应对多样性这个问题：

- 检查自己的行为风格、信仰和态度。
- 考虑你自己的感受和反应。
- 做一个榜样。
- 从别人的角度看问题。
- 诚实对待员工。
- 确保每个人都觉得自己是团队的一部分。
- 反思自己如何灵活地对待员工。

动机

动机是每个人日常生活中的一个关键因素，重要的是要理解动机支撑个人履行职责的能力。因此，一个员工的工作水平取决于他们的能力和动机，这是通过工作满意度和个人需要发展起来的。理论可以帮助我们理解动机是在工作场所通过研究所发展起来的。

动机是一个非常复杂的概念，没有统一的答案确定动机理论适用于任何个人。卡雷尔等人将动机定义为：动机是可以激发行为，给行为指导方向，甚至在面对一个或更多的障碍时也可令行为形成稳定趋势的一种力量。（卡雷尔 等，2000：127）

马斯洛（1943）提出了一个个人发展的动机理论。背后的想法是，人们想要更好的生活水平和工作满意度，他们总是渴望更多。这个愿望取决于他们已经拥有的东西。马斯洛认为这种需求可以划分成一个层次结构，他将其命名为"需求层次"，如表 4.1 所示。

在这个模型中,每个需求或水平已经得到满足,从而受到激励去达到一个新层次。前三个层次被视为缺乏型需求。他们必须得到满足以弥补缺乏的东西。相比之下,满足两个层次的需求是个人成长所必需的情感和心理成长的必要条件。

但是,这种模型的问题是当它应用于工作时,许多的需求可以被视为个人的并且对于激励工作来说是不必要的。

应该注意的是,马斯洛的理论关系到每个人的生活,而不只指向工作表现(马林斯,2007)。此外,有些人认为,马斯洛模型现在已经过时,对马斯洛需求层次理论存在争议,并且与管理组织中的现代思维不符合。

然而,重要的是要明白,一个员工在任何组织中参与工作都是为了得到事先约定好的工资。每个员工的努力程度都是不同的,这取决于个人的动机。此外,马斯洛模型对人力资源管理也有参考意义,如果组织可以按照国家要求给员工合理的薪酬和竞争性的工资或薪金,也为工人们提供一个安全、干净的工作环境,这将使个人的基本需求得到满足。

期望理论

期望理论关注的是需要将表现与回报联系起来,而回报是由员工评估的。期望理论是一个绩效管理工作的框架(梅比、沙拉曼和斯托里,1998)。

它的主要前提是员工的动机取决于感知的力量之间的联系:

- 精力消耗;
- 表现结果;
- 获得的奖励。

与马斯洛的需求层次理论相关的期望理论为讨论临时员工的激励因素提供了强大的理论基础(表4.1)。

表4.1 马斯洛的需求层次理论

需求类型特点	举例
1.生理需求	培养对饥饿、食物、住所和性的自我满足感
2.安全与保护	寻找安全与稳定,对未来感到安全
3.社会(支持)	照顾别人,爱与被爱,开展社会活动,交朋友
4.自尊(尊重)	赞赏,自尊,能够提供良好的建议
5.自我实现	自信心增强和实现个人潜在能力的挖掘

工作的社会方面

支持性的工作关系以及与同事之间的社交互动也是很重要的激励因素。这两个因素与马斯洛需求理论和期望理论都相联系。

在公司接待活动中,无论是员工之间的互动还是员工与客户间的互动,社会因素都是与动机相关联的。图4.3展示了其与马斯洛需求理论的关系,从中也可以看出工作中的需求与期望和社会关系、经济回报及内在满意度是如何相关的。

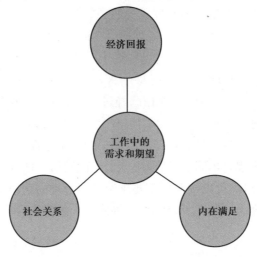

图4.3 需求与期望模型

总结

人力资源管理是一个招聘和管理员工的过程,而这些员工将会从组织和活动中受益。人事经理需要明白,这是一个综合活动的过程,包括人力资源战略、政策和程序;招聘;培训和专业发展;监督与评价;解雇,安排新职位,延长任用期;评估。为什么这些活动和技术如此重要?也许列举出人事经理需要避免的错误会更加容易。例如,招聘不合适的正式工和志愿者;员工流动大;员工不尽最大努力去工作;在无效招聘上浪费时间,培训缺乏以致破坏了组织的有效性。

讨论问题

问题1

解释什么是人力资源管理,它与管理过程有怎样的关系。

问题2

为什么说让自己的人力资源变成竞争优势对一个公司很重要?人力资源管理者为此应做出什么贡献?

问题3

人力资源管理者如何为了将各种功能流程整合到一个集成的"事件/节日庆典"做出贡献？

问题4

一个工作说明通常包括哪些项目,通常不显示哪些项目？

问题5

一个组织可以采用哪些技巧来鼓励员工？

问题6

人才投资"如何帮助活动机构加强员工的持续专业进修？

案例研究1　青年体育基金活动志愿服务

青年体育基金活动志愿者组织从 2008 年 9 月开始,由汇丰银行教育信托基金会和 V(罗素委员会的执行机构)资助,旨在创建一个由新一代年轻人作为体育赛事志愿者的组织。

2008 年到 2011 年,与英国 6 个重要的国际体育赛事主办项目的目标是创建一个永远由年轻人来做志愿者的架构组织。这个项目的愿望是突破该城市合作界限,激励年轻人"参与",通过提供关于年轻人可以做到积极贡献的例子以化解年轻人的负面看法。

已经部署了 367 名年轻志愿者到 6 个主办城市支持约 65 项活动,共计超过 1 000 个志愿者机会。角色包括编助、媒体助理、管理员角色和活动经理助理。

年轻的活动志愿者团队支持一系列的体育活动,包括:
- 残奥会世界杯;
- 巴斯马拉松;
- 篮球联赛杯决赛;
- 田径 AVLVA 室内大奖赛;
- 全国羽毛球锦标赛;
- 全国壁球锦标赛;
- 英国大学锦标赛;
- 洛拉伦敦马拉松赛;
- 5 千米,摄政公园;
- IMG 月球漫步;
- ASA 水球全国冠军赛;

- 大曼彻斯特跑；
- 国际泳联跳水世界大赛。

能成为重大活动成功的一部分是一种荣幸。听到运动员们评论说，"是志愿者让这样的活动成为一个竞争活动，这激励我做志愿者，帮助其他人发挥自己的潜力"。

6 个年轻人持续被聘为年轻志愿者发展官员，在识别招募和培训员工方面发挥关键作用。活动人员由受过更高等教育的年轻人领导和管理，这些年轻人担任过团队经理，由 8 ~ 10 个年轻志愿者支持活动。每个年轻人来自当地学校体育合作，将部署至少在 12 个月的三次重大活动中。这个项目的目标是每年招募 350 名年轻人，提供超过 1 050 个的志愿服务机会。

案例研究 2　爱丁堡国际会议中心

爱丁堡国际会议中心（ELCC 于 1995 开业）由地方当局设立，为爱丁堡的周边地区吸引商务游客。其目的是这些游客不仅将为酒店创造新收入，还将为如酒吧、商店和出租车等其他相关业务创造新收入。

该中心在一个竞争激烈的舞台运作，发现自己与其他国有、私营、国营或会议场馆所竞争。然而，为了实现其经济产出的目标，该中心要针对高经济影响事件和高收入的事件之间找到一个平衡点。

该中心的独特卖点是其服务，包括活动管理、技术生产、主题餐饮、活动策划和住宿的发现。

所面临的挑战

"行业会议和事件都是关于人开展的——'人'决定我们成功与否"，拥有卓越业务资格的主任 Geoff Fenlon 这样说，"这对我们是有意义的。因此，寻找像人力资源投资者这样的以制定我们的人力资源政策，以确保我们的业务取得成功"。

"我们还需要开发一个文化，它可以鼓励个人从仅仅一个团队的成员努力成为最终的商业领袖。"

这一策略

我们投入时间和资金来发展个人，我们将 360 度评估视为这一过程的关键，并一直在逐年进行微调。最近变化最多的是减少文书工作和行为评估表，以及作为一个团队在为团队领导提供关于这个主题研讨会。我们也引入了心理测量工具，使评估更加客观。

"让我们的员工参与进来，并让他们感受到授予权力也很重要—我们希望他们"拥有"活动、问题、成功、生意，"Geoff 说，"全体员工都被鼓励去找到创造性的方法在不降低质量的前提下尽可能使生活更轻松。我们坚信，没有人能垄断了好的想法，我们有现成的流程支持,同时确保任何输出都能满足涉众需求。"

"我们采用了一种独特的方法,"Geoff 说,"我们使用人力资源/全面质量管理人员作为内部顾问和主持人,这样给了他们面对挑战时的帮助,而实际上他们没有被直接提供答案。"

因此,通过与其他团队合作,找到解决方案,我们不仅得到一个解决方案,而且能获得所有权、学习和承诺。"

EICC 也有其他积极的机制,如头脑风暴、被动和预防性。

结果

早在 1997 年,爱丁堡成为"人力投资"的会议地点。然而,Geoff 很快指出,实现人力投资不是一个严格的过程,他强调说:"重要的是流程而不是详细的程序。"这些流程会因为每一个事件而改变——甚至只是一个事件。

"人力投资在组织内部是极其重要的,"他补充道,"这种定性的评估是至关重要的,我们密切关注评估内容。我们有检讨是否应采取更量化方法。但我们已经决定,我们当前的方法适合我们开放的沟通文化并且允许人们允分表达自己。"

EICC 一直以来在区域经济方面取得了引人注目的成果,无疑是取得了世界一流的地位。营业利润也大幅增长 400%。

入住率在增加,这符合我们的目标,我们已经创造了超过 1.495 亿英镑的盈利,确认到 Geoff 所说的话。"我们也比其他场馆做得好,EICC 是场地占用面积排名第五大的和营业额排名第五的地方。"

但在我们的发展过程中不会忘记关注人。在中心管理内部团队,包括餐饮、清洁和分包商,都会有一个持续的关注质量标准的系统和会议。人力投资一直是我们成功的关键,并且仍将在未来的商业活动中成为我们的一个主要工具。

第 2 部分
节事产业中的财务管理

第 5 章　财务管理

在本章中你将了解到：
- 财务管理的原则；
- 会计的监管框架；
- 了解财务报表；
- 金融危机和事件管理行业；
- 总结；
- 问题讨论；
- 案例研究。

　　本章的目的是为活动经理/企业提供明确的会计术语，使您能够熟悉金融管理流程。财务管理有效地控制增长。事件活动组织应该借用财务管理保护债权人和股东公司业务。金融是每个企业和管理的核心，它涉及为一个组织获取资金以及记录和控制资金如何使用的一切事务。事件经理要记住最重要的一点，即使您没有负责管理金融资源的直接责任，也要知道你组织中使用的财务程序，特别是那些成本高或为业务产生的现金。

财务管理的原则

　　金融账户涉及对企业交易进行分类，计量和记录。在一段时间内（通常是一年），编制金融报表是为了通过对财务交易的系统记录，报告和分析来显示企业的业绩和地位。
　　传统上，财务分为 4 个主要的会计学科，如图 5.1 所示。

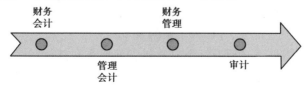

图 5.1　传统的会计学科

财务会计是一种记录企业业绩和财务状况的技术,财务会计报告了组织在上一会计期间或年度的表现。这些信息基于已经发生的事情。它只涉及总结一年来收集到的历史数据。财务会计主要涉及在各期末为外部用户和股东出具财务报告。

管理会计为管理者的日常决策及短期和长期规划提供信息。管理会计为每个部门提供详细信息;它还负责编制预算和帮助经理和董事会制定产品价格。

财务管理是一种用来分析管理的未来和帮助管理者为组织做出更好的长期决策的方法。此外,它还可以帮助管理层决定在哪里获得资金,并选择使用一个组织可用的资金的最佳选择

审计是组织保持质量控制的评估过程,也是对一个组织内部控制的评估。审计的一般定义是对系统、流程、产品和业务进行评估。审计师的作用是将开展财务审计作为调查的一部分。审计的目的是由立法机构确定公司财务报表是否按照国际财务报告准则(IFRS),一般公认会计原则(GAAP)或由个别国家的法律要求公平地呈现。在英国,审计是根据 1985 年、1989 年和 2006 年的《公司法》进行的。一个有限公司的年度账目必须由独立于该公司的人进行审计。理论上,公司应指定特许会计师或注册会计师对公司编制的账目进行年度调查。

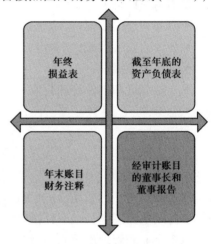

根据《公司法》,审计师必须调查并编制其关于四项关键财务报表的报告,如图 5.2 所示。此外,审计报告应作为公司最终年度账目的一部分。因此,同样重要的是,审计员应向股东提交报告,而不是向公司的董事或公司内部的任何其他人员提交报告

图 5.2　审计报告的基本报表

会计的监管框架

在英国,财务账户的编制受 1985 年和 1989 年《公司法》的管辖,特别是对有限公司。英国是欧盟成员国,公司需要遵守欧盟制定的法律要求。监管框架以三大会计法为基础。

公司法

《公司法》提供了企业在英国运作的法律框架。1985 年的《公司法》汇集了所有以前的法案。该法案根据 1989 年《公司法》的颁布进行了修订。2006 年《公司法》重复了 1985 年和 1989 年《公司法》的某些部分,并插入了新的章节。

根据法律规定,有限公司必须为每个财政年度的股东和其他对账户感兴趣的团体准备财务账户。根据《公司法》,财务账户必须在公司注册处登记,并可供任何公众人士查阅。已公布的账目须在本财政年度结束后的 4 周内送交公司注册处处长。

有限公司必须保存每个会计期间的所有会计记录和会计档案。根据《2006 年公司法》，公司董事负责准备账目，并确保账目在规定时间内交付公司。如果账目未能按时交付，董事可能会因逾期提交而受到处罚。

公司提交的年度申报表是公司信息的快照，载有年度财务活动的详细信息，并提供其董事长、董事、公司秘书、注册办公地址、股东和股本的详细信息。每年公司大厦都会向公司的注册地址发送一份年度申报表，要求注明这一年内记录任何变更，并应检查所有细节。该表格需要由公司秘书签字，并在 28 天内连同费用返还。

该法案还要求董事账户一旦被大会成员所采用，就会被送到公司注册处备案，所提交的账目必须真实、公平地反映公司在会计期间的账目，并突出期末的财务状况。

会计准则

在英国，除了《公司法》，影响会计程序的关键原则或法规都来自专业会计机构发布的会计准则。这些会计准则是在英国和世界各地制定的，需要将公司账户的计量方式标准化。会计准则的作用是缩小了每个公司之间的差异，并规范了账目的编制和提交。这有助于消除对账户的蓄意操纵，也有助于提高公司之间的可比性。美国会计准则委员会（ASB）成立于 1970 年，旨在打击操纵给股东提交公开账目的行为。这是英国政府和专业会计机构在会计丑闻发生后为保护投资者而采取的第一步。1973 年，会计准则委员会（ASB）为公司引入了标准会计实务报表（SSAP）。在过去的 15 里，根据 1990 年《资产负债率报告》的建议，会计准则现在由 4 个会计机构管理（见图 5.3）。ASB 修订了标准会计实务报表，以取代财务报告准则（FRS）。虽然一些 SSAP 已经被 FRS 所取代，但有一些仍然有效。在 1990 年以前，SSAP 是公司使用的主要会计准则。由于其中包含了许多漏洞，它们现在已被 FRS 所取代。以下是英国独资贸易商、合伙企业和有限公司使用的主要 FRS 和 SSAP。

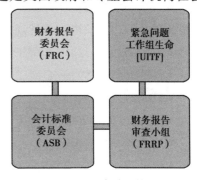

图 5.3　会计机构

财务报告准则（FRS）

- FRS 1（1996 年修订）—现金流量表
- FRS 2—子公司会计
- FRS 3—报告财务业绩
- FRS 4—资本工具
- FRS 5—报告交易实质
- FRS 6—收购和兼并
- FRS 7—收购会计中公允价值
- FRS 8—关联方披露

- FRS 9—联营企业和合资企业
- FRS 10—商誉和无形资产
- FRS 11—固定资产和商誉减值
- FRS 12—准备,或有负债和或有资产
- FRS 13—衍生工具及其他金融工具:披露
- FRS 14—每股收益
- FRS 15—有形固定资产
- FRS 16—现行税收
- FRS 17—退休福利
- FRS 18—会计政策
- FRS 19—递延税款
- FRSSE(2002 年 6 月起生效)—对于较小的实体财务报告准则
- FRS 20(IFRS 2)—股份支付
- FRS 21(IAS 10)—资产负债表日后事项
- FRS 22(IAS 33)—每股收益
- FRS 23(IAS 21)—外汇汇率变化的影响
- FRS 24(IAS 29)—恶性通货膨胀经济体的财务报告
- FRS 25(IAS 32)—金融工具:披露和列报
- FRS 26(IAS 39)—金融工具:测量
- FRS 27—人寿保险
- FRSSE(有效 2005 年 1 月)—小型实体财务报告准则
- FRS 28—相应金额
- FRS 29—(IFRS 7)金融工具:披露

会计实务报表(SSAPS)

- SSAP 4—政府补助金会计
- SSAP 5—会计增值税
- SSAP 9—股票和长期合同
- SSAP 13—研究和开发费用会计
- SSAP 15—15 会计实务准则与地位
- SSAP 17—资产负债表事项会计
- SSAP 19—房地产投资会计
- SSAP 20—外币换算
- SSAP 21—租赁及租购合同会计
- SSAP 24—养老金会计

● SSAP 25—分部报告

国际会计准则

2003 年,英国政府宣布,从 2005 年 1 月英国所有公司将使用国际财务报告准则(IFRS)来替代英国的会计准则。此外,欧盟法律要求所有上市的英国公司在准备综合账目时使用国际会计准则(IAS)。

了解财务报表

试算平衡表

试算平衡表是以借方余额和贷方余额形式列出所有的分类账户,以确认借方总额等于贷方总额。

资产负债表交易和损益表根据各种余额编制,然后产生一个试算平衡表。传统上,试算平衡表是从财务年度或会计期间结束时的分类账号中提取的。这些账户由企业所有者或企业会计制定。商业会计记录是会计发生的每一笔交易。

在实际中,企业的会计或簿记员的业务会使用一种叫作复式记账法的技术,将每一年内的每一笔交易在年度账簿上记两次。这种复式记账过程形成了企业试算表平衡,该方程式平衡了试算平衡表的两栏。

借表等于贷方

传统上,企业在编制试算平衡表使用以下原则:查找每个账户对应账户余额;企业应在试算平衡表的右栏中记录总账账户余额。

一旦分类账户余额被记录在试算平衡表,那么每列可累计相加。然后将试算的两列的两个合计进行比较,以查看它们是否匹配。如果合计不匹配,那么簿记员或财务记录管理人员可能在分类账目中犯了错误。

借方和贷方匹配与分类账户证明为企业提供个人账户准确的机会。它为会计人员编制决算提供了清晰有效凭证证明会计信息的正确性和有效性。在试算平衡表的借方栏输入正确的借方余额,贷方余额栏输入正确的贷方,对企业至关重要。

会计利用试算余额整理决算,同时利用法律框架确保账目符合《1985、1989 和 2006 年公司法》的要求。企业需要在年底制作一个工作试算平衡表,通常使用如表 5.1 所示的布局。

表 5.1　工作试算平衡表的示例布局

试算平衡表的物流活动截至 2011 年 12 月 31 日		
	DR	CR
活动收入		
销售额		223 400 英镑
资本		112 600 英镑
活动支出		
购买	71 800 英镑	
汽车费用	7 450 英镑	
办公费用	13 900 英镑	
营业场所	77 300 英镑	
机动车辆	22 155 英镑	
固定装置和配件	14 790 英镑	
光和热	1 200 英镑	
债务人	25 900 英镑	
一般费用	3 000 英镑	
债权人	35 650 英镑	
银行	27 800 英镑	
现金	4 565 英镑	
图纸	6 000 英镑	
2011 年 1 月 1 日的库存	34 500 英镑	
工资薪金	39 790 英镑	
租金和费率	21 500 英镑	
	371 650 英镑	371 650 英镑
2012 年 1 月 1 日的库存	16 800 英镑	

资产负债表

资产负债表是由任意公司使用的主要财务文件之一,提供有关其财务状况的信息。资产负债表是公司在任何给定时间的财务状况。这是一个有限责任公司和 PLC 每年为其股东编制的财务报表之一。

从本质上讲,资产负债表是企业资产、负债和资本的清单。此外,目的是显示该企业在年内某一特定日期下的财务状况。根据 1985 年、1989 年和 2006 年的《公司法》,需要在公司财政年度结束时编制资产负债表,表 5.2 显示了自营商的资产负债表布局示例。

表 5.2　自营商资产负债表的布局示例

截至 2011 年 12 月 31 日的资产负债表			
固定资产			
土地和建筑物			×××
固定装置和配件			×××
			××××
流动资产			
股票	×××		
债务人		×××	
库存现金	×××		
		××××	
流动负债			
债权人		×××	
银行透支		×××	
净额流动资产			××××
			××××
长期负债			
长期借款			×××
			××××
首都			
截至 1 月 1 日的年度资本			×××
截至 2011 年 12 月 31 日的年度利润			×××
			××××

传统上,一个资产负债表被分成上下部分,资产负债表的上半部分显示了资金目前正在企业中的使用情况,下半部分显示出资金是如何有企业筹集的。

固定资产

长期资产被称为固定资产。固定资产是为在组织内使用而购买的资产,有助于组织从其定期使用中赚取收入,如机械、设备、计算机等,其中没有实际上得到在生产过程中使用的。

固定资产＝地产＋机械设备

流动资产

短期资产称为流动资产,是公司每天使用的资产。在表5.2所示的资产负债表的布局中,固定资产排在流动资产之后。流动资产是由企业所拥有的项目。流动资产的目的是在一年以内将其转化为现金。此外,流动资产定期不断在企业中流动,所以,这些资产是可以很快转变为流动现金资产。流动资产可以包括手头和银行的现金,债务人欠企业任何款项,任何预付款票据、股票等。

流动资产:股票+债务人+现金/银行+预付账款

流动资产显示在资产负债表的上半部分,流动资产减去流动负债显示流动资产净额。

长期负债

在资产负债表中,与固定资产和流动资产一样,长期负债和流动负债分开列示。长期负债是指在一年无法偿还的债务。根据1985年和1989年的《公司法》条款,有限公司必须使用"债权人"一词(超过一年到期金额)表示长期负债。这些款项可欠供应商、债权人、雇员或政府。此外,如果企业在一项活动发生前收到钱,他们有责任执行该活动或服务。

长期负债=银行贷款+长期债权人

流动负债

流动负债是企业应在一年内偿还的短期债务,通常是指欠债权人或供应商的金额。根据1985年、1989年和2006年《公司法》的条款,有限公司必须使用"债权人"(一年内到期的金额)一词来显示其流动负债。

流动负债=债权人+应计收益

资产负债表的另一部分包括所使用的资本,使用的资本是指欠企业主的债务。本项目下资产负债表显示的三个主要领域:所有者(s)投资于企业的金额;企业年度内的利润;所有者从企业中提取的金额(也称为图纸)。此外,所雇用的资本已被公司会计师视为一种责任,因为这是企业欠所有者(s)的钱。最后,在资产负债表上,所有者权益被显示为一种负债,如图5.4所示。

图5.4 所有者权益

损益表

损益表与资产负债表明显不同。损益账目是一段时间内公司交易活动的设定,而资产负债表是某特定时刻财务状况。

交易账户的目的是衡量过去 12 个月该业务的实际交易毛利率。这是通过全年的总销售额减去销售(出售价格的商品)成本完成的。表 5.3 显示了交易账户的例子。

损益账户的目的是在该账目中扣除过去 12 个月内经营该业务而发生的真实费用,以确定该业务毛利并算出该期间的净利润。在一个商业周期中有许多不同类型的费用,可以从毛利润中扣除。损益账户反映的是公司在相关时间段内(通常是过去 6 个月或最后一年)的交易情况。

表 5.3   交易账户

销售额			61 409
减去销售成本			
期初存货		8 500	
加上购买	37 302		
减去收到的折扣	1 222	36 080	
		44 580	
减去收盘股票		8 800	35 780
毛利润			25 629

这表明公司通过销售其产品或服务赚了多少钱,以及它支付了多少成本(生产成本、工资等)。这两者的净额是企业赢得的利润额。表 5.4 显示了一个交易商盈亏账的例子。

表 5.4   损益表的示例个体经营

毛利润			25 629
减去开支			
照明和供暖	2 557		
加上应计电	82	2 639	
工资		7 565	
租金及费率	5 788		
加上所欠房租	559		
减去预付房租	121	6 226	
电话	223		
添加应计项目	45	268	
保险	483		
减去预付款	56	427	17 125
净利润			8 504

损益表的基本原理是显示该年度的企业净利润,即从毛利中扣除所有相关业务费用后

剩下的钱。

简单地说,为了理解损益表的概念,你可以用下面的公式来计算净利润。

$$毛利润-花费=净利润$$

如损益表所示,费用是指过去 12 个月业务中发生的业务费用,这些费用不包括在交易账户支出的费用。个体经营者的费用不属于任何类别,一个有限责任公司的费用被分为三大类,如表 5.5 所示。

- 销售
- 行政
- 分销

表 5.5　示例交易,为一个财政年度年底个体经营损益表布局

截至 2012 年 1 月 31 日的交易、损益表		
销售额		×××
减去销售成本		
期初库存	×××	
添加购买	<u>×××</u>	
少折扣的收益	<u>×××</u>	<u>×××</u>
毛利		×××
减去开支		
照明和供暖	×××	
工资	×××	
租金及费率	×××	
电话	×××	
电话	×××	
保险	×××	
总支出		×××
净利润		<u>×××</u>

表 5.6 给出了一个 2011 年某物流会展公司的损益表和资产负债表的交易实例。

表 5.6　2011 年某物流会展公司的损益表和资产负债表的交易实例　　　单位:英镑

物流活动		
截至 2011 年 12 月 31 日,该公司的交易表、损益表和资产负债表		
销售额		223 400
减去销售成本		
期初库存	34 500	
加购买	<u>71 800</u>	

截至 2011 年 12 月 31 日,该公司的交易表、损益表和资产负债表			
		106 300	
减去期末库存		16 800	89 500
毛利润			133 900
减少开支			
照明和供暖	1 200		
工资薪金	39 790		
租金及费率	21 500		
1. 办公费用	13 900		
2. 汽车费用	7 450		
一般费用	3 000		
3. 图纸	6 000		
			92 840
净利润			41 060
物流活动			
固定资产			
营业场所			77 300
固定装置和配件			14 790
机动车			22 155
			114 245
流动资产			
股票	16 800		
债务人	25 900		
银行存款	27 800		
库存现金	4 565	75 065	
流动负债			
债权人	35 650		
		35 650	
营运资本(或净流动资产)			39 415
			153 660
资金来源:			
资本			112 600

续表

2011 年 12 月 31 日前的资产负债表			
增加净利润			41 060
			153 660

财务比率分析

比率分析是除交易、损益和资产负债外,财务报表所包含的重要信息。

企业的财务状况需要衡量,公司内部的关键利益相关者都能够了解到企业在财政年度的表现,以便你能增强关键利益相关者对公司表现的理解的唯一途径是通过比率分析。

比率分析是一种以易于理解的形式(通常是一个百分比)来比较数字之间关键关系的技术赛事。活动组织必须对赛事活动或业务表现进行评估,以检查企业的盈利能力、成长、固定资产和流动资产的回报率、股本资本回报率和一般费用。这将为公司提供一个指示,以比较业务与行业中其他公司的财务业绩。重要的是要理解,比率本身并不是特别有用。你需要比较一段时间内的比率或与其他比率进行比较,以能够建立一个对公司业绩的有用图景。

比率分析通过运用以下技术对公司的财务账目进行比较,生成重要数据。

- 业绩比率:利润,使用资本和营业额。
- 流动性比率:与公司的短期财务状况相关。
- 杠杆比率:聚焦于公司的长期财务水平。
- 投资比率:与股份持有者所获得的报酬相关。

盈利比率

这些比率有助于企业与关键利益相关者来判断公司在过去 12 个月的利润收益表现如何。

表 5.7 比率分析技术

比率类型	比率
业绩水平	毛利率
	股票销售
	资产周转率
流动比率和杠杆比率	流动比率
	杠杆比率
	利息保障倍数
投资比率	每股收益

续表

比率类型	比率
	股本回报率
	股息收益率
	每股股息
	市盈率估值比率

盈利能力比率是用销售利润或企业使用资本所获得的利润来表示盈利。此外,盈利能力比率与公司赚取令人满意的收入能力有关,因为盈利最终产生现金流,公司的盈利能力与其流动性密切相关。主要盈利能力比率的解释如下。

净利润比率

净利润比率衡量了一个公司财政年度的利润相较于其销售水平,因此,它也显示出了销售利润的百分比率。它是用毛利润和净利润来衡量的。

$$毛利润占销售额的百分比 = \frac{毛利润}{销售额} \times 100$$

$$净利润占销售额的百分比 = \frac{净利润}{销售额} \times 100$$

资本使用回报率衡量一个公司的利润水平与已投入的资本量的比率

$$资本使用回报率 = \frac{税前净利润}{已动用资本} \times 100$$

流动比率

流动比率能够衡量出一个公司的资产流动性。商业需要确保落实足够的流动资产来满足所有的商业承诺和责任。流动比率显示出一个公司如果有足够资产可转化为流动资金来满足 12 个月的商业承诺,企业不需要把所有资产占用为资本是非常重要的。

酸性测试比率不包括流动资产中的股票,但在其他方面与流动比率相同。

$$流动比率 = \frac{流动资产}{流动负债}$$

速动资产与流动负债比率

速动资产与流动负债比率是在流动比率的基础上,从流动资产中减去了部分股份。

$$速动资产与流动负债比率 = \frac{(流动资产-股份)}{流动负债}$$

杠杆比率

一般来说,无论企业的规模大小都得借钱。如果公司想要扩大,就需要从银行或其他金

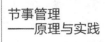

融机构借款。此外,大多数企业从历年的商业收益中积攒投资基金,其他投资方式还可以通过发行股票。事实上,大部分投资是通过向银行贷款实现的。为商业而贷款的唯一缺点是,企业必须对已经借来的资金,不管投资成功与否的总和支付利息。

关键利益相关者和潜在投资者通过一组数据来评估风险的大小,他们用杠杆比率来分析产业中的商业稳定性。

股东权益比率

这个比率衡量并确定了公司破产(清算)的情况下,股东将得到多少钱。

$$股东权益比率 = \frac{股东权益总额}{资产总额} \times 100$$

利息保障倍数

它衡量了企业支付负债利息的能力。

$$利息保障倍数 = \frac{利息税前利润}{利息费用}$$

投资比例

投资比例是当前和潜在投资者的关键,并测量投资者权益的标准回报。

市盈率

这一比率衡量了每股市场价格与每股收益之比,有助于比较公司股票的价值与整体市场的关系。

$$价格/收入比 = \frac{每股市场价格}{每股盈利}$$

股息收益率

股息收益率衡量投资者通过比较股票成本和应收股息而获得的收益率。

$$每股股息收益率 = \frac{股息}{股票买入价} \times 100$$

金融危机和事件管理产业

在过去 5 年里,企业见证了历史上最具灾难性的银行危机和金融危机。金融危机严重打击了活动产业,尤其是企业活动的市场,由于大型金融机构的崩溃而跌到谷底。在企业活动行业,由于预算和收入的骤降,以及就业机会的锐减,许多的大型金融机构和政府部门组织大型企业活动的活动公司被驱逐或取消抵押品赎回权。最近的统计报告可以显示全球经济从衰退中复苏，但燃料价格和失业率仍在增加，中小型企业在复苏过程中感到负担沉重，银行尚未补充储备，各国仍然依赖于金融计划和从国际货币基金（IMF）等组织的过度借贷作为缓解后力来源。全球金融市场的这些危机、问题和争议已在世界金融政策、财务条例和政府监管的过失被强调了，显而易见的是全球经济是一个高度统一系统的一部分，并且对于一个特定国家财务状况的影响可以对世界范围内的所有国家产生滚雪球效应（Nanto，2009）。

无论是经济上、政治上还是社会层面上（米尔恩，2009），这种全球危机使世界金融体系陷入瘫痪状态。活动业和旅游业的衰退已经影响了当地商业，并且导致旅游市场放缓。

据 Papatheodorou、Rossello 和 Xiao（2010）所说，全球信贷危机和随后的经济衰退已经对世界各地的活动业和旅游业产生了不可避免的影响。据联合国世界旅游组织（UNWTO）提供的数字，在 2008 年下半年和 2009 年上半年国际旅游有了大幅度下降。甚至英国国家统计办公室（ONS）（2011 年）也表示，前往英国的外国游客数量和他们的消费支出已经分别下降了 2%。

甚至英国国内旅游业也受到了阻碍，英国当地居民的国内旅行次数和他们的消费分别下降了 9% 和 7%。2012 年伦敦奥运会的 9.3 亿元的预算由于信贷紧缩，必须经过严格的谈判。还有运动员村也同样如此，它是伦敦东部 500 英亩的奥林匹克公园中面积最大的一部分。这显而易见地表明，旅游业、活动业、场所及所有后续部门受到了信贷紧缩的极大影响。

总结

在本章中，有人说了解财务状况对活动经理是至关重要的。传统上，英国有 3 种主要形式的商业组织：独资贸易商、合伙企业和有限公司。对于活动经理来说，重要的是要了解一个企业财务报表的原则，以及由 1985 年和 1989 年的公司法所管辖的法律财务会计概念。为了理解财务会计，重要的是要把财务作为一个整体来看，并观察它在组织中的适合位置。根据英国法律，有限公司需要制作年度账目，这些账目必须由独立于该公司的人进行审计。这将为企业在给定的框架内报告其年度回报提供一个清晰和有效的程序。理论上，公司应指定独立的特许会计师或注册会计师对公司编制的账目进行年度调查。

在过去的 15 年里，由会计准则委员会发布的财务报告标准（FRS）进行了修改，以堵住标准会计惯例报表（SSAP）留下的漏洞。多年来，对财务报告的要求越来越详细，因此有必要进行更新，以加强公司报告准确信息的结构。

比率分析为活动管理者和组织者提供了一种比较方法。为了让该公司内部的关键利益相关者能够知道在财政年度期间的业务表现，与产业中的竞争者保持一致，企业的财务状况需要被测算。

在本财政年度期间的业务表现与同行业其他竞争者一致。比率分析为投资者提供了一个清晰而有效的财务数据。此外，比率分析是一个典型的技术来帮助管理者和事件组织者

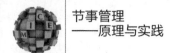

评估和评估方面的事件表现如何盈利。比率分析以易于理解的形式(通常是百分比)比较数字之间的关系。最后,本章探讨了金融危机日益增加的重要性。在过去 5 年里,金融危机冲击了与日俱增的事件和旅游业,未来 5 年可能还会继续。公司活动行业因缺乏赞助和企业交易而崩溃。

问题 1

表 5.8 中的信息是从截至 2011 年 12 月 31 日提取的账户信息,为公司准备截至 2011 年 12 月 31 日的交易和损益表。

表 5.8　截至 2011 年 12 月 31 日提取的账户信息

销售额	2 000 000
购买	750 000
雇佣	40 000
贸易债务人	23 500
贸易债权人	45 000
资本	500 000
安全费用	65 000
工资	215 000
照明和供暖	19 500
文具	559
杂项费用	89 000
车辆费用	9 955
邮票	455
电话	5 690
保险	6 000
租金	49 000
设备租	104 500

问题 2

表 5.9 中的信息摘自全球事件管理公司 2011 年 10 月 31 日有限公司的账目。编制该公司截至 2011 年 10 月 31 日的交易、损益表和资产负债表。

表5.9　试验全球事件管理有限公司的余额,截至 2011 年 10 月 31 日　　　　　单位:英镑

事件收入	借方	贷方
现金销售(普通门票收入)		76 450
信用卡销售(普通门票收入)		23 900
赞助		6 700
委托方费用		3 570
捐款		650
资本		53 400
费用		
主管的薪水	29 750	
项目助理的薪水	16 600	
雇主的国民保险和税收	6 550	
办公室租金	12 340	
办公费用	1 300	
办公室电话	1 050	
水费	1 460	
手机	860	
电	1 690	
天然气	1 985	
公司的广告和促销	1 130	
汽车费用	4 800	
公共责任保险	2 000	
银行手续费为 1%	835	
债权人		12 670
2010 年 11 月 1 日股票	18 400	
汽车折旧	5 600	
计算机折旧	990	
经营场所	32 000	
机动车	8 000	
固定装置和配件	7 600	
债务人	5 700	
银行	16 700	
	177 340	177 340
截至 2011 年 11 月 31 日的股票市值	13 475	

问题 3

a. 讨论"资金"和"收益"支出之间的差异。

b. 讨论比率分析的作用,并描述不同类型的比率。

问题 4

a. 解释财务会计与管理会计的区别。

b. 批判性地概述资产负债表在私人和公共有限公司中的作用。

问题 5

表 5.10 中的信息摘自世界赛事有限公司的图书目录,截至 2012 年 3 月 31 日,为公司准备截至 2012 年 3 月 31 日的损益表。

表 5.10 截至 2012 年 3 月 31 日的世界赛事有限公司的试算余额

220000 普通股票 1 英镑		220 000
100006 股的每个优先股		60 000
红利:普通的	11 000	
优先权	3 600	
税收	35 000	
利息	6 500	
银行贷款	50 000	
管理成本	35 000	
营业额	200 300	
销售成本	182 500	

问题 6

计算物流管理有限公司的利润率比,使用交易和损益表以及资产负债表(2011 年 12 月 31 日),如表 5.11 所示。

问题 7

使用表 5.11 中的数据,计算物流管理有限公司的流动性和杠杆比率。

表 5.11 物流管理有限公司截至 2011 年 12 月 31 日的交易和利润及亏损和余额表

物流活动			
截至 2011 年 12 月 31 日,物流管理有限公司的交易、损益表和资产负债表			
	英镑	英镑	英镑
销售额			34 949
降低销售成本			
期初库存		4 569	
增加购买	18 422		
减少折扣费用	1 248	17 174	
		21 743	
期末库存		5 721	16 022
毛利润			18 927
减去支出			
照明和供暖	4 146		
添加应计项目	76	4 222	
工资		6 947	
租金和利率	2 659		
增加欠租	403		
减去预付	133	2 929	
电话	176		
添加应计项目	43	219	
保险	956		
减去预付款	65	891	15 208
净利润			3 719
物流活动			
截至 2010 年 12 月 31 日的资产负债表			
固定资产			
厢式货车			3 571
固定装置和配件			8 503
			12 074
流动资产			
股票	5 721		
债务人	5 150		

续表

银行存款	6 725		
库存现金	30		
预付账款	<u>198</u>	17 824	
流动负债			
债权人	3 048		
应计	522	3 570	
营运资本(或净流动资产)			<u>14 254</u>
			<u>26 328</u>
资金来源			
资本		29 194	
增加净利润		<u>3 719</u>	32 913
减去提款			6 585
			<u>26 328</u>

案例研究1 英国布罗德斯泰斯

英国布罗德斯泰斯民俗周最近考虑了一种选择,用一个更创新的临时结构取代每年租用的帐篷。这里有500个平板座位,在过去的6年里,他们以每周约4 000英镑的价格从多佛马克斯租下了它,其中包括运输费和拆卸费。

他们有雄心壮志为自己购买一种新结构的帐篷,然后在其他节日和事件不使用时租出去。他们的商业模式依赖于体育和艺术基金会的资助申请,不幸的是,申请被驳回。不出所料,他们热衷于寻找另一个公共部门的支持者,尽管在理论上这种模式可以在没有公共投资的情况下工作。

英国布罗德斯泰斯已经与ROUSTABOUT有限公司洽谈购买一个适合他们在皮埃尔蒙特公园里的顶部结构。英国布罗德斯泰斯要求码头工人考虑为民俗周为其他活动存储、维护、招聘和安装结构构建,并收取租用费。

该建筑的成本为43 500英镑,粗略估计可以以2 000英镑的价格出租,租期为7~10天。投资回收期为22周。他们进一步估计,除了民俗周,每年可能有4~5周的招聘市场,从而导致5~6年的回报期。此外,根据地点的不同,还要花费2 000英镑的安装费用,这是由租用者决定的。然而,布罗德泰斯将被要求存储和维护结构,并为运营而盈利。这可能会让布罗德斯特尔斯每名员工获得1 000英镑的利润。

布罗德楼梯的场地不寻常是这种方法的问题,他们想要的结构将需要专门建造。虽然它可以用于其他招聘者,但在其一生中达到 22 周的招聘的潜力是有限的。布罗德斯泰斯无法或不愿意通过商业方式筹集资金,提供公共资金将每年为他们节省 2 000 英镑,如果该项目实现目标,还可能给他们每年 4000 ~ 5 000 英镑的收入。这类项目的回报率不足以使其公共资助模式之外受到关注。

资料来源:SEEDA,英格兰东南部地区发展机构,2009 年[在线]资料来源:SEEDA。

案例研究2　2012 年伦敦奥运会和残奥会

财务状况

现金流

截至 2010 年 12 月底的支出分析结果如下:2007 年 11 月至 2010 年 12 月的预测支出 = 54.66 亿英镑,截至 2010 年 12 月的实际支出 = 47.3 亿英镑

储蓄

自 2007 年 11 月达成基准协议以来,奥林匹克交付管理局(ODA)总共节省了超过 7.8 亿英镑,其中包括上个季度的 3 300 万英镑。

这些大部分是在结构、桥梁和公路、物流、安全、运输、启用工程、IBC/MPC 和通货膨胀方面节省的。大多数被用来抵消整个方案的增长,这意味着利用了较低水平的应急性。

公园运营

自 2010 年 2 月的年度报告以来,ODA 在 2011 年到 2014 年移交给遗产所有者期间,承担奥林匹克公园及其场馆和设施的运营额外责任。这包括设施管理、物流和准入安排以及安保,并支持它们在测试事件期间和奥运会期间的使用,直到移交给后续机构。

2010 年 2 月,ODA 估计,这项工作的额外成本将高达 1.6 亿英镑,这取决于最终确定的范围、交付方式、采购和其他因素。一个商业案例已经达成一致,这项工作的额外预算最终确定为 1.58 亿英镑。

目前已达成一致意见,伦敦奥组会在 2011—2012 年度扩大规模并迁入奥林匹克公园是完成这项工作的最佳者。因此,这一额外范围的 6 700 万英镑资金将转移给伦敦奥组会。剩下的 9 100 万英镑分配给了官方开发援助(ODA),其中 5 700 万英镑分配给了本季度,3 400 万英镑已经在前几个季度就分配好了。正如预期的那样,自 2010 年 2 月以来,ODA 还将其项目应急中重新分配了 1.05 亿英镑用于全公园运营——此举并不影响整体亚足联的官方发展援助。

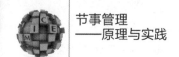
当前安排的应急措施

在上季度,总共公布了3.04亿英镑的应急资金,其中大部分反映了公园运营最终确定的预算,包括转移给伦敦奥组会的资金。

该数字还包括:4 700万英镑的应急资金,以弥补2011年1月以来增值税税率的增加:以前从官方发展援助实现的节余中为公园运营提供1 100万英镑的应急资金,现在已重新分配;1 700万英镑用于伍尔维奇皇家炮兵兵营的射击场地和比赛时训练场地的预期额外费用。截至2010年12月底,应急资金分配总额为11.33亿英镑(ODA为1066亿英镑,伦敦奥组会为6 700万英镑),在2011年4月修订应急安排之前,总余额为8.39亿英镑。

从2011年4月应急安排

2010年11月宣布,从2011年4月开始,作为支出审查协议的一部分,奥运会的总资金计划将按表1重新配置,92.98亿英镑中的5.87亿英镑将作为奥运会跨项目应急资金,包括在安全情况下发生的任何重大变化。这种跨方案应急事件将与构成ODA预算一部分的方案应急事件分开。所有应急事件将继续受到严格控制,只有在预算无法合理满足的情况下,才能用于支付奥运会交付所需要的必要费用。

资料来源:政府奥运执行局,2010年[在线].

第6章　节事行业的成本、定价和资本

在本章中你将了解：
- 成本分类；
- 传统成本会计的概念；
- 边际成本计算法；
- 分担成本计算法；
- 合同成本；
- 合同的结构；
- 盈亏平衡分析；
- 资本投资决策的作用；
- 企业采用的投资评估方法；
- 总结；
- 问题讨论；
- 案例研究。

　　本章将研究公司的内部报告和决策所使用的会计方法，以便为事件经理提供足够的财务知识管理公司。管理会计工作中最重要的一个方面是向公司的经理和董事会提供与成本计算有关的信息。成本信息之所以重要，是因为它帮助经理了解什么销售价格会带来利润。本章还将探讨利润与投资之间的资本投资评估措施的关系。资本投资评估方法考虑回报率，因此，它们通过关注利润和考虑产生利润所需的投资，克服了成本导向方法的主要缺点。

成本分类

　　管理会计是一个分析过去、现在和未来决策数据的管理信息系统。成本会计由特许管理会计师协会（CIMA）定义为管理会计的一部分，它确定预算、标准成本和运营、流程、部门或产品的实际成本，并分析差异、盈利能力或资金的双重使用。（会计技术人员协会，1990：3）传统上，活动组织的成本要素分类如图6.1所示。

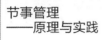

该组织在生产产品或执行一项服务时会产生许多不同的成本。在成本会计制度下,这些成本需要以各种方式进行分摊。一种方法是将它们划分为固定成本和可变成本,如图6.2所示。

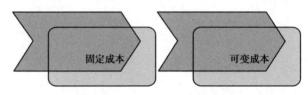

图6.1 传统的事件成本核算概念　　　　图6.2 固定成本和可变成本

固定成本

固定成本与产品或服务无关。这些成本与公司产量完全无关。无论公司是否有任何活动,公司都必须支付固定费用。固定成本在一段时间内保持不变,不受公司生产活动增减变动的影响。

固定成本只随时间跨度而变化;随着跨度的增加,固定成本也会增加。通过控制固定成本,企业可以享受一个非常稳健的利润,并在未来实现成功发展。图6.3展示了固定成本的分类。

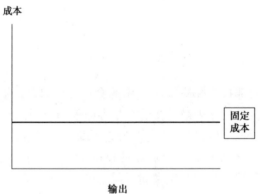

图6.3 固定成本的分类

最常见的固定成本包括以下几点:

- 支付给地方政府的商业利率;
- 银行贷款利息;
- 建筑物或场地支付的租金;
- 长期工作人员的职工薪酬;
- 公司责任保险。

可变成本

可变成本取决于所提供的生产或服务的水平。可变成本会随着组织所进行的活动水平而变化,因此,它们会随着节事活动的规模和类型而变化。可变成本很难控制,取决于生产或销售的活动水平。通过控制该组织的可变成本可以创建更有效和高效的产品或服务。对活动组织来说,重要的是要记住活动越大,需要控制的可变成本就越大。图 6.4 展示了可变成本分类。

最常见的可变成本包括以下几点:

- 租用场地;
- 营销材料的印刷;
- 广告;
- 演讲嘉宾;
- 支付给活动工作人员的周工资;
- 煤气费和电费;
- 经理;
- 固定成本,可变成本;
- 可变成本。

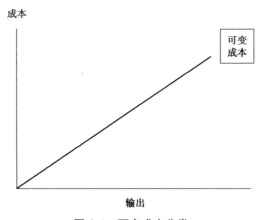

图 6.4　可变成本分类

管理者需要牢记关于固定成本和可变成本的一个重要因素。固定成本和可变成本之间的明显区别在于,在节事活动发生期间,所产生的成本金额是否会随着活动水平的增加而增加,还是在活动发生期间,无论活动水平如何,成本是否保持不变。

传统成本会计的概念

对于管理者来说,重要的是根据每个成本的使用目的对成本进行分析和分类。以下是管理会计和成本管理经理最常见的成本概念:

1. **总成本**:在活动或节日期间或为客户提供服务过程中产生的所有费用项目的总和。

2. **标准成本**:在活动开始前,由管理层或企业预先确定的目标成本或预算成本。标准成本事先由管理层估算,然后与事件或活动期间发生的实际结果进行比较。

3. **边际成本**:边际成本取决于活动的水平,这个概念被认为是单独的固定成本。

4. **直接成本**:与具体事件或服务直接相关的成本。直接成本很容易在事件成本中被追踪到。例如,直接成本包括参与活动的工作人员、安全、设备招聘和活动的广告宣传。

5. **间接成本**:与直接成本相反,间接费用不能追溯到成品或事件。这些是业务或活动从开始到结束所产生的成本。这可能包括与该活动无关的办公费用。例如,公司董事的工资、全年的租金、费率和保险不能与某一特定事件直接相关。

6. **功能成本**:与特定活动或节日相关的成本。它是业务领域的成本,还可能是安全、行政、市场营销、人员和开发成本。

7. **可控和不可控成本**:这种会计方法预先为管理提供了明确的指导,哪些成本可以控制,哪些不可控制成本是无法通过管理行动实现的。

8. **增量成本**:增量成本仅在进行个别事件或项目时产生。增量成本包括额外的固定成本和由个别活动或节日产生的可变成本,以及企业已经产生的标准成本。

边际成本计算法

在边际成本计算的概念中,会计人员在计算销售成本和贡献成本时,只收取可变成本。他们忽略了固定成本和管理费用。在边际成本下,固定成本被视为期间成本,并全部计入其发生的期间。CIMA 将边际成本定义为:

原则,即可变成本计入成本单位,可归因于相关期间的固定成本按该期间的贡献全额冲销。(会计技术人员协会,1990:221)

如果不计算出贡献,就不可能计算出边际成本。贡献是在事件期间获得的收入与事件的边际成本之间的差异。

每场活动门票的贡献可以定义为:销售价格减去可变成本。总贡献可按企业计算,如图6.5所示

图6.5 贡献公式

表6.1和表6.2是以边际成本计算格式列出的经营报表。诺丁山狂欢节和利兹电影节每年都在伦敦和利兹举行,它们都有可变成本和固定成本。边际成本法是企业经理分析公司个人成本的一种管理会计系统。

表 6.1 诺丁山狂欢节运营报表,边际成本计算格式 单位:英镑

	数量	每张票	总计
销售量	10 000	50	500 000
可变成本	10 000	30	300 000
每张票的贡献	10 000	20	200 000
固定成本			75 000
损益			125 000
诺丁山狂欢节的盈亏平衡点		75 000	
		20	3 750

表 6.2 利兹电影节经营报表,边际成本计算格式 单位:英镑

	数量	每张票	总计
销售量	100	30	3 000
可变成本	100	20	2 000
每张票的贡献	100	10	1 000
固定成本			600
损益			400
利兹电影节的盈亏平衡点		600	
		10	60

它区分了固定成本和可变成本,并可以与吸收成本法进行比较。会计和业务经理使用边际成本法为产品或服务定价的优点如下:

- 与分担成本计算法相比,边际成本法更易于理解;
- 它为管理者和董事会提供短期决策信息;
- 它帮助企业专注于实现收支平衡点;
- 它计算销量和可变成本之间的差异;
- 它有助于管理者避免对固定成本和可变成本进行不同的分配;
- 固定成本全部计入其产生的会计期间。
- 在边际成本下,通过不对生产或活动的成本收取固定的管理费用,就避免了每张票的费用的变化。

• 边际成本还消除了管理控制账户中逾期的大量余额,并为管理提供了更大的灵活性。使用边际成本核算方法有如下缺点:

在边际成本法下,如果在活动开始时门票的贡献设置得过低,管理层很难提高活动门票的价格。

• 边际成本法在设定机票价格时,可能会给管理层带来高风险,因为它可能无法收回公司最初就设定的固定成本。

• 如果在开始时门票贡献很低,可能会导致企业在活动结束时造成重大损失。将成本划分为固定的和可变的很难理解,有时确实会对管理层的结果产生误导性的印象。

• 边际成本的概念确实考虑到库存和正在进行的工作是被低估的。如果不包括实际事件或服务中固定成本,它可能会影响组织的利润。

分担成本计算法

分担成本计算法的对立面是边际成本。在分担成本下,全部成本将转嫁给活动或服务。它不考虑来自单个事件或服务的固定成本。在分担成本中,固定成本包括在事件或服务的定价;在边际成本下,事件或服务仅按可变成本计算。边际成本和分担成本之间的主要区别是:在分担成本下,事件期间发生的所有成本都被分配到特定的成本领域,例如,直接成本、间接成本、半可变成本和半固定成本等。此外,分担成本法将所有间接成本更准确地分配到在事件或服务期间发生成本的特定成本区域。例如,让我们再次查看操作报表,这次以吸收成本计算的格式列出(参见表6.3和表6.4)。使用吸收成本为活动或服务定价的优点如下:

• 在吸收成本下,事件的固定生产成本是为了产出而发生的,因此,公平的做法是将事件生产过程中发生的成本分摊给所有产出。

• 吸收成本法是一种帮助管理层考虑在一个事件或服务的生产过程中所发生的所有成本的技术,无论其性质如何。特别是它考虑了固定成本,其中边际成本技术忽略了每个事件或产品所涉及的固定成本。

表6.3　诺丁山狂欢节营运报表,分担成本计算格式

诺丁山狂欢节为活动制作了10 700张门票		
每张票直接制作成本18英镑		
每张票直接人工费12英镑		
固定成本为每月75 000英镑,每张票7英镑		
销售量为10 000张门票,每张门票50英镑		
	每张票	总计
销售额	50英镑	500 000英镑
销售成本		

续表

直接生产成本	18 英镑	180 000 英镑
直接人力成本	12 英镑	120 000 英镑
间接费用	7 英镑	70 000 英镑
总销售成本	37 英镑	370 000 英镑
损益	13 英镑	130 000 英镑

表6.4   利兹电影节运营报表,分担成本计算格式

利兹电影节为活动制作了 120 张门票		
每张票直接制作成本 10 英镑		
每张票直接人工费 12 英镑		
固定成本为每月 600 英镑,每张票 5 英镑		
销售量为 100 张门票,每张门票 30 英镑		
	每张票	
销售额	30 英镑	3 000 英镑
销售成本		
直接生产成本	10 英镑	1 000 英镑
直接人力成本	10 英镑	1 000 英镑
间接费用	5 英镑	600 英镑
总成本	25 英镑	2 000 英镑
损益		400 英镑

使用分担成本法的缺点：

固定成本是在分担成本法下的后续会计期间的技术。

分担成本依赖于输出的业务水平,从一个会计期间不同到另一个。

这种做法并不提供清晰和有效的单位成本价格,因为它取决于固定成本费用的存在,不能与同一时期有关。

合同成本计算

合同成本是指供应商和客户之间进行复杂的成本计算。该公司为所承担的每一项大型工程起草一份正式合同。合同成本计算为公司提供了待定大型合同或项目相关的支出和收

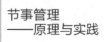
入的最新情况。大多数合同都是在公司总部外进行的,因此,组织为每个已经达到的合同单独保存记录是很重要的。从会计的角度来看,每个合同或项目都被视为一个单独的单位或产品。大型合同可能需要很长时间才能完成,而且时间周期在初始阶段难以预测。合同甚至可能分布在两个或两个以上会计期间。然而,合同成本核算问题可能出现在以下方面:

- 增加间接成本;
- 确定直接成本;
- 在不同的会计期间划分利润;
- 成本控制的困难;
- 确定间接成本。

因此,重要的是要有明确的指导方针,并确保所使用的标准文件管理记录每份合同的成本。此外,1985 年公司法为披露公司财务账户中的长期合同制订了非常具体的规则。出于内部管理会计的目的,管理层需要遵守这些规则。

合同的结构

一个标准合同应包括以下方面:

- 合同期限;
- 合同规范;
- 合同工作的地点;
- 合同约定的价格;
- 合同的最终产品;
- 合同约定的完成日期。

一旦双方对合同的结构达成一致,就必须确定合同的总成本。这可以通过以下 3 种不同的方式来实现:

- (1)项目总成本。
- (2)基于合同阶段的定价。
- (3)合同的时间尺度。

成本计算的中心焦点是通过向双方提供每个阶段合同的最新财务情况,来弥合客户和供应商之间的差距。此外,合同成本计算还将财务会计职能和业务的经营活动两者结合在一起,通过预测任何潜在的问题,并采取行动纠正情况。合同成本法是活动和节日组织者投标大型活动或将工作分包给个别客户所使用的主要会计方法。例如,这种方法被用于竞标英联邦运动会、世界杯、奥运会及大型音乐节。

盈亏平衡分析

盈亏平衡分析是管理会计师最常用的技术之一。在这种技术下,成本被分为固定成本和叮变成本。盈亏平衡分析技术不将固定成本和可变成本与销售价值或收入进行比较。相反,它关注了不发生损益的点,也就是说,它分析了销售收入涵盖所有费用的点。在这个阶段,音乐节的组织者没有盈利,但一旦销售收入开始低于盈亏平衡点,亏损就会开始显现。盈亏平衡分析为管理层提供了关于决策过程的预期未来成本和销售收入的清晰和非常有效的信息。管理会计师使用这种技术来帮助经理计划未来活动的预算。

　　盈亏平衡点可以由经理或预算规划者使用公式进行,该公式将需要出售的门票数量与总成本进行比较,然后除以每张票的贡献(见图6.6)。

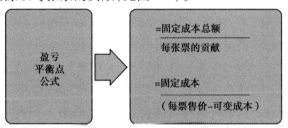

图6.6　盈亏平衡分析

　　然而,盈亏平衡点也可以通过图形表示来计算,如表6.5和图6.7所示。

表6.5　盈亏平衡的图解方法

盈亏平衡图形方法		
Real festiavs liniteel 出售的活动门票为每张100英镑。他们为每张票付给音乐节组织者的公司60英镑		
办公室和管理费用是4 000英镑,但有很多已经售出		
只要稍作思考,我们就可以制作出这样的表:		
	销售数量	
	0	200
销售(英镑)	0	20 000
可变成本	0	12 000
固定成本	4 000	4 000
总成本	4 000	16 000

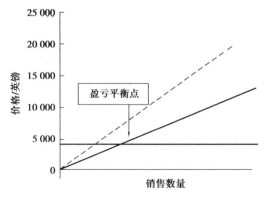

图6.7　音乐节门票销售盈亏平衡

各项活动的各种成本水平与销售收入、可变成本和固定成本显示在同一表上。节日的固定成本和可变成本构成了总成本（平行于 X 轴的直线）。图 6.6 显示了收入线和总成本线交叉点的盈亏平衡点。

资本投资决策的作用

资本投资评估与未来有关，并关注组织如何能够做出战略性的财务投资决定或拒绝参与该项目。它还为一个组织提供了在许多可供投资的不同项目中进行选择的机会。会计师利用资本投资评估技术来分析和收集信息，以便高级管理人员做出更好的决策。

赛事组织在一个动态的环境中运作，必须通过不断改进获得相对于其竞争对手的竞争优势。大规模事件的发展将需要资本支出的投资来满足需求。不同企业的资金数额可能有所不同，例如，小型活动组织可能投资数千英镑，大型活动组织可能投资数百万英镑，但相对于组织的规模，金额通常是可观的。这一因素要求，应彻底探索有关资本投资的决定，并澄清所有的选择和后果。

Drury(2007)指出，一旦该组织致力于投资，该决定往往是不可逆转的，这增加了该组织的风险，并更加强调在做出决策之前需要进行广泛的分析。

投资通常包括将资源分配或重新分配给一个将有利于组织的项目或产品，这可能包括更换或更新设备，以提高效率。通过办公空间或资源扩大现有的组织，或建立一个新的业务领域，以获得市场份额。如果资本资源受到限制，这将导致公司内部的战略业务单位(SBU)相互投标，以接受他们的建议。一个成功的提案不仅将获得该 SBU 的投资和发展，而且将延长其在组织内的产品寿命。此外，资本投资决策涵盖了多年来产生现金流的广泛项目。例如，项目的主要类型可能包括：

- 研究和开发项目；
- 替换现有资产；
- 扩张现有的服务和产品；
- 新的服务和产品；
- 财产；
- 大型广告活动；
- 社会和福利计划。

图 6.8 显示了由事件行业高级管理人员使用的 4 个方法。我们将讨论每种方法并简单举例，如何解决计算问题并将它们应用到自己的组织中。

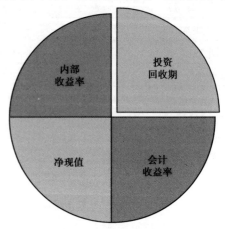

图 6.8　资本投资技术

投资回收期

这是一种简单的方法,用于计算出一笔投资的现金流需要多长时间才能等于任何成本的总和,包括初始资本投资。这是经理和财务会计最信赖的方法。回报法是指对项目的初始投资,并向管理团队提供分析方法,以确定投资将开始盈利的日期。接受在目标期内满足回报的项目。

投资回收期的计算方法是:初始投资总额除以预期年度流入量。例如,如果一个公司投资 10 万英镑,预计每年有 25 000 英镑的收入,然后 10 万英镑除以 5 000 英镑的回收期为四年。

然而,如果现金流入每年不同,可能是因为需求,投资回收期计算使用累计总数的现金流入如表 6.6 所示。最初的投资显示为负,当投资总额变为正值时,就到了投资回收期。

表 6.6　投资回收期的计算

年份		项目 A		项目 B	
年度累积		年度	累计	年度	累计
0	成本	(100 000)	−100 000	(100 000)	−100 000
1	现金流入	24 000	−76 000	18 000	−82 000
2	现金流入	18 000	−58 000	26 000	−56 000
3	现金流入	21 000	−37 000	40 000	−16 000
4	现金流入	16 000	−21 000	14 000	−2 000
5	现金流入	16 000	−5 000	16 000	16 000
6	现金流入	25 000	20 000	11 000	25 000
		20 000		25 000	
	项目 A:5 +	5 000	年	=5.2 年 *	
		25 000			
	项目 B:3 +	22 000	年	=4.1 年 *	
		24 000 年			

由于未来收入预测的不确定性,表 6.6 所示的预算四舍五入估计是可以接受的。

表 6.6 表示了计算的投资回收期,描述了从一个投资项目产生的现金流中回收原始投资支出需要多少年。

投资回收期法的应用如表 6.6 所示,例如项目 B,作为初始成本会在更短的时间内偿还。然而,这种方法也反映出项目 A 获得的总利润低于项目 B。

投资回收期的优点和缺点

优点

- 由于其简单性,和其他方法相比这是一个简单的方法
- 管理者更喜欢这种方法,它易于理解和计算。
- 这种方法更客观,它使用预测的现金流而不是预计的会计利润。
- 它有利于快速回报的项目,并减少了组织与时间相关的风险。
- 它节省了原本花在计算整个项目或事件的预测现金流上的管理时间。

缺点

- 投资回收期不考虑资金的时间价值。
- 根据投资回收期规则,如果这两个项目或事件类似,则将考虑时间较短的项目或事件。
- 它忽略了项目的最终价值和财富最大化。
- 它提出了一个模棱两可的问题:什么时候你开始计算现金流?

会计收益率

会计回报率(ARR)可以定义为初始投资资本的平均利润比率。平均回报率也表示一个项目在扣除折旧后产生的利润百分比。对于会计回报率没有明确的定义,不同的作者对利润和资本成本给出了不同的定义。

会计回报率也被称为"资本使用回报率"(ROCE),或"投资回报率"。这些术语可以有不同的定义,造成混淆。

Pike 和 Neale(2006)将雇佣资本回报率定义为表明一个组织从"资产基础"中产生利润的效率。雇佣资本回报率关注的是一年内盈利能力和使用资本的比较。随着项目的建立,这可能会波动,盈利能力也会增加。另外,会计回报率计算了整个项目生命周期内的"平均回报率",即年利润百分比。

在表6.7中,项目B的会计回报率价值优于项目A,因此是首选投资。然而,项目B在前三年有更高的现金流,因此,如果投资者有较高的负债,将使他们受益,因为他们可以更快地偿还。

会计回报率技术对项目的寿命或规模没有概念。如果项目B被延长到第七年,产生1 000英镑的利润,这将使利润更有吸引力。然而,会计回报率将从8.33%下降到7.42%,

因为它是7年的平均水平,而不是6年。会计回报率还忽略了现金流的时间安排,因为它计算出每年的平均利润,即使大的回报可能只发生在项目生命周期的后期阶段。

前面的例子使用了该项目的平均投资,但另一种会计回报率技术是:

$$(总投资)=\frac{平均年利润}{初始资本投资}$$

表 6.7   会计回报率   单位:英镑

	项目 A	项目 B
会计利润	= 120 000－100 000	= 20 000 = 125 000－100 000
=(Σ 流入)——初始投资	= 20 000	= 25 000
年平均利润	= 20 000÷6	= 25 000÷6
=会计利润	= 3 333	= 4 167
平均投资	=(100 000 +0)÷2	－(100 000 +0)÷2
=(初始资产价值+关闭资产价值)÷2	－ 50 000	= 50 000
AAR(平均投资)	= 3 333×100	= 4 167×100
=平均年利润×100	50 000	50 000
平均投资	6.67%	8.33%

两者都是可接受的方法,并在正确应用时给出适当的结果。然而,如果同样的方程不常规地适用于所有的建议,就会混淆,因为每个建议的结果会产生广泛的差异,并可能导致错误的投资决策。

Drury(2004)指出,会计回报率方法是不合适的,因为它是基于利润而不是现金流;利润不等于现金流,因为财务会计利润计量是基于"应计概念"。

投资回报率的优点和缺点

优点

- 很容易理解和计算。
- 因为简单,所以这是一个流行的方法。
- 会计回报率对经理和业务计划人员来说很容易理解,因为它是用百分比表示的。

缺点

- 它忽略了货币的时间价值。
- 它忽略了项目产生的现金流入和流出的时间。

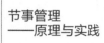
- 会计收益率没有标准的概念。
- 它使用会计利润的概念,利润是非常主观的,不适合资本投资决策,因为现金是由项目产生的。
- 它不能帮助管理者做出投资决策,因为它不能给出非常清晰和明确的答案。

贴现现金流方法

贴现现金流(DCF)可以有以下等式计算:

$$PV = \frac{FV}{(1+r)^n}$$

PV:现金流的现值

FV:现金流的未来价值

r:所需的回报率/利率

n:在现金流发生前的年数

例如,项目 A 在投资第 4 年收到了 21 000 英镑,如果该项目要求报酬率为 5%,则实际价值是:

$$\frac{25\ 000}{(1+0.10)^4} = 20\ 575$$

如果投资持续数年,这些人工计算可能会变得漫长,因此,包含年金因素的贴现表是由英国财政部在绿皮书中制作的,以简化方法。对于前面的示例,使用此表,并将贴现率为 10%的 3 年进行交叉引用,给出如下公式:

$$25\ 000 \times 0.823^* = 20\ 575\ 英镑$$

(*《绿皮书》显示了 4 年达到 5%的折现率是 0.823)

这个公布的贴现率包含了较小的误差幅度,但使非会计人员更容易使用 DCF 的评估方法。然而,由于未来的不确定性,建议在 30 年以上的投资中应使用不断下降的长期贴现率。这些长期贴现率见绿皮书。在计算高风险投资时,也可以使用更高的百分比,以提供更谨慎的现值。

贴现现金流组内的两种主要技术是净现值和内部收益率。

净现值

净现值(NPV)评估方法利用折现现金流来估算未来资金流入与初始投资相比的当前总价值。如果以现值的现金流出总额减去现值的现金流入总额,则总额为负数,则不应投资;但如果是正数,组织应该接受这个提议。

净现值解释如果投资多年,资本是否会更有价值,或是否值得更多的贷款进入资本市场。从理论上讲,这意味着如果净现值是零,那么投资者应该无动于衷。

现值的概念显然有助于公司在初始阶段评估一个项目的财富,通过使用净现值的方法来观察在未来几年内的现金流预期。货币的价值随着时间的变化和在不同的国家而不同。这是由于利率和通货膨胀的变化。重要的是要理解当前价值1英镑在未来几年内不会是相同的。计算出现在的资本将来值多少钱是很重要的。净现值忽略任何折旧资产的全部成本被视为最初的投资,这将意味着重复计算成本。

计算净现值的公式是:

$$NPV = \frac{FV_1}{1+r} + \frac{FV_2}{(1+r)^2} + \frac{FV_3}{(1+r)^3} + \cdots + \frac{FV_n - I}{(1+r)^n}$$

NPV:净现值

FV:终值

r:所需的回报率/利率

n:在现金流发生前的年数

I:初始投资

通过对项目A和项目B应用4%的贴现系数分析发现,两者都有正的净现值,因此应被接受。如表6.8所示,与10%的较高贴现率相比,项目A仍然是可以接受的。

表6.8　折现率的净现值

年		金额	折现系数4%	现值	金额	折现系数3.5%	现值
0	成本	−80 000	1	−80 000	−80 000	1	−80 000
1	现金流入	20 000	0.962	19 240	19 000	0.962	18 278
2	现金流入	19 000	0.925	17 575	15 000	0.925	13 875
3	现金流入	20 500	0.889	18 225	36 000	0.889	32 004
4	现金流入	14 000	0.855	11 970	16 000	0.855	13 680
5	现金流入	12 000	0.822	9 864	12 000	0.822	9 864
6	现金流入	27 000	0.79	21 330	8 000	0.79	6 320
				净现值 = 18 204			净现值 = 14 021

表6.9　折现率为10%的净现值

年		项目A			项目B		
		金额	折现系数10%	现值	金额	折现系数10%	现值
0	成本	(100 000)	1	(100 000)	(100 000)	1	(100 000)
1	现金流入	28 000	0.909 1	25 455	21 000	0.909 1	19 091
2	现金流入	23 000	0.826 4	19 007	28 000	0.826 4	23 139

续表

年		项目 A			项目 B		
		金额	折现系数 10%	现值	金额	折现系数 10%	现值
3	现金流入	20 000	0.751 3	15 026	38 000	0.751 3	28 549
4	现金流入	18 000	0.683	12 294	15 000	0.683	10 245
5	现金流入	18 000	0.620 9	11 176	9 000	0.620 9	5 588
6	现金流入	35 000	0.564 5	19 758	9 000	0.564 5	5 081
		净现值 = 2 716			净现值 = −8 307		

项目 B 亏损。项目 A 的净现值(表 6.9 显示了项目 A 的净现值,使用绿皮书中 10% 的贴现率。会计回报率方法建议项目获利 12 000 英镑,但净现值方法表明,事实上该投资能获得 2 716 欧元的利润。

净现值的优点和缺点

优点

- 净现值允许管理层比较和分析具有相同的贴现系数。
- 净现值考虑项目产生的所有现金流。
- 净现值考虑资金的时间价值。
- 净现值考虑未来现金流的风险。
- 净现值确保组织从投资中获得最大的财富。

缺点

- 净现值的计算和理解都非常复杂。
- 很难应用适当的贴现率。
- 净现值很耗时。

NPV 费时

净现值允许决策者对具有相同风险因素的多个项目进行评估,一个消极的方面是假设现金流发生在年底,这往往是错误的。此外,很难说任何投资评估方法都能为决策者提供明确的决策是否投资该项目。净现值仅作为管理者分析未来现金流的指南。

内部收益率

　　内部收益率(IRR)是投资评估技术中分析项目未来现金流的最重要的方法之一。换句话说,它是一种资本预算方法,公司就是否长期投资该项目做出财务决策。管理人员利用内部收益率从投资中获得正回报。

　　内部收益率计算每个项目的资本投资回报。如果该项目产生的正内部收益率高于利率,它将有助于组织做出更好的决定和比较替代方案。此外,内部收益率可以定义为对不同一组现金流的净现值为零的贴现率。内部收益率是一种计算项目贴现率的方法。当有一个预定义的贴现率,并且决策者希望知道项目是否达到或超过了这个贴现率时,就可以使用这个方法。

　　如果项目的内部收益率超过对比率(资金成本),则接受投资;如果内部收益率低于对比率,则拒绝投资。(Brayshaw,R. etal.,1999:63)内部收益率是通过计算净现值为零时"r"的值计算的和。

$$\frac{FV_1}{1+r}+\frac{FV_2}{(1+r)^2}+\frac{FV_3}{(1+r)^3}+\cdots+\frac{FV_n}{(1+r)^n}-I=0$$

　　如果这个项目只持续一年,并且可以写为该方程式,该方程式易于计算。

　　如果投资两年,使用二次方程方程可以解决。然而,当一个投资多年方程要复杂得多。

$$\frac{FV_1}{1+r}-1=0$$

$$\frac{FV_1}{1+r}=1$$

$$FV_1=I(1+r)=I+Ir$$

$$FV_1-I=Ir$$

式中　FV——未来现金流的价值;

　　　r——所需的回报率/利率;

　　　n——直到现金流发生的年限;

　　　I——初始投资。

$$\frac{FV_1}{1+r}+\frac{FV_2}{(1+r)^2}+\frac{FV_3}{(1+r)^3}\cdots+\frac{FV_n}{(1+r)^n}-I=0$$

　　这个复杂的多项式方程可以用计算机程序求解。例如,表6.8显示项目B的净现值为正,贴现系数为4%,表6.9显示项目B的净现值为负,贴现系数为10%。

　　因此,内部收益率贴现系数必须在4%~10%。

　　IRR=4%+(区别这两个贴现率×积极净现值)

　　净现值范围

　　=4%+(6%+14 021)

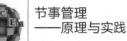
= 4% +7. 8

= 7.7%

这表明,项目 B 要被接受,贴现率或利率必须低于 7.7%。在稳定的经济体中,这是可能的,但诸如依赖需求等风险因素可以与贴现因素一起使用。内部收益率使决策者能够计算出一个项目能够承受的利益水平,而最高弹性的竞争项目将具有更大的吸引力。此外,收益率是一种非常难以在行业中使用的技术,这是由于该方法的性质和困难的投资评估技术,内部收益率是一种难以使用的技术。净现值和内部收益率通常会显示相同的结果,并表明它是否应被接受或被拒绝。然而,与净现值不同的是,内部收益率计算每年的平均贴现率,并且不允许在不同的年份使用不同的贴现率。

内部收益率的优点和缺点

优点

- 内部收益率使用资金的时间价值。
- 内部收益率是管理会计用来分析未来现金流的盈亏平衡贴现率。
- 内部收益率法比净现值方法更受管理者欢迎。
- 净现值方法与内部收益法相比更容易被使用,管理人员更容易理解。
- 内部收益法是企业使用净现值将计算误差降至最低的一种方法。

缺点

- 内部收益率通常提供比净现值不切实际的回报率。
- 内部收益率以百分比而非货币形式表示回报。
- 内部收益率比回收期法耗时。
- 内部收益率忽略了投资的规模,它只考虑来自项目的百分比。

企业采用的投资评估方法

研究表明,在过去的 20 年里,使用更复杂的投资评估方法有所增加,包括折现现金流、净现值和内部收益率。然而,这些技术在一些较小的公司中仍然不受欢迎。这可能是由于这些公司缺乏理解,或者是由于规模较小的公司专注于短期投资,因此没有考虑到货币价值的差异。

虽然回报法忽略了利润,但它仍然在英国工业被广泛使用,它经常作为一个全面、简单的论据,被经理用来说服其他没有财务背景的人某种建议应该被接受。公司对利润的关注强调了这一点；尽管资金价值有所下降，但利润较大的项目似乎更有吸引力。

拟投资的项目可以是独立的（与其他项目的接受或拒绝无关），也可以是相互排斥的（排除接受一个或多个替代项目）。尽管资源有限，但由于资本被共享，项目可能需要进行调整，这可能会危及该投资的有效性。

投资评估决策过程

当做出无论任何大小的投资决定时，都会经历一个决策过程。执行这一过程所需的形式和时间将根据决定的影响和所需的投资而有所不同。对于一个无偏见的资本投资决定，应遵守一个正式程序，并适用于每个提案，以确保正确的提案被接受。

时间可能是如何执行决策过程的一个主要因素。如果一家公司反应迅速，那么就会想要迅速做出投资决定，以便在动态环境中保持竞争优势。然而，如果组织积极主动，时间将会延长，因为它们正在预测和计划变化，而不是在变化发生后做出投资决定。这是有益的，因为它们可以应用更广泛的决策过程，并确保所有建议都得到平等的考虑，并考虑到任何风险因素。

资本投资评估方法提供了一种定量分析，为投资决策提供了坚实的逻辑基础。然而，需要注意的是，资本投资评估方法只是最终决定的一部分，必须考虑其他因素。

战略决策受到外部和内部的影响。这使我们很难做出一个无偏见的决定，但通过遵循一个常规程序，对组织拥有最大利益的项目更有可能被接受。资本投资评估方法的应用使公司能够制定基准和比较标准；它还有助于管理层做出更好的战略决策。这是因为大量企业使用相同的投资评估技术来促进业务增长和开发基准工具；所有这些都有助于企业与其他竞争对手和内部经理比较其业绩。

会计经理和专家在金融投资中大量考虑这个决定过程，然而，战略文本非常强调过去的财务分析，而不是指导资本支出的方法。在进行投资评估之前，必须对项目有战略需求，因此，战略在决策过程的所有阶段都与投资相互关联。

因此，战略管理包括通过识别、评估和选择可能会帮助业务有更大的影响和具有竞争优势来进行投资决策。资本投资评估可以帮助高级管理人员做出正确的决策，这些技术多年来已被证明是成功的。正如 Idowu 所述：要解决的问题是未来收益是否足以证明投资实体必须做出牺牲。（2000，p.1）

因此，战略投资决策有助于管理者进行成本效益分析的所有要素，并确保未来的资本可以通过未来的回报筹集到，投资于业务以实现未来的增长。

时间因素可以是任何决策过程中的一个主要因素。在现代管理中，决策需要快速进行，以防止竞争对手获得市场份额，而这几乎不会给企业带来什么好处。然而，如果组织积极主动，时间就会延长，并可以应用资本投资评估等技术。一个成功的活动公司应该有这两种类型的决策流程，以确保资源被正确分配，保持竞争优势和未来的开发项目是可行的。资本投资评估可以因环境变化而启动，也可以在发展阶段用于一个想法；因此，它可以是反应性的，也可以是主动的。然而，由于资本投资的性质，其中可以利用大量的资源，并且成本可以在

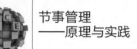
几年内收回,该组织必须通过一个有条理的过程,以确保做出正确的决定。

确定该组织的投资需求是最主要的步骤,这是通过对公司进行全面的内部和外部战略分析来实现的。公司分析是评估投资项目的必要前提,因为这将决定财务和其他可用资源。

值得注意的是,资本投资评估只是决策过程的一部分,必须考虑其他因素。这些通常都是无形的,因此更难以衡量。

总结

这一章对成本会计分析进行了批判性评价。成本核算是任何公司的一个重要工具,无论其规模或业务活动如何。成本会计的主要方面是提供的信息将有助于董事会、经理和员工的组织。在现实中,他们大多数都不是经济学家或会计师。成本会计信息很重要的另一个原因是,它帮助经理了解销售价格会带来利润。在查看个别成本时,成本计算经理或主管根据成本将使用或已经使用的目的来分析和分类成本。

传统上,成本分为直接成本或间接成本,但有一些其他方面的成本。经理使用的成本计算分类的类型将视工作目的而定。此外,组织还将使用边际和吸收成本法来计算最终成本。边际成本法只考虑可变成本计算,而吸收成本法考虑总成本。

本章探讨的另一种技术是盈亏平衡分析,这是管理会计人员常使用的一项技术。在这项技术中成本被分为固定成本和可变成本。盈亏平衡分析技术将总固定和可变成本与销售价值或收入进行比较,并将重点放在既不发生利润也不发生损失的点上。

大规模事件的发展将需要资本支出的投资满足需求。不同企业的资金数额可能会有所不同,但由于相对于组织的规模而言,金额可能相当大,因此,所有关于资本投资的决定都应该被彻底探索,并弄清所有的选择和后果。

本章探讨了4种传统的资本投资方法。这4种资本投资方法都有相似之处。净现值和内部收益率是更复杂的投资评估方法,涉及详细的计算,并考虑到资金的时间价值。然而,这些技术在较小的公司中不太受欢迎,这可能是由于这些公司缺乏理解,或者是较小的公司专注于短期投资,因此没有考虑到货币价值的差异。

问题讨论

问题1

讨论和评估边际和分担成本概念的本质区别。

问题2

解释并批判性讨论为什么合同成本对于事件和节日组织很重要。

问题 3

解释和批判性评价以下资本支出决策评价方法：

a. 回报周期；

b. 内部收益率；

c. 净现值。

问题 4

一家公司正在考虑两个资本支出的建议。两个方案中两家公司都生产类似产品,且预计经营4年,只有一个建议可以接受。

以下信息是可用的。

提案建议	A	B
初始投资	46 000	46 000
第一年	17 000	15 000
第二年	14 000	13 000
第三年	24 000	15 000
第四年	9 000	9 000
4 年后残值估值	4 000	4 000

折旧按直线法计算

公司估计资本成本为每年20%。

	折现系数
第一年	0.833
第二年	0.694
第三年	0.579
第四年	0.482

1. 用两种建议计算下列内容

a. 投资回收期

b. 初始投资的平均回报率

c. 净现值

给出上述(i)中的每种评估方法提供的两个优势,并说明你会推荐哪种建议？为什么？

问题 5

定义并批判性评估开发成本核算策略在新事件中的作用。

问题 6

计算投资回报率的优点及缺点。

案例研究 1　事件全球有限公司

事件全球有限公司是一个活动制作公司,有许多大型部门,每个部门为事件制作独立的音乐灯光。一个部门生产马奎斯。事件全球有限公司正计划投资为客户开发市场的新机器。以下资料涉及 3 个可能的资本支出项目。由于资本配给,只有一个项目可以被接受。

		A	B	C
初始成本		305 000 英镑	279 000 英镑	195 000 英镑
预期寿命		5 年	5 年	4 年
预计残值		15 000 英镑	13 000 英镑	11 000 英镑
预期现金流入		英镑	英镑	英镑
年末	1	120 000	123 000	50 000
	2	102 000	113 000	60 000
	3	93 500	78 000	100 000
	4	83 000	43 000	120 000
	5	89 000	62 500	0
公司估计资本成本为 20%,贴现系数如下:				
年	0		1.00	
年	1		0.83	
年	2		0.69	
年	3		0.58	
年	4		0.48	
年	5		0.40	

案例研究 2　CHEVIN HOUSE EVENTS

CHEVIN HOUSE EVENTS,由两位前事件经理在1990年成立,是一家著名的事件管理公司,在质量上享有很高的声誉。该公司总部位于利兹郊区的一座17世纪的乡村别墅里,离利兹布拉德福德机场很近。虽然CHEVIN HOUSE EVENTS将其核心业务集中在组织会议和企业培训课程上,但董事们最近利用他们独有的历史和地理情况来扩大规模。这是通过组织活动来利用他们独特的情况[活动(如音乐会、家庭日、历史重演、交易会等)]。利兹市议会已经批准对机场进行大规模扩建。考虑到这一点,CHEVIE HOUSE EVENTS已经在德国的商业博览会上展出,从而赢得了与5家德国公司的合同,在CHEVIN HOUSE EVENTS举行国际会议。这是一家信誉稳健、声誉良好的企业,根据目前的商业计划,它将进行扩张。

该公司在其利兹总部雇用了50名全职员工,通常依靠临时工、代理机构和外包来为其活动提供相对低技能的劳动力。一些专业的活动,它的会议业务倾向于使用从那些它定期组织会议的协会中招募来的志愿者。已经招募了100名永久志愿者来参加新的现场活动。总部的常驻工作人员有50多岁的老年男性担任高级管理职位;30多岁的女性领导会议、人力资源和市场营销部门;30多岁的男性领导其他3个部门;活动经理和活动协调员的性别组合相对均衡;22~55岁的女性主要担任秘书和行政职位。黑人和少数民族(BME)的工人主要从事秘书职位,尽管也有一名长期担任活动协调员的男性工作人员。这些志愿者中绝大多数都是英国白人。年劳动周转率:高级管理层不存在;部门主管的人数相对较低(5%),离职的男性略高于女性;更高的大约在活动经理和协调员占10%;秘书和行政人员每年的最高比例约为15%。公司总部分为6个部门,分别经营:3个业务支持部门——金融、市场营销、人力资源;3事件的专业领域——会议、企业培训、CHEVIN HOUSE EVENTS。

第 7 章　项目管理和融资

在本章中,你将了解:
- 活动行业内的项目管理;
- 项目生命周期;
- 事件活动的生命周期;
- 项目管理工具和事件;
- 确定事件项目和节日项目的资金来源;
- 外部融资来源;
- 总结;
- 问题讨论;
- 案例研究。

本章将研究和探索与项目管理相关的理论和实践,适用于活动管理行业,还将评估在组织变革中可供活动经理使用的一系列技术。此外,这一章还将探讨不同的资金来源以及活动经理可用的各种筹资策略。这应该使活动经理能够了解协商并就可能出现的财务机会做出决定。

活动行业内的项目管理

自从实现早期的重大项目,如胡佛大坝水库和曼哈顿项目(Luecke,2004)的建设,项目管理就是所有项目的基石。今天,项目管理适用于各种活动。甚至节事活动行业也发现了它的好处,并认识到项目管理的重要性。在过去 20 年中人们对活动质量和效率的预期逐渐增加[GCB 2009(网络)],关于什么是最合适的项目管理工具来确保计划成功和事件受控的讨论是必要的。值得怀疑的是,项目管理的重要性取决于项目的复杂性,还是项目管理是否提供有利于任何类型活动的计划和控制工具。毫无疑问,计划越复杂越持久的项目,就越有必要引入确保其进展和成功的方法。

正如盖茨(2005)等主要作者所强调的,每个事件都必须在一个特定日期前完成,而且它的预算是有限的,是要符合实际的。组织活动可以明确地被描述为一个项目。所以,我们现在需要调查项目管理的应用在多大程度上可以促进更成功的活动。

项目生命周期

为了支持一个项目的进展和成功,项目管理方法通常(PLC)把项目生命周期划分为若干阶段。图7.1 总结了一个节事活动产品生命周期的6 个基本框架。

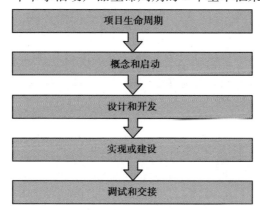

图 7.1　项目管理的基本框架

为了在项目里正确应用这些阶段,有必要给它们下一个简要定义。

概念和启动

概念和启动涵盖在第一阶段建立的产品需求或机会,设施或服务,并进行可行性研究,评估项目是否可行。

设计和开发

如果项目可以继续,则第二阶段将被视为非常重要的任务。毫无疑问,这个阶段的失败将会对这个项目产生非常不好的影响,作为规划过程中的差异会影响项目的质量和时间管理的能力。

实施或建设

随后,第三阶段使用第二阶段的结果来实施项目。在监视和控制贯穿整个阶段时,有效

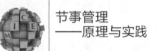

的管理是非常重要的。其原因是参数、时间、预算和质量之间的相互依赖关系——这些参数中的任何不足都很可能危及整个项目。

调试和交接

第四个即最后阶段，确认项目实施或建造设计的最后终止项目（伯克，2006：28）。Luecke（2004）甚至强调，从经验中学习也是这个阶段一个非常重要的活动。对活动行业来说，这一阶段提供了一个很好的机会改进未来项目的工作方式，因为许多活动每年都会发生，或者至少可能在几年内重复发生。PLC 的这个简短定义揭示了所有这些阶段是如何相互依赖的。一个阶段的每个最终结果都决定了以下项目的成功和进展。就像任何其他项目一样，活动在大多数情况下都是经过长期组织的，因此，最好将活动的计划划分为几个阶段。

事件活动的生命周期

PLC 被称为事件活动的生命周期（ELC），被认为有五个阶段（图 7.2）。

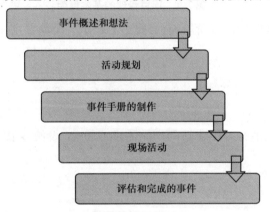

图 7.2　事件活动的生命周期

不同阶段的目的是事件管理中涉及的混乱任务提供清晰性。最后一个阶段最重要的行动是为未来而学习。理解不同阶段如何重叠和确定。作者认为，在 Goldblatt（2002）等作者看来，只能积累经验，因为基本框架，例如计划、领导、设计、营销、控制、预算、分期和评估事件并不一定取决于事件的类型。记住，每个事件都是独一无二的，所以设定了新的标准。

事件概述和想法

事件生命周期的开始阶段是关于项目想法的展示，为此必须设定目标。这个阶段还可包括一个可行性研究，以确定这个事件是否可实现，或者这个想法是否必须被拒绝。根据这一点，开始阶段显然为决策者提供了评估一个潜在事件中的任何投资是否应被低估的机会。

规划活动

如果以正确的方式开发和实施，规划阶段支持活动组织者提供明确的计划和时间表。更好的协调意味着在任何风险和危险对成功完成活动造成严重损害之前可以识别出它们。

精心构思和详细的计划和时间表有助于活动的计划，由于只有一个机会做到正确，规划阶段应该为活动行业专业人员提供安全和清晰的信息，以成功地规划、控制和实施活动。因此，正是在这个阶段才可以部署项目管理工具来促进活动的成功。

事件手册的制作

执行阶段涉及对所采取的所有行动的监测和控制，并进一步提供了将最初确定的目标与现实进行比较的机会。正是在这一阶段为活动行业专业人士提供了干预机会，并使计划适应目标，他们可能会偏离目标并危及活动的成功。

现场活动

在这个阶段，事件就会发生。任何最后时刻的困难都必须在现场解决。如果在计划或实施阶段没有解决严重的问题和避免风险，就几乎无法做任何事情来成功地终止该事件。事件生命周期的这一阶段清楚地揭示了为一个事件制订一个结构良好的计划是多么重要。将一个事件的组织划分为不同的阶段可以减少压力，提供一个概述，并有机会尽早应对可能出现的潜在威胁和风险。

事件的评估和完成

对经理来说，仔细地执行完成一个节事活动是很重要的，因为这样做总是有助于未来事

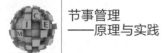
件的完成。所以,事件评估成为这一阶段的一个重要组成部分,有助于提高未来的节事活动的绩效。

评估和完成一个事件意味着支付账单和关闭场地。这是评估事件成功可能性的一个机会,加强事件的计划、监控与控制。如上所述,用"评估与完成"的方法依据不同的构架划分不同的事件,这样能更容易地组织规划一个事件。

项目管理工具和事件

项目管理必须提供哪些工具以保证事件的成功?哪个阶段可以被鼓励,又有着什么样的界限,哪一点会削弱或给事件造成危险?项目管理是建立在多种项目管理工具基础上的。然而,一些项目管理工具可能会比其他大多数项目更有效、更有益。适当工具的选择取决于不同的项目。节事行业中最常见的使用项目管理工具包括:

- 分解结构;
- 关键路径方法;
- 甘特图;
- 风险管理。

这些管理工具通常是在事件或项目的计划阶段启动和应用,这再次强调,规划阶段是"评估与完成"中最重要的阶段。以下将更详细地介绍这些工具。

分解结构

分解结构有 5 个工具:工作分解结构(WBS)、资源分解结构(RBS)、合同分解结构(CoBS)、位置分解结构(LBS)和按子项目划分。

工作分解结构

工作分解结构是一个成功处理和结构化事件的合适工具,将事件图形细分为可管理的工作包是工作分解结构的一个重要特征,它会带来诸如改进沟通或早期识别风险和不确定性因素等好处。工作分解结构还提供了清晰的结构,支持所有团队成员对其职责的明确想法。

资源分解结构

资源分解结构根据可用资源总量对事件进行细分。金钱或人力等资源是必须加以考虑和处理的问题。例如,未能正常预算必将危及任何事件的成功完成。

合同分解结构

合同分解结构只是有助于理解在一个事件中可能存在的大量承包商之间的关系。它还有助于确定有利于活动成功的优先事项,因为一些利益相关者或多或少都很重要,并且能够表达他们对活动的期望。

位置分解结构

位置分解结构通常包括在不同地点的广泛开展工作。为了掌握最新消息,位置列出工作的物理位置。

按子项目划分

将一个大事件细分为几个较小的子项目,是一种保持线路清晰和尽早识别风险的措施。事件的过程和结构以图形方式演示,以便每个团队成员都能够加快重建项目的进度。

应用程序事件

各种分解结构表明,有许多细分一个事件的方法,选择正确的分解结构当然取决于事件的类型。事件当然具有需要持续监视和控制的特征,因此,分解结构可以帮助改进事件的处理和计划方式。工作分解结构可以帮助管理者解决事件是非常规的事实,因为潜在风险可以在对事件造成重大损害之前被识别、消除或最小化。然而,分解结构并不提供一个时间流,在事件的情况下,这是非常重要的,因为必须满足最后的期限。

关键路径法

关键路径法有助于确定完成项目所需要的总时间和识别关键任务。利用关键路径法,工作分界结构必须首先将其转换成网络图。

在这种情况下,网络图(图7.3)可以看作对工作分解结构的扩展。尽管两者都是事件的图形表示,但网络图更适合演示依赖关系,并提供完成某些活动所需的时间(Lock,2001)。活动被标记为最晚的开始时间(LST)和最早的完成时间(EFT),以确定是否可以在不延迟整个项目的情况下推迟一个特定的任务。关键路径上的任何延迟都将延迟整个事件。这些都是有价值的特性,因为大多数活动的特点都是固定的结束日期,而活动行业专业人士有望在最后期限前完成活动。任何延误都可能引发代价高昂的错误计算,从而削弱利益相关者的满意度和未来的业务。

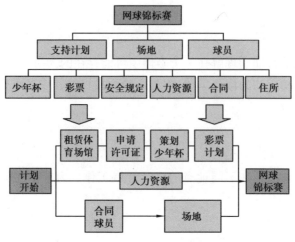

图 7.3　WBS 网络图

　　因此,在举办活动时,有关各方之间的有效沟通是很重要的。应用 CPM 支持早期识别关键任务,并且可以在任何破坏性后果发生之前消除所有误解。总而言之,CPM 是事件规划不可或缺的工具,事实上,随着事件复杂性的增加,它变得更加重要。然而,WBS 和 CPM 也可能引发一些问题。Shone 和 Parry(2010)强调,这些工具的应用可能会阻碍团队成员自由思考、协作和使用自己的创造力,因为 WBS 和 CPM 都提供了不允许任何差异的“最终”计划。因此,在固定的计划和回旋的空间需要找到一个平衡,以防止对活动的计划变得自我驱动。

甘特图

　　另一个广泛使用的项目管理工具是甘特图(GC),它是以其发明者、美国一位机械工程师和社会科学家亨利·甘特的名字命名的。

　　甘特图的一个明确优势是将所有活动按时间顺序排列。这有助于识别不同的任务,并决定它们需要多长时间,也就是说,何时应该完成。它帮助事件行业专业人员开发在关键任务延迟时可能发生的场景。甘特图的另一个非常有价值的特点是通过一个事件进行思考的简单行为,这增加了人们对所有必须做的工作的意识。

确定事件项目和节日项目的资金来源

　　事件经理很少有这个荣幸和充足的资金来维持其当前和计划的业务支出。然而,他们需要获得足够的资金才能在行业内竞争,因此,必须寻求外部资金来源以满足其业务设计。一般来说,为企业发展筹集资金有两种方式。首先是企业股权,包括企业所有者、股东和任何其他利益相关方投资的资金;其次是债务,通过银行借款、贸易信贷或租赁产生。企业需要在未来的某个时候把这些钱还给贷款人。

　　最常见的商业融资概述如下。

内部资金来源

个人储蓄

个人储蓄常用于为企业筹集资金,所投资的通常是企业所有者、合伙人或股东的储蓄,这种类型的融资经常见于小型企业或处于发展初期的企业中。将大量的个人储蓄投资于企业,有助于展示对外部融资提供商的承诺。

出售资产

企业为当前或未来的项目筹集资金,或为扩大业务或偿还债务,可能决定出售多余的固定资产。通过出售固定资产,组织可以避免借贷,这意味着要承担利息,增加业务的总体负债。

净利润

利用净利润是企业为自身的活动融资的最简单的方法。净利润是指企业过去通过净利润产生的、未用于任何其他项目或活动的资金。净利润通常被企业用来帮助购买新资产或以其他方式扩张。有时,企业会节省利润,以便为未来的任何困难时期提供安全保障。

外部融资来源

银行贷款

从银行贷款是企业为当前和未来的项目筹集资金所使用的传统方法。从银行借款通常必须支付利息。有不同形式的银行贷款提供给业务。新企业通常更难以获得更便宜的利率,这些通常只提供给有信誉的企业且具有良好的跟踪记录。业务需要定期分期偿还银行贷款,利率根据英格兰银行利率设定。通常,银行收取企业利率至少有4%的英格兰银行利率。

有一个无限贷款范围,适合所有类型的业务。这些根据不同:
- 业务所需的金额;
- 业务偿还贷款的期限;
- 银行收取的利率类型(例如固定利率或可变利率)。

选择正确利率类型是非常重要的,这可能很困难,因为固定利率和可变利率都有优点和缺点。例如,固定利率贷款意味着公司可以准确预测每月还款的多少。另一方面,如果基本利率与英格兰利率变化一致,可变利率贷款还款额可能会波动。此外,银行向个人客户收取不同的费用,通常介于3%和4.5%的英格兰银行利率。

透支

透支是企业在短期内最常见的债务形式。透支很容易安排,而且没有最低限度的借款期限。这是一种灵活的方法,可以在短期内资助业务资金短缺。企业可以相当迅速地提取资金,并在与银行经理商定的期限内偿还;不过,利率和借款的便利程度将取决于业务的状况和公司的历史。如果一家公司以前没有业绩记录,银行将需要某种形式的担保,这可能涉及企业的资产或所有者的个人财产。如果一个企业使用其资产获得透支,这显然限制了其出售这些资产或使用它们来获得任何其他融资来源的能力。然而,如果业务有良好的记录,无担保透支很容易安排。

这种借款的主要优点,一方面,债务可以在任何时候偿还而不被罚款。另一方面,银行透支是可偿还的需求。因为透支是根据个人账户的状态设定的利率,新客户通常收取比长期客户更多的费用。透支是最昂贵的融资形式之一,利率通常高于中长期借款的利率,会收取商定透支安排的1%~2.5%的业务安排费用。因此,只在短时间内使用透支工具是很重要的。

租赁

租赁最常见的获取资产的方法,如后台设备、车辆或计算机设备,没有直接由公司大规模资本支出。传统上,租赁公司购买和拥有资产,并要求获得任何到期的资本。市场上有许多不同类型的租赁协议存在。两种最常用的企业有:

- 融资租赁;
- 经营租赁。

融资租赁是公司在产品经济结束期间每月分期偿还的一种贷款形式。

经营租赁是指公司使用产品少于其全部经济寿命的安排,因此租赁公司承担在此期间设备过时的风险。通常,租赁公司将支付产品的维护和保险费用。

租赁资产的主要好处是,企业不需要预付定金或大笔款项。这使得资金可以按月或季度分配,一般是固定的,意味着成本可以与业务其他部分分担。这可以使中小企业更容易管理他们的现金流并规划资本使用。

商业天使投资人

商业天使个人投资人是指个人投资者,他们提供融资来支持企业的启动或进一步增长,以展示企业在未来获得良好回报的机会。私人投资者通常是那些准备长期投资5万英镑或更多的人,这些企业还处于发展的早期阶段。商业天使投资人通常会选择当地的公司或那些对他们个人感兴趣的公司来进行投资。一些商业天使也对业务有特定的知识,可以带来大量的附加值。一般来说,商业天使投资人的投资采用股本,以换取企业的份额及其未来利润。他们的目的是帮助业务发展,他们可以加入董事会,以保护他们的投资,并提供支持、知识和指导。

一般来说,商业天使投资人采用股本的形式投资,以换取企业的份额及其未来的利润。

他们的目的是帮助业务发展和他们可能加入董事会,以维护他们的投资和提供支持、知识和指导。

企业赞助

企业赞助是活动和节日所使用的另一种融资方式。它可以采取来自大公司的现金捐赠、商品或服务的形式,以换取促进其业务的具体机会。这些可能包括在宣传材料上使用公司标志;在活动中展示一个特殊的公司横幅,或以公司名称称呼该活动。

正式的股票市场

正式的股票市场是大公司筹集资金最有效和最被证明的方法。大型组织比小型组织优势更明显,因为一旦它们在股票市场上市,公司的股票就可以轻易地买卖,从而成为更稳定和流动性的资产。同时,被列出在证券交易所为个人股东和公司提供了更好的股票市场评级。

此外,一旦公司申请股票发行注册并在市场公开发行,证券交易所就会对业务施加条件和和规则,公司董事会有义务依法遵守法律。

在英国,有各种类型的股票市场上市。清单的类型通常取决于公司的市值。图7.4描述了4个传统的全球股票市场。

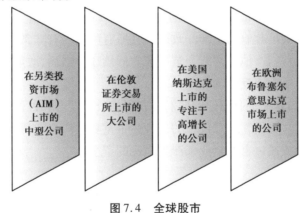

图7.4　全球股市

在纳斯达克上市,美国市场集中在高增长公司 EASDAQ 清单,位于布鲁塞尔的欧洲市场。

公司债券

债券是由富有的投资者长期提供给组织的一种贷款。货币是在有担保的基础上出借的,利率可以是固定或浮动的。对于利率、证券来说最重要的是,债券持有人相对于外部股东享有的优先待遇。通常有许多不同的条件。如果公司没有盈利,债券通常会延期至未来期限。然而,即使公司亏损,他们仍然需要向债券持有人支付利息。

此外,债券持有人有权在向外部股东支付任何股息或利息之前获得其利息支付。担保债券通常与特定资产挂钩,如建筑物或特定活动,如特殊活动。

股本

这是一家公司筹集资金最简单的方法。然而,该选项只对那些在股票市场上市的公司开放。

这种方法通常包括一种永久的无息贷款,以换取企业的所有权和利润的部分份额。股本计划是指投资者通过股票市场购买个别公司的股票,而不规定其投资的固定利率。他们将得到的唯一报酬是在财政年度结束时的股票权由其所持有的股份的等级决定。普通股东是权力最弱的,而优先股东拥有更强的投票权,并在支付任何其他股息之前获得固定股息。

政府拨款

各国政府通常非常希望以赠款和提供专家咨询意见和资料的形式向企业提供支助。开办新的企业和发展现有的企业符合公众利益,因为成功的企业通过帮助经济增长为国家提供就业和创造财富。为此,英国政府在过去的 30 年里,通过现金资助和其他形式的直接援助向企业提供了资金。

政府通过一些不同的倡议提供了赠款。在过去十年里,政府创建了商业链接,以帮助中小企业提供商业规划、市场营销和法律咨询。政府的拨款总是依附于一个特定的目的或项目,有时中小企业很难满足政府的标准。政府对其所有的拨款有非常严格的条款和条件,如果一个公司不遵守这些条款,他们可能会被要求立即偿还。然而,政府通常提供明确的指导方针和援助,所以公司很少违反条款和条件。

大多数政府拨款都要求企业与他们他们所获得的公共资金相匹配。在向政府申请拨款之前,向企业证明其能够提供其在总额中的份额是很重要的。企业通常通过留存利润、所有者自有资金、银行贷款或通过合作企业来产生匹配的资金。

筹款活动组织的策略

融资可以采取许多不同的形式和几种方法混合会增加竞选活动成功的机会。

一个组织寻求资金有各种各样的来源,包括个人捐款、资助,企业捐赠,或赞助合作。

大多数的贡献来自某个项目或事业的个人。有时,一个公司可能会向相关私人、社区和政府基金会申请资助。资助捐款是根据严格的标准或项目提供的捐款和无息贷款。为了申请此类基金,组织必须提交一份正式提案。

企业捐款是另一种筹款方式。与企业建立合作关系获得现金、实物支持、产品捐赠,甚至员工参与可以是一个明智之举。各种规模的企业都可以提供资源。主要有两种方法:一是公司承销是企业提供现金来支付预算中企业项目企业赞助捐赠,商品或服务的公司,以换取特定的营销机会。

直接请求赞助活动是一种很好的策略,它既可以用来增加贡献,也可以用来宣传这个项目。近年来,筹款的趋势已从个人参与转变为大众传播和公众参与。

成功的融资需要一个定期的沟通计划,以保持公司对目标受众和潜在的资助者的可视性。可以开发一系列的媒体,包括新闻发布;电视或广播广告;电子邮件时事通信和网站等。这种营销策略可以通过与公众建立关系("友谊培养")来获得长期的好处,并通过教育人们关于现在的公司和未来活动节省时间。一个良好的沟通策略将有助于公司集中精力筹集资金(弗里德曼和费尔德曼,1998 年)。

如今,为活动筹款可以是一个世界性的过程,因为国际大众媒体使所有年龄段的人和各种团体和组织都能够参与筹款计划和活动营销。由于这一趋势,许多营利部门和非营利部门的组织都在将注意力转向筹款活动业务。

通过赞助和门票融资

赞助是许多大型活动筹款的主要筹资来源。在过去的十年里,赞助已成为活动行业的关键,为许多活动提供了资金。在当今市场中,赞助也成为活动运营的不可或缺和公认的一部分,许多精明的赞助商充分利用营销机会,通常通过促销活动,以增强消费者的活动体验。

管理者已经认识到,他们需要采取更实际的方法。

桑德勒和沙尼将赞助定义为:

组织直接向一个事件原因或活动提供资源(如金钱、人、设备),以换取该事件原因或活动的直接联系。提供组织可以参与与赞助相关的营销,以实现他们的企业、市场营销或媒体的目标。(1997:161)

很明显,如果没有赞助商的商业支持,大型赛事,如音乐节和奥运会等体育赛事,是不可能举行的。

通过门票销售获得收益

门票销售是活动组织者在现代活动市场上所采用的主要创收策略之一,也是活动创收来源。票务帮助企业解决现金流问题。提前售票可以为组织提供早期增加收入的机会和并在短期内缓解现金流问题。提前出售门票或收取会议费用增加了活动组织利用这个机会筹集资金的方法。

多年来,许多大型和小型活动都通过票务产生了收入。图 7.5 显示了在英国的企业会议和活动市场所产生的收入。

关于票务的概念有很多困难,特别是在制定票价上。吸引活动参与者有几个原因,但其中一个主要原因是活动收费。因此,这可能会导致重大问题,特别是由活动组织者制订的定价策略,以支付所有成本或从活动中实现收支平衡。组织者面临的困境是如何吸引客户参加活动,同时还要承担费用。因此,企业从其他来源筹集资金也很重要。以下几节将探讨可用于筹集资金的常见来源。

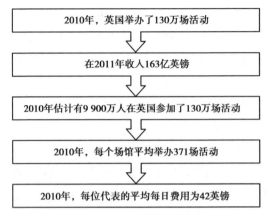

图7.5 公司会议和活动市场的收入

来源:英国事件市场趋势调查(UKEMTS),2011年

商品销售

布拉辛顿和佩蒂将商品描述为提供有形和无形属性的实物、服务、想法,个人或机构认为有必要、有价值的或令人满意的,他们愿意交换金钱,赞助或其他价值单位为了获取它。(引用Doyle,2004;262)

事件可以为商品销售提供许多机会,这是另一个收入来源。最明显的使用商品是通过销售节目来为活动创造直接收入,例如爱丁堡艺术节等。商品销售在活动中尤其受欢迎,因为它是一种对抗其无形本质的方式。销售商品等项目的另一个好处是节目中广告空间的项目可以出售或提供给赞助商,为事件组织产生额外资金。

捐款

捐款是指捐给一个组织的一笔款项,并且不需要任何特权或服务作为回报。这样一来,他们就不能与赞助相混淆了。获得捐款也可能需要大量的时间、精力和资源,通常需要从现有的捐助者(以前的捐助者的数据库将稍微简化这个过程)、确定的目标或一般公众那里要求捐款。慈善机构是捐款的正常接受者(Getz,2005),这意味着这种筹款方式可能对其他类型的活动组织不是特别有用。然而,爱丁堡艺术节在其账户中列出了与赞助相同类别的捐赠,这表明他们确实从这一领域受益。

总结

本章探讨了项目管理的关键基本原理。它分析了事件经理为了在事件中取得成功而需要考虑的问题。项目管理和财务的关键工具可以支持活动组织者制订明确的计划和时间表,如果以正确的方式开发和实施,无论活动的规模如何。

金融对该行业中任何企业的存在都至关重要。除了赚钱,筹款还可以帮助一个组织与能够支持它的人建立关系。任何企业的基本基金来源包括个人储蓄、债务、赠款及商业活动获得的收入。很少有企业经理有足够的资金维持当前和未来的计划支出。每个组织筹集资金的方法都是不一样的,而且这将根据业务的规模和所有权而有所不同。一般来说,企业运营的时间越长,就越容易从中获得融资。

企业资金主要有两个来源:内部资金流,包括留存利润和所有者的自有资金,银行和其他金融机构,是企业借入资金的主要来源。这些机构在非常严格的条件下才同意借钱给任何组织。借贷的其他方法包括租赁、商业天使投资人、债券和政府拨款。

问题讨论

问题 1

调查和讨论项目管理在事件管理的作用。

问题 2

描述和研究项目管理最符合事件和节日。

问题 3

批判性评估事件和节日经理如何将项目管理发展为实践活动。

问题 4

讨论并批判性地评估一个活动组织如何为其当前和未来的增长和发展实施筹款策略。

问题 5

"未来我们将在哪里且如何赚钱?"
通过对举办大型赛事实施的策略进行批判性评估来讨论上述问题。

问题 6

描述并讨论筹款是如何帮助组织与发展企业的人建立关系的。

案例研究 1　合作村 2012 年经验

越来越多的赞助商意识到,通过经济援助来支持一场活动,是将他们的品牌推向目标受众的一种手段,然而,许多企业组织已经开始创造自己的体验式品牌体验。

合作银行总部设在曼彻斯特,该合作银行的历史悠久,第二年创造了"乡村体验"合作银行在曼彻斯特日游行并成为赞助商,2012 年 6 月 8—10 日,这场活动在阿尔伯特广场举办。该活动有一个安排在全国各地巡演的时间表。它在 6 月和 9 月期间演出,参加了曼彻斯特的高地展,2011 年有超过 20 万游客的英国皇家威尔士展(可追溯到 1979 年)布里斯托尔气球嘉年华,以及伦敦泰晤士河节。很明显,为什么合作机构做出了一个战略决定。以与所提供的事件类型保持一致。将强调三个战略原因,以展示品牌定位和定位的方法。首先,列出的每个活动在多年的活动交付方面都有重要历史,因此,已经有了一个忠实的目标受众。其次,所有节目的目标受众都有强烈的家庭吸引力,这是合作品牌的基石。最后,合作社会陷入一个现有的活动。而不承担大量的预算来营销他们的概念。采用这种双重对齐的方法,可能会带来一些与现有活动的专业交付相关问题,从而对各种展会商的所有品牌产生负面影响。2009 年,一个热气球在布里斯托尔撞上一堵墙。

皇家高地秀是唯一一个有主要赞助商的活动,在一个活动上有不止一个赞助商,如果这些赞助商有类似的商业形象,观众难以区分谁具有排他性和支配地位。因此,品牌创造一种在大多数活动中能看到的标准品牌的体验是至关重要的。

这种体验类型的方式对于大品牌来说并不少见,例如斯米诺夫特加、阿迪达斯和更多的品牌已经开始创造活动经验,因此,对顾客体验该品牌的方式有很大的控制权。合作银行有许多方面的业务,因此,需要一种能够向目标受众展示和沟通的经验。目前,业务合作有 6 个方面概要文件,在 2012 年的所有地点都有特色。合作银行、旅游、制药、电子、食品和法律服务。在村里,品牌塑造非常重要,有足够的员工指导参与者参加各种活动,活动的目的是为客户创造持久的经验,研究显示该品牌有显著的投资回报。许多活动都是针对儿童的,使家庭气氛优先。在活动中有重要报道的是厨房演示,有成员观众参与,并带着一个难忘的经历离开。

伦敦马拉松运动员又一次创下慈善纪录(表 7.1)。

表 7.1　伦敦马拉松运动员五年的慈善募捐

2007	4 650 万英镑
2008	4 670 万英镑
2009	4 720 万英镑
2010	5 060 万英镑
2011	5 180 万英镑

来源:我的下一场比赛是马拉松。

案例研究 2　2012 年伦敦奥运会和残奥会

从 2011 年 4 月起,政府为该项目提供资金,不包括内政部和其他政府部门的安全资金。

大伦敦管理局(GLA)和奥运彩票分销商(旧)将继续,按照2007年支出审查协议,基于成本下降原则,安全资金将主要由英国内政部提供。

　　彩票的最大贡献保持不变。然而,2010年7月报道,伦敦发展署(LDA)对公共部门资金计划贡献下降了3亿英镑,从5.5亿英镑到2.5亿英镑。根据2010年7月报道,公共部门资金总额减少2 700万英镑。

　　根据已确认的安排,政府与市长2007年的谅解备忘录仍受到保护。同时,备忘录正在根据需要被更新来反映最新情况,该公司现已完成支出审查和土地所有权的LDA转移到奥林匹克公园遗产。

　　国家彩票对2012年奥运会的贡献仍然高达21.75亿英镑,包括来自专门的奥运比赛的7.5亿收入,彩票分销商从现有基金支出3.4亿英镑(包括2.9亿英镑体育比赛的支持);10.85亿英镑将从国家彩票分配基金持有的一般彩票收益迁移。

第 8 章 法律、安保、安全与风险管理

在本章中,你将了解到:
- 有限公司的法律机构;
- 活动组织者的公共责任和健康安全要求;
- 授权法案和许可事件/节日;
- 《消费者保护法》(1987 年);
- 《私人安保行业法》;
- 合同和法律的复杂性;
- 风险管理;
- 风险管理水平的变化;
- 总结;
- 问题讨论;
- 案例研究。

本章旨在概述对活动组织者的标准法律要求。本章将首先提出在英国管辖下的一些法定立法。虽然本章的背景是英国法律框架,但将引入欧洲市场和更广泛的国际商业环境,以减少操作程序和法律管辖权的混乱。本章还将表明,有限公司的法律结构和许可法对国际收入有重大的财务影响。

有限公司的法律结构

活动组织者在英国目前不需要正式注册或许可证。根据 2006 年《公司法》,每个企业都应该通过公司大厦注册业务。这项特殊的立法直接源自 1989 年的《公司法》。2006 年的法案涵盖了有限公司和无限公司、私人公司和上市公司、担保有限公司和有股本的有限公司及社区利益公司。在英国,由活动组织者注册的最受欢迎的公司类型是担保有限公司。

有限公司的正式注册可以由个人进行,但根据《公司法》的规定,注册会计师必须向公司大厦提交年终业务账目。有股本的公司可以要求专门研究公司法的律师起草股东章程。

　　注册一家公司不仅可以直接进入特定的运营公司程序,还可以让你的组织在其特定的市场中获得可信的知名度。从消费者的角度来看,它展示了消费者的合法性和责任。投资者将和股东一起受到公司法的保护。与供应商、机构、合作伙伴和其他公司的外部合同关系也根据法律框架运作,以建立可持续的工作关系;而且,当在英国境外运营时,组织对员工和合同纠纷有法律保护。任何感兴趣的个人或组织都可以通过公司年度账户通过门卫(公司大厦)收取象征性费用。这些信息可以帮助确定任何外部组织都可以进入的业务关系类型。

　　一旦你的公司注册后,在业务开始运作之前,需要承担许多法律要求。在健康和安全执行局(HSE)或地方当局注册你的企业并不是一个法律要求。然而,各种类型的组织在开始业务运作前,可能需要获得地方当局,包括健康和安全执行局的许可证或证书。从活动的角度来看,建议通过 HSE 网站在地方当局进行注册。如果你的活动有一个建设构建作为活动规划过程的一部分,就需要完成一份 HSE 的“建设项目通知表格”,这可从 HSE 网站获得。许多户外活动组织者与供应商,健康和安全法规附加到特定类型的活动,建议访问 HSE 网站,确保你有必要的信息,以便能够解释、管理和签署外包公司而进行工作。

活动组织者的公共责任和健康安全要求

　　1974 年的《工作健康和安全法》规定,如果你有 5 名或 5 名以上的员工,就必须实施健康和安全政策,并在所有员工都可见的地方显示清晰的健康和安全证明。雇主除了制定健康和安全政策,还被要求对所有雇员的工作环境进行全面的风险评估,更应考虑到工作条件可能危及其健康的雇员。因此,职业风险评估可以成为健康和安全政策的一部分。1974 年的《工作健康和安全法》与英国和欧洲其他国家的法规有直接联系(这一领域将在本章后面强调)。一旦制定了全面的健康和安全政策,将其介绍给所有员工,并进行了风险评估,该组织就可以寻求保险。

雇主责任保险

　　根据 1969 年《雇主责任强制保险法》,雇主责任保险对所有企业都是强制性保险。如果你的组织在国外有员工,他们也必须参加公司保险。公司保险应从经授权的保险公司处获得。英国金融服务管理局(FSA)在英国拥有一个授权保险公司的登记册。你的保险公司可以自行承担风险评估或要求提供你的保险副本,这将决定任何特定类型的业务所需的保险责任水平。一般来说,任何英国企业的最低保险额是 500 万 ~ 1 000 万英镑。然而,保险责任可能会因业务类型、计划的事件类型以及如何管理和交付它的方式而波动。如果你的组织已经见证了以前的保险索赔,这可能会影响整体保费。因此,如果每个组织的保险单中没有注明,则每个组织都要求就每个事件向其保险公司寻求进一步的建议和指导。

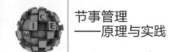

公司有法律责任告知员工,出示员工的责任保险证书的副本。必须在所有员工都能访问该证书的地方显示该证书。对于雇主的责任有些豁免,其中一个领域是家庭成员被雇用的情况。

员工保险的进一步建议,可以联系保险公司到英国金融服务管理局注册,可以从 HSE 获得进一步的建议和取得养老金,无论组织和创业者之间的合同状态如何。投保员工责任险,这将取决于你与该个人在为你的组织工作时的控制性质和关系。活动行业内,外部个人或雇员的组织,可能需要一个个人的保险来支持他们的工作类型。根据定义,起重工高风险密集的操作程序,因此,必须确保起重工拥有充分的保险,在英国的一些地方政府中,起重工要求获得许可使其能够开展类型工作。

公众责任保险

公众责任保险是不同的、自愿的,它涵盖了公众提出的索赔。作为一家可以管理生产和举办多种类型活动的活动公司,它将是至关重要的,你必须获得公众责任保险,许多地方政府申请在为向公众付费或非付费成员开放的户外活动申请临时许可证时,强制要求提供保险。

数据保护

根据 1998 年《数据保护法案》,如今许多组织都有信息委员会注册公司的法律权限。数据保护法的出台是为了解决一系列问题,其中一项原则是保护机构所持有的个人资料。它还允许个人访问自己的个人数据。资讯科技可为员工提供培训课程,并协助机构制定资料保障手册和政策。

如果活动公司存储了员工的个人资料,特别是如果需要获得犯罪记录局(CRB)的许可情况下,则必须通知信息委员会。绝大多数的活动公司都积极参与直接营销,但一个公司持有的个人信息只有在每个人获得授权后才能使用。可选择收集个人数据的网站必须保护个人权利。

雇佣合同

一旦一个组织承担了这些运营和法律要求,那么公司就有责任发布反映并符合英国和欧洲有关就业权利的法律的雇佣合同。最低工资、人权、残疾歧视、平等和种族歧视应在选择员工和员工发展/培训和意识方面得到充分体现。1995 年制定的《残疾人歧视法》对活动组织者和场馆经营者产生了深远的影响。当地政府、教育机构及其设施都有具体的规定,

2006 年,对 1995 年的法律做出了修订。因此,我们现在的工作环境是社会中的所有个人都应得到平等的机会,没有偏见或歧视。

2006 年的法案规定,一个组织必须表现出"合理的"的努力,以满足社会中每个人的需求。娱乐场所、展厅、会议场所和户外空间有法律权限证明它们正在满足修订后的法案的要求。

法律要求英国的场地

除初始启动和该过程的法律要求外,企业可能需要持续遵守法律。然而,这将反映在组织发展和提供的活动类型以及组织扩展的过程中。为了说明这一点,让我们详细了解活动组织者在与举办地谈判时需要注意的法律要求。

当活动公司为了举办活动而与场地拥有者进行谈判时,在最终的合同谈判之前,需要满足一些法规和决定要求。活动公司的代表有责任确定场地是否具备所有的法律要求和必要的文件。当地消防部门会颁发消防证书,使场地能够按照消防证书的指示使用。本文件可能会对场地内的材料(如窗帘)的使用进行说明,并要求这些材料符合英国防火标准。带入场地的任何不符合英国防火材料标准的材料需要单独的防火证书。根据新法例,场地也须进行独立的火灾风险评估。场地必须提交一份最近的全面风险评估报告,包括一份全面健康和安全政策,说明完全紧急情况以及疏散过程。此外,还应出示地方政府颁发的娱乐许可证,注明地方政府授予的娱乐类型,并对该证的相关限制,同时还应提交酒类许可证和相关证书,并在场展示。活动公司有责任向所有员工、供应商或在活动场所内工作的外部合同员工传达活动场所提供的健康、安全和疏散程序。在任何外部员工开始工作之前,这些信息必须被展示和理解。

为了配合健康和安全政策,活动组织者必须了解不同类型的法规,这些法规将对活动、工作人员和场所产生影响。最常见一组规则被称为"六包",是由欧盟发展并纳入英国法律。"六包"包括:工作场地健康和安全管理条例,手动搬运操作规程;显示屏设备(DSE)规则;工作场所(健康、安全和福利)条例;提供和使用工作设备的规定;以及个人防护装备(PPE)的规定。(关于这些更多的信息,请访问联合工会网站)

食品卫生

食品卫生由地方政府管理地方政府内的环境卫生司将全权负责签发食品卫生证书,以及检查每个机构或临时餐饮单位是否持续符合法律要求的程序。环境卫生署也负责就违反食品卫生的行为发出撤销通知书及进行法律程序。进一步的建议和指导也可以从环境卫生部门或当地权威机构获得。

授权法案和许可事件/节日

2003 年法案符合欧洲标准,并改善对娱乐场所的控制。它还延伸到临时娱乐许可证以及酒类销售。2003 年法案仅对英格兰和威尔士有管辖权。在苏格兰,所有娱乐续签和酒类执照的申请都必须递交给当地政府。在苏格兰,参加娱乐活动不收取入场费,不需要入场许可证。英格兰和苏格兰的娱乐规定以前是由 1982 年的杂项规定法案规定的。2003 年法案带来的变化是广泛而深远的。在行政方面,2003 年的《许可证法》将许可证的控制和管理交给了地方政府的许可证部门。《许可证法》要求颁发两个许可证,一个是针对赛事或建筑,另一个是对个人的独立的全国性许可证。个人执照有效期为 10 年,可从该人居住的地方政府获得,只有在 10 年期满后才能由同一地方政府更新。这使一个人能够销售或授权销售酒类。新法案下的经营许可证是无限期有效的,除非它被撤销,或者企业决定不再继续其在许可证下签发的当前形式。如果建筑需要改变,那么可以通过当地政府申请改变用途。

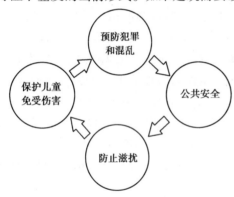

图 8.1   许可行为目标

图 8.1 显示了该法案的四个明确目标,这些目标必须转化为持牌酒类供应商的实际操作职责。如果地方政府或负责维护这四个目标的指定机构获得违反这些目标的证据,它们有权强制关闭某一机构或使用现有的完整法律正当程序。除此之外,每个娱乐许可证持有者必须出示所谓的"操作文件"。该文件应列出与活动或场所有关的全部操作职责,包括实质性支持任何特定活动的所有法规文件信息。该文件应作为对活动或建筑物的某一方面负责的任何机构、机构和合同服务与上述管理部门的标志。该文件还应明确规定有关各方的作用和责任。除立法要求外,每个地方政府都有机会在其管辖范围内为取得经营临时许可证创造条件。业内通常认为,许可证的条件对其成功申请和在商定的期限内继续使用具有巨大的影响。机构申领娱乐许可证所导致的费用,将是各机构的内部事宜。然而,每个地方政府将对处理申请收取行政费用,每个许可证将根据成本和客户能力的比例进行调整。申请程序的另一项规定是,申请牌照的机构必须在本地报纸的分类栏刊登广告,为期一个月。会议通过的完整立法可以在文化、媒体和体育部的网站上访问。不仅可以阅读完整的文件,还可以获得与该法案有关的指导文件的副本。

作为活动策划经验的一部分,一个组织可能希望位于住宅、商业或非住宅位置的建筑物或场所周围的道路封闭。为此,组织或代表必须向事件发生地区的当地警方进行询问。临时封路令的许可是根据《城镇警察条款法 1847》第 21 节规定的。这类安排一般适用于户外音乐节,有关申请应在活动策划过程中尽早完成,如果认为每日交通流中断不属于该地点的常态,则必须优先考虑公共安全和紧急车辆通行。

娱乐牌照

当需要获得娱乐许可证或附带歌舞的临时娱乐许可证时,如果现场或预先录制的音乐是活动的一部分或在设施内播放,必须给予进一步的法律考虑。

根据《1988 版权、设计和专利法》,事件或向公众提供现场音乐表演的场所,将遵守该法案的要求,以保护作家和音乐出版商,因此音乐许可证必须向演艺权协会提出申请。"生产者责任计划"有超过 40 种不同的收费标准,适用于经营场所和各类演出。如果你的场地或活动想要播放原声录制音乐,必须获得 PPL 许可证。留声机表演有限公司代表拥有录音版权的唱片公司。除了 PRS 和 PPL,还有机械版权保护协会(MCPS),MCPS 的主要职责是收取和分配版税。任何想要为电视、广播、网站、电影等录制音乐的人都将被征收这些费用。在场地向公众播放现场或预先录制的音乐时,使用该音乐等须缴付费用或收费,并须申领许可证。如前所述,就目前提出的其他立法而言,在取得音乐许可证方面也有豁免。

为进一步澄清和指导,必须访问 MCPS-PRS 联盟网站,进行更有说服力的讨论是有必要的。公众播放音乐录影带,须持有视像表演有限公司许可证。VPL 代表拥有音乐视频"电影"版权的公司,通过 PRS 和 MCPS 联系 VPL。

英国商标注册

根据英国法律,下一部分不被认为是一个法律要求。然而,为了保护你的公司、产品或活动的个人身份和完整性,并确保商品销售权,这一特殊过程将是必要的。英国专利局视所有英国商标注册可以申请和持有的地方。这一过程保护了公司或活动的智能设计/标志。一旦申请成功,注册设计、名称、标志或声音可以立即保护你的组织。在收到商标局的通知后,填写专利局提供的表格是一个简单的过程,不收取商品销售权的费用。随着赛事规模的扩大,举办频率的增加和取得的成功,获得商品授权和授权生产产品可能会为许多赛事带来可观的收入。这也允许该公司将销售许可证出售给官方商品生产机构。有了许可证,机构也可将活动/产品特许经营给任何有兴趣的人士。此外,如果你认为你的活动具有国际影响力、受众,那么必须在每个独立的国家进行进一步的商标注册。

在专利局注册并不是一个简单的过程,可能需要长达一年的时间才能收到最终的申请通知。因此,在制定一个面向预期市场的商业理念时,大量的前期规划是必不可少的,并不是所有送到专利局的申请都会被批准。有一些名字和设计永远不会被批准,例如奥运会的五环标志。如有任何与商标注册有关的疑问,有必要与办事处联系。商标注册在英国的办公处进行,每十年更新一次。(格拉斯顿伯里音乐节于 1999 年在英国专利局首次注册,尽管它从 1970 年以来一直存在。1983 年,它首次被授权为娱乐活动。)在获得完整的商标注册后,法律并没有要求将官方商标标志放置在公司信纸或任何属于商标法的通信材料、产品或相关物品上。

《消费者保护法》(1987 年)

消费者保护本质上是一项保护消费者权利的政府立法。交易标准是在消费者权益受到侵害时,代表消费者采取行动的权威,除交易标准外,英国金融服务管理局(FSA)在消费者合同中体现不公平条款的领域也拥有权力。

在为活动提供货物和服务的承包商和分包商的活动管理选择过程中,所有承包商在开始或提供服务之前必须具备与其特定任务或活动相关的所有法律要求。如果在活动中供应、销售或使用的产品在与消费者接触时被发现有缺陷,根据《消费者保护法》的产品责任将使一个人能够要求退款或更换商品,在某些情况下,可以起诉要求损害赔偿。只有当消费者的权利无法通过正常的谈判渠道解决时,后者才会发挥作用。如果活动组织者向英国进口商品(包括从欧盟进口),责任将由第一个进口商承担。公司将其名称放在产品上,给消费者留下他们是生产者的印象,责任就落在公司身上。

在这种类型的业务安排中,至关重要的是,活动组织者在选择产品和服务提供商时必须非常谨慎,这些产品和服务提供商必须符合健康和安全法的所有监管要求,包括支持其特定活动的所有法规。这将确保消费者的权利在活动中得到保护,从而避免退款、有缺陷的产品/服务或可能的诉讼。

《私人安保行业法》

《私人安保行业法》于 2001 年被载入了法律手册。这项立法于 2006—2007 年得以实施。这项立法的主要目的是清除/渗透到休闲和娱乐行业的流氓安保公司。它还有一个与其他七项授权活动有关的进一步业务授权。

当一个组织为了确保活动场地安全而接近场馆时,确定场地雇用的安保人员的合法性就至关重要了。所有持证的安保人员的完整名单应记录在地方当局。当地警方也可能有一份相同信息的副本。如果活动组织者要求对活动人员进行安全检查,当地警方可以协助完成这一过程。雇用未经培训、未经警方检查或没有适当执照的安保人员是违法的。赛事活动管理人员,如标题所示,有不同业务合同,不需要许可证来承担他们指定的业务任务。在足球场内工作的管理人员会有不同的操作权限,必须受到相应的管理。体育产业代表被排除在《私人安保行业法》之外。这是基于 1975 年《运动场安全法》和 1987 年《体育场所消防安全法》管理体育设施。代表权未成功,体育赛事仍然受到该法案要求的约束。在允许管理人员工作之前,必须对他们进行适当的培训。

合同和法律的复杂性

事件管理范围内的另一个领域是构建内容和预期结果都公平的合同。合同的定义是具有法律约束力的协议。事件经理在生成事件时,最终会遇到多种类型的合同。除合同中附加的条款和条件外,服务协议也可以是一个附加条款。有必要了解现有的不同级别的合同。

制订合同是为了确保各方的权利和义务不受侵犯,如果违反了合同,可以在民事法院强制执行,结果通常是赔偿复审方。合同可分为两个主要领域:契约合同或简单合同。大多数的活动经理都将在简单的合同下工作。这些可以被书面交付、口头交付,也可以被一般行为所暗示。

另一种分类合同的方法是根据它们是"双边的"还是"单边的"。双边合同一般与货物的销售有关。双边合同是指那些不是向特意一方而是向任何人发出要约的合同。单边合同可以用一个在线竞争的例子解释,这是通过网站向任何人推广。当举办活动并与供应商合作时,双边合同下的简单合同将是标准方法。活动提供者承诺为安全搭建临时结构提供通道和场地。提供临时结构的公司承诺在约定的时间范围内交付和安装符合所有监管要求的结构,并在完成所有安全检查后移交。

在合同中加入服务协议已成为许多活动提供商和供应商的标准做法。这两者可能有相似之处,但在总体风格和方法上有所不同。如前所述,合同是从维护权利和义务的角度写的。服务协议是从服务或产品的交付及其所有相关复杂性的角度来编写的。服务协议对可以提供的服务或产品水平及其在活动期间的整个使用有了更深入的了解。因此,任何关于服务交付或产品缺陷的分歧都有一个直接的参考点。

在谈判阶段,在签订合同前需要考虑许多因素。具有法律约束力的合同必须拥有要约、对该要约的接受以及对承诺给予或做某事的适当考虑。双方必须有合法的能力签订合同,并在知情的情况下有能力执行指定的任务或提供产品/服务。同意履行合同承诺必须不受胁迫或避免不正当的影响。总体而言,合同应由一名已充分了解这一特定法律领域的法律代表人起草。合同中的错误,即使是个人的姓名,都可能使合同无效。如果一方不支持原合同中规定的交易,就会发生违约。如果一方认为原草案的期望远远超出所要求的范围,则后期可能会出现对不公平合同条款的索赔。

风险管理

风险管理与健康和安全一致时,可以被视为一个在事件中进一步控制传播范围以外的责任。

对于风险更广泛的影响是可以用来评估一个组织和风险企业的稳定性的。企业风险避免了日常运营活动中产生的风险。风险管理不应与风险评估不同,因为两者都具有理论原则和协议;风险管理有职权范围。活动机构一直要求服务的公司进行风险评估;然而,风险管理是许多企业忽略的东西。为了应对 2008 年全球金融银行业的崩溃及其后对许多商业组织的影响,普华永道为此撰写了大量文章,并发表了一些涵盖金融和运营风险的指导文件。这个指导允许组织应用题为"促进风险管理良好的实践"的论点。

商业的本质最终会将一个实体归于一个规避风险的环境中。实体潜在的生存风险和回报之间取得平衡。企业风险管理框架任命一个人来管理组织风险,这是通过应用一些基本规则来实现的。

有必要确定什么是健康和安全政策,为什么是它,以及它可能以何种方式实现组织安全。健康和安全政策是为代表公司工作的所有员工制订明确的工作标准的文件。本文件应直接参照 1974 年的《工作健康和安全法》编写。该政策将规定该公司的职责,以确保个人能够在一个安全的环境中完成他们的任务。它还将明确说明员工在承担特定任务是可以接受的内容。可接受的措施也可规定,在进行特定活动或使用设备之前应提供培训。该文档还可以提供指导说明,在开始任务之前向员工提供进一步信息。该政策还可以参考员工在"完成任务时"或"开始任务前"必须遵守的规定。如果防护服对某一特点活动有必要,则应在文件中注明为必要,活动经理应向与活动公司签订合同协议的任何组织以及员工在承包上或分包商的指导下工作的组织索取一份健康和安全政策的副本。如果忽视健康和安全政策,一个组织可能会危及员工的安全、人权以及该组织在法律范围内继续运作的能力。

在当今的商业环境中,术语"风险评估"一词在与一个组织相结合时具有不止一个功能。它可以保护员工免受伤害,它还可以确保客户可以使用对自己和他人有最低风险水平的产品/服务。风险评估涉及组织开展其日常业务,并保持其竞争力的长期稳定性。对于所有的事件都必须应用风险评估的原则。图 8.2 强调了健康和安全执行部门(HSE)的关键指导原则。

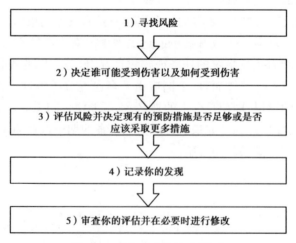

图 8.2　执行健康和安全原则

健康和安全执行部门提出的风险评估提出的五个步骤应成为任何组织内部/其内部和外部活动的基石。由于近年来英国诉讼文化的发展,代表组织保护员工被认为是最重要的。如果风险评估没有得到足够的重视,它可能会对组织对员工和客户的保险责任产生负面影响。

　　风险评估是英国执行 1974 年《工作场所健康和安全法案》规定的"注意义务"的一项法律要求。风险评估必须充分地作为生产过程的一部分充分呈现。风险评估应按照上述五个关键步骤进行制定。在确定了活动或任务后,有必要考虑限制暴露,消除、控制或转移风险的方法。在一些文件中你可能还会发现一个风险评级,它提供了关于风险产生的可能性和风险对附近的人的影响的更多信息,通过使用一个矩阵,可以建立一个优先级。如果可能性较高,而影响小,则为中等风险,如图 8.3 所示。另外,如果影响大,可能性低,则风险较高,发生灾难的可能性更值得关注。风险矩阵是一种更为科学的制定风险控制措施的方法。该文件还应该强调谁应该负责监控和控制已确定的风险。对于更复杂或更危险的生产过程,生产公司和相关机构将需要进一步指导。

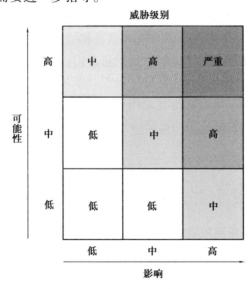

图 8.3　风险矩阵

　　风险评估不得与风险管理混淆,而风险管理应被视为任何其他管理功能。它应涉及对有可能威胁资产或企业的风险的识别、分析和控制。当风险评估文件提交给会场时,地方政府和活动经理允许各方进行合理的讨论,以安全地管理生产。在生产过程中,还必须记录由风险评估或风险管理中确定的任何风险直接发生的伤害。文档应放在单独的事件日志中。关于条例、登记和检查,有 10 名或 10 名以上雇员的活动公司必须向 1987 年《社会保障索赔条例》登记其业务。当企业属于休闲娱乐行业时,将由地方政府进行健康安全/风险评估检查。然而,健康安全执行部门有权检查公平的理由。另一方面,如果活动发生在地方的土地上,则可以由健康安全执行部门进行检查。如果活动企业的员工少于 5 名,则在健康和安全方面不要求为员工制定健康和安全政策。为了改进运营和生产程序,许多生产公司还在他们提供给活动经理的信息中包含了一个方法声明。本文件旨在确保员工的注意义务,以及风险文件。在生产人员执行特定任务之前,要向他们提供方法说明,以确保他们充分了解该做什么和如何做。它提出了一个逐步完成的一个方法,特别是当需要设备来完成一个任务或已完成的情况下。如果需要进行说明,则它们还必须与方法声明一起进行说明。方法说明书应由生产经理编制或随设备一起提供。它还应确定要使用的所有工具和辅助设备,以创造一个可以进行工作的安全工作环境。每个任务或作业都应附有方法说明书,副本应在现场生产办公室保存。该文件还可以创建一个安全的工作环境,并防止员工的保险索赔。

如组织者已安排在室内或室外举行活动,都必须取得由燃料或电源供电的电气设备的电气测试证书。这种测试电气设备的过程被称为 PAT 测试(便携式电器测试),它必须有合格的电气工程师签字。它将给予组织者、场地经理、许可部门和生产人员一定程度的保证,即电气设备已经经过测试,并已准备好使用。无法完全保证被测试设备的电气稳定性,但这个过程将在一定程度上确保设备对其预期用途是安全的。

从目前提供的信息中我们可以看到制作公司和活动组织者之间的基本关系。每个人都有直接责任确保每个员工得到充分的培训、信息、认证、方法声明、保险、许可证、防护服和维护良好的设备来执行每项具体任务。所有这些信息都应该在活动的预规划阶段记录下来,并提供给活动的组织者和相关机构(可能包括消防部门、地方政府和警察)。当生产公司对他们依次从现场获得的信息感到满意时,将下令正式承诺开始工作。任何分包公司也必须遵守所有商定的文件和规定,并符合为其工作的主承包商制定的要求。如果分包的生产公司有任何特殊要求,所有新的细节必须提交给相关组织。

风险管理水平的变化

制订最好的计划,尽早发现风险。在事件开始时(开始和计划阶段),风险水平和机会非常高,而面临风险的数量非常低。随着决策和计划的实施,这种关系会随着事件的进行而发生巨大的变化。因此,风险最小化的机会减少,而随着资源的投入,风险不断增加。

下面的案例研究,英国大曼彻斯特跑,它进一步提供了如何在大型赛事中评估风险管理的例子,如何评估风险管理在大型活动。

案例研究　英国大曼彻斯特跑

该案例研究概述了大众参加的曼彻斯特 10 千米跑中的风险和脆弱性分析的应用程序和结果。

事件格式

英国大曼彻斯特跑步是一个大众参与的 10 千米公路赛,每年 5 月的周日在曼彻斯特市中心举行。该活动是由新星有限公司和曼彻斯特市议会联合推广,并包括:

- 精英轮椅比赛;
- 精英女子比赛。

● 一场面向预期达 29 600 名 15 岁以上的男性和女性跑步者。

上面列出的每个活动都直属 Nova 组织,但都有自己的管理团队,计划会议和事件、安全计划以及风险评估。

在现场,事件联络小组(ELT)将在活动关键阶段协调所有必要的承包商。比赛正式开始,运营控制将由赛事点负责;他们的任务是多方面的,拥有该赛事的运营决策权。进一步的委托责任是分配给管理管理比赛的开始和结束的有能力的人。有效协助管理和控制、ELT 事件联络小组,来记录和应对所有通信交通以及高级医疗和安全。从现场活动总量和事件联络小组来看,这种运营管理和控制的双重方法,由于事件的快速性和响应时间具有即时性,需要帮助和处理任何给定的情况。这种管理赛事的方法有助于减少和应对已知和未知的风险。这场特殊的比赛有 5 波选手,旨在帮助减少赛道拥堵,并在跑步期间留出更多时间。每一波比赛也在不同的时间,优秀选手获得第一。根据每个人认为适合完成比赛的时间,参赛者可以通过在网上申请并提交信息进入颜色编码的系统,在每一波比赛到达起跑线之前,他们都有机会参加一个精心安排的热身赛。这最终有助于降低跑步者在比赛期间和比赛后因肌肉疼挛而需要医疗护理的风险。为了帮助记录跑步者的时间,每个跑步者都有一个单独的电子芯片,记录他们何时开始和何时完成比赛。

对于如此大规模的跑步运动,该组织需要应对许多风险。在跑步过程中,最优先考虑的是跑步者可能因过度劳累,先前存在的疾病导致跑步者面临的风险,或面临由于温暖或寒冷的天气条件而摔倒的风险。因此,最重要的是,建立这个课程来减小这些潜在的风险。

这场 10 千米的比赛为所有选手设计了清晰的标记,淋浴处和饮水站位于比赛路线上的战略位置。拥有全套复苏医疗设备的医务人员也同样如此(水在起点、终点和定位在 5 千米处可用)。当跑步者接近最后两千米时,快速反应的医疗队将处于警戒状态,因为过去的经验表明,跑步者在比赛的后期往往需要医疗援助。

活动的风险评估确定了与活动相关的 126 个个体风险,其中只有 20 种被标记为中等风险,另外 106 个被列为低风险。该活动的风险承受程度很低,这一事实证明了与该活动相关的上述管理人员的计划、组织管理和能力。这种性质的活动容易受到极端天气条件的影响,最终增加了若干特定类别的风险。特别是由于长时间的高温或潮湿天气,运动员有脱水的风险。极端的降雨和寒冷会显著降低核心体温。在寒冷的天气中比赛者身体有问题时,在比赛前后发放太空毯,以保持其核心体温在稳定水平。如果需要的话,还有一个容纳 7 000 人的场所。

在天气可能对活动、参与者以及更重要的参与者产生重大影响的情况下,活动将提出湿热天气计划,如果这已经被激活、不立即处理,中级风险可能会提高,从而对一个人的机会产生巨大影响,这在这种活动中并不常见。然而,参赛者在参加公路比赛时由于一些问题而死亡,如本来存在的并发症、在任何给定的时间提供的医疗服务/设备不足等。如上所述,通过举办此类活动,活动组织者知道参与者在终点线前的最后几英里内更倾向于需要医疗护理。在他们的在线申请中,参与者被要求告知活动公司任何可预先的医疗状况,这是一个可选的请求,这可能是必不可少的医疗援助。如果有医疗信息,活动公司可以通过给他们的官方号码的颜色代码来识别那个人,如果该人需要任何医疗护理,其信息可以通过与医疗操作人员和在线管理团队(ELT)共享的数据库获得,给每个参与者的个人官方比赛号码与该人提供的所有数据直接相关联。因此,将官方号码传递给另一个参与者会增加潜在的混乱和风险。

为了降低这些领域的风险,有很多协议和二次检查,以确保一个人正确地链接到一个给定的号码。在发生严重事故或死亡时,与近亲有关的正确信息是绝对必要的,图8.4 显示了起始位置。

对于每个颜色波,它们以一种可控的方式释放,以减少跑步者受伤的风险,并确保观众和电视广播公司可以根据他们的颜色代码找到跑步者。

图8.4 每个色波的起始位置

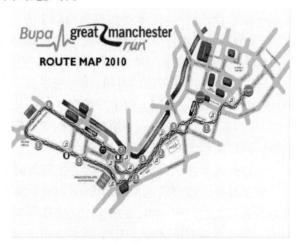

图8.5 保柏大曼彻斯特跑线路图

图8.5 给出了这条路线的概览,并在第一个实例中为跑步者和观众指出了比赛设计的关键界面。标记的距离对于跑步者来说,就像扇形计时器,让 ELT 在一定程度的控制监测每一波中最后一名跑步者的时间。这个路线地图在网上也可以找到。

总结

本章概述了活动组织者必须遵循的许多监管要求。为了及时了解最新的法律、法规的变化,你应该通过 HSE 网站注册你的组织,该网站将定期向你提供与特定活动和机构相关的新的法律法规,除此之外,还需要部署作战人员。

节事活动的员工进行培训课程在关键领域,如健康和安全风险,人群管理和表示"允许"荷兰国际集团的法律。

这种方法将有助于确保活动计划在法律和操作程序的范围内进行规划组织和交付。除了英国法律、法规、政策、程序和基准标准,还必须在国际市场加以考虑。活动行业内的许多公司都有着跨越国际边界举办活动的悠久历史。英国境外的操作带来了许多新的挑战和障碍。如果文件是不准确的,出口货物到另一个目的地,可能会使整个操作冗余。如果你选择了一个处理程序来收集货物到达并将它们存储在一个安全的位置,如果合适,请使用一个经过全面调查有信誉的公司。

对于在不同国际管辖范围内旅行、工作和居住一个月或一年以上的员工,确保保险覆盖他们的整个逗留时间以及他们在工作期间从事的工作。由于位置的性质,政治形势或潜在的不稳定,环境或其他原因需要进一步保险,然后从你的保险公司寻求进一步建议。大多数保险公司允许覆盖英国以外的国家,但这必须协商和持续的风险评估。

经营事件业务不仅需要在最初建立业务时具有商业头脑,它还涉及提供活动时所需的大量操作政策和程序知识,同时提供一个事件。当业务得到承包商和业务合作伙伴/利益相关者的支持时,情况更是如此。设置适当的业务"基调"为未来的增长和长期的合作发展是至关重要的。为了开发这一领域的伙伴关系,多年来商业、贸易和工业部门(DTI)一直在商界开创这个商业模式。

问题讨论

问题 1

根据 2006 年《公司法》,可以通过公司注册处进行注册。请列出三种不同类型的公司,并指出哪些公司需要律师协助进行管理和正式注册。

问题 2

在 2003 年《英格兰许可法》颁布之前,英格兰地方当局和活动提供商使用哪一个特定许可法条。

问题 3

请概述你对保险公司承保的两类业务的了解,以及为什么活动公司应该在交易开始前考虑它们。

问题 4

极端天气条件会对公路比赛的运营交付产生什么影响?

问题 5

为了减少跑步者在跑步 10 千米后的风险,为什么有必要在最后几英里增加医疗设施和人员?

问题 6

在周六晚上/早上封闭道路时进行 10 千米跑步时,需要哪些机构减少风险?

案例研究 1　韩国食品博览会

预计人群规模:20 000 人

活动

食品摊位和就餐区,信息摊位、主舞台演讲和娱乐,韩国舞蹈团、音乐团体和武术表演,游乐项目(见节目)、儿童舞台、现代汽车拍卖。

地点描述

Beamish 街道是 Campsie 的主要街道。交易会在车站和 Anzac mall 的北部地区举行。Anza cmall 是一个平坦的步行街,禁止车辆通行。有各种各样的韩国商店或商场与购物中心排成一排并在节日期间开放。这吸引了很多当地家庭与大量韩国游客(超过 80%)、中国人和其他国家的人。它附近的街道有公共停车场,从 Campsie 火车站也可以轻松进入会场。

现有设施

有街道垃圾桶(容积约 55 升的一个箱子状的金属框架)在 Beamish 街道和 Anzac mall,为了此次活动补充了 60 个 240 升轮式垃圾箱。

其他活动相关信息

因为韩国食品博览会是议会主办活动,所以该博览会一直提供免费清洁场地和处理垃圾服务。人工劳动费和小费约 5 000 英镑。在过去的 2 年中,悉尼南部废物管理委员会通过包装供应商为所有食品供应商提供环保托盘和可降解餐具。使用标准尺寸的环保托盘作为计量单位,所有摊位都选择同一种价值 5 英镑的装食物的托盘。不鼓励食品供应商自带包装,使用环保餐盘和玉米淀粉叉(勺子和叉子的组合)也不收费。

案例研究 2　户外音乐节

在一个大型音乐节上,工作人员暴露在高噪声水平下,没有足够的保护和照顾措施。这是一个有两个主要外场的超过 50 000 人的大型音乐节。

发现以下问题:

- 安保人员距主舞台低音扬声器前方不到一米。
- 主舞台的食品车面向舞台,靠近舞台。

- 噪声让人无法躲避。工作人员休息区的声级达到或超过 79 分贝,没有安静的区域或能屏蔽噪声的地方让工作人员工作。
- 有很少或没有证据证明工作人员所接受的噪声水平得到控制,或限制员工在吵闹的地方的工作时间,或警告工作人员在噪声中工作的风险。
- 虽然提供了听力保护装置但没有提供装置的使用训练。在某些情况下,接触最多的安保人员选择在不使用任何听力保护装置的情况下接受在噪声中的最高暴露。
- 在食品商店的员工没有考虑听力保护装置。

表 8.1　节日期间工人的每日噪声暴露量

工作	地点	听力保护	LEP,d dB
护理人员	主舞台一侧	消音器	100
急救人员	主舞台一侧的帐篷	帐篷外的消音器	97
餐饮服务	主舞台通过 PA 减缓	无	100
大门安检	主舞台一侧	无	101
大门安检	主舞台轮椅区	无	95
门禁	次会场帐篷-1	无	99
舞台安检	次会场帐篷-1	耳塞	108
门禁	次会场帐篷-2	无	103
鼓手	舞台上	无	104
贝斯手	舞台上	无	101
FoH 音响工程师	距舞台 30 m 的高塔	耳塞	99
监控工程师	舞台一侧,PA 后面	无	96

评论

噪声控制和听力保护的使用是不够的。活动组织者和个人雇主明显违反了法律。

按法律规定,雇主有责任保护自己的员工免受与高噪声接触的有关风险。此外,对其他因素吵闹活动而处于风险的员工也有责任。这些职责显然被忽视了。

除本章所述听力保护外,还需要其他方法减少听力暴露,在风险仍然存在的情况下,需要强制执行听力保护和正确安装听力保护装置。

第 3 部分
营销和传播

第 9 章　节事赞助

在本章中,你将了解到:
- 赞助在节事活动中的作用;
- 获取支持、伙伴关系和战略联盟;
- 主要的赞助交易;
- 影响赞助交易的外部因素;
- 冠名权——市场营销组合的一部分;
- 通过赞助和隐形营销进行的排他性交易;
- 总结;
- 问题探讨;
- 案例研究。

本章将详细介绍节事赞助的过程并调查赞助商与地方、国家和国际 3 种不同级别的节事活动之间的关系。阐述什么是节事赞助商正在寻求实现的目标。本章将审查招标和推销想法,解释支持、参与和资金的概念,并概述根据特定类型的活动制订和提出赞助方案的指导原则,明确区分在赞助交易中不同级别的赞助类型。本章还将探讨整个活动部门的赞助分配的新趋势。

赞助在节事活动中的作用

多年来,关于赞助的概念已逐步发展起来,如今已被视为市场营销框架内的一个专业领域。许多组织都会雇用"赞助经理"。这个职位可以由一个人(他也可能有一个支持团队)担任 。这些人或将赞助活动视为公司战略愿景的一部分,或将其作为活动的财务和运营要求的一部分。

然而,当一个组织面临不可接受的或负面的宣传并且需要采取一种策略来保持可接受的公众形象时,它会选择赞助的方式。

2006 年,由于人们对沙门氏菌的恐慌,吉百利巧克力糖果公司牛奶巧克力销售额下滑了

2.5%。该公司召回 100 万根巧克力棒,造成了约 3 000 万英镑的损失。吉百利与英国电视剧《加冕街》的十年商业关系于 2007 年结束。这种商业关系曾经对双方组织来说都取得了显著的成功,这是英国历史上最大的财政贡献,也是英国历史上持续时间最长的电视赞助交易。我们在此并不是要暗示企业放弃对电视剧赞助的决定会直接带来负面影响——我们没有充分的数据说明。然而,在吉百利放弃与《加冕街》的赞助交易和巧克力食品生产恐慌导致的不良宣传,从而影响销售下降之间还是有因果关系的。由于吉百利不再是电视剧赞助市场的一部分,英国大型连锁食品纷纷展开了争夺该电视剧赞助权的竞购战。

获取支持、伙伴关系和战略联盟

在节事活动行业获取赞助的形式是为了寻找一个合适的赞助公司或赞助商,以满足节事活动和赞助公司的综合战略愿景,特别是在财政援助是该活动短期至长期可持续性的必要业务要求时。在研究潜在的赞助公司时,也应该考虑到一些伦理和政治问题。

综合战略愿景是在发展商业伙伴关系方面所需的知识和工作水平。本章也会更详细地研究综合战略愿景这个问题。借助这个研究,本章将阐述如何将适当的赞助公司与特定类型的活动相匹配。

当进行任何类型的赞助研究时,都最好获取你赞助的活动类型的历史数据,否则可能无法看到公司对整个活动提供的确切的财务援助水平。然而,你可以通过一些途径找到详细的财务信息。如果有公司发布过公司账户的信息,你就可以从中找到一些统计数据。内部/外部的时事通讯也可能会传递这些信息。在公司网站上的文章及当地或地区报纸上刊登的活动,如果他们具有公众形象、公民自豪感或具有新闻价值的吸引力,也可能包含有用的信息。与节事相关的行业杂志也可以给出一个具体的观点。这些只是可以获得信息的一些领域,并可能有助于建立一个作为赞助交易的一部分提供的活动类型和财政援助的图片。当分析这些宝贵的信息时,可以展示赞助活动的概况、赞助交易的频率和长期赞助交易,包括财务援助。如果该事件附加到地方资源或地方事件上,则有关该类型事件的信息应在公共领域内。2000 年《信息自由法》对公共当局提出了有关信息披露的要求,以促进更大的公开性和透明度。因此,信息应通过地方政府获取或存储在当地公共资助的图书馆。2002 年的曼彻斯特英联邦运动会得到了地方政府和商业赞助的支持。有关此活动的信息在曼彻斯特公共图书馆存储,并可通过网络获得。

案例研究 体育行业访谈

本赞助案例研究将调查不同类型的赞助安排,以及在商业背景下赞助颁奖仪式的趋势。

2005 年,伦敦成功申请到 2012 年夏季奥运会的举办权后,伦敦市长办公室设立了一个名为"体育产业访谈"的活动,该活动于 2006 年首次举行。该活动的目的是向英国体育行业的商业领袖和利益相关者介绍在筹备 2012 年伦敦奥运会过程中经历的关键节点、挑战和机会。

伦敦市长办公室在网上发布的预宣传信息中提供了一个赞助方案,这个方案概述了支持 2006 年体育行业访谈举办的赞助机会。

该方案清楚地说明了每种选择的不同类型的赞助级别和福利。

该活动只允许邀请 260 名与会者参加;它针对的是首席执行官/董事级别的体育领域的关键决策者。活动还会颁发被媒体描述为"体育界的奥斯卡奖"的体育行业奖。BBC、ITV、Sky 和全国性报纸均报道了此次颁奖典礼。这种广泛的媒体报道有助于提高提供的赞助方案的效果。

有许多原因会使组织认为这个活动值得赞助。从潜在赞助商的角度来看,这次活动的主要组成部分是:

- 与 2012 年伦敦奥运会有直接关联;
- 由当时的伦敦市长肯·利文斯通组织代表;
- 由 3 家个国忰广播公司和个国性报纸报道;
- 提供与体育行业主要决策者建立联系的交流机会;
- 仅邀请 260 名亲自挑选的代表参加;
- 具有公众认可的颁奖典礼的既定活动;
- 欧洲最大的体育商业活动。

以上 7 点是赞助推销考虑的主要因素,这些信息是通过印刷媒体或对潜在赞助商进行口头交流整理得出的。除了这些信息,活动还会有一个赞助方案概述不同级别的赞助交易。这些交易与潜在赞助商的财务承诺密切相关。方案内的不同交易将显示事件前、事件中和事件后的曝光水平。赞助级别是根据主办活动的成本和所有领域的媒体报道的经济价值来计算的。赞助交易级别一般分为 3 类。对于这个特殊的事件和这次颁奖典礼来说,我们有一个主赞助交易和其他多层次的交易。作为一个主要赞助商,他们完全有信心战胜其他公司,在同一领域内竞争中打败它们。独家冠名权是给主要赞助商的,这将在场地内提供品牌推广机会中得到证明。新闻和媒体报道还会让主要赞助商在特定时间内进行与活动相关的所有沟通。

必须记住,每个赞助文件都必须围绕着能够吸引潜在赞助商的具体和一般的机会来构建。市场营销、广告及可信的陈述使得赞助成为一个可销售的项目。在构建赞助方案时,需要建立一个特定的业务部门,并具有一个战略愿景,即通过与活动的关联,将产品/服务推向更广泛的受众。

主要的赞助交易

如今的主要体育赛事,如英联邦运动会和奥运会,只有在大量的财政资金投入下才能有效地运作。对奥运会的财政支持可以追溯到古希腊,当时一些身份显赫的公民为其提供了财政支持。从历史上看,奥运会也得到了国家的资助,如今的奥运会在大多数情况下也是如此。

1924 年,在巴黎奥运会上,大幅广告牌是第一次也是最后一次出现。4 年后,奥运会权利被扩展到其他领域。现在,酿酒公司可以在顾客所在的地区开设酒吧/餐厅,广告确实回到了奥运会上,但没有在比赛区域内。1936 年,柏林奥运会在电视上首次亮相。1947 年,伦敦奥运电视版权首次被分配。1984 年,洛杉矶奥运会被宣传为有组织地赞助奥运会的开端。国际奥委会(IOC)制订了一项营销计划,并将其分为 3 类:主要赞助商、官方赞助商和官方供应商;有 34 家公司作为官方赞助商与国际奥委会签订了合同,64 家公司获得了供应权,另外 65 家公司获得了使用奥林匹克标志的权利。洛杉矶奥运会有 156 个国家获得电视转播权。汉城奥运会决定减少赞助商,以提高权利的价值。1992 年,巴塞罗那奥运会继续减少公司赞助权。1996 年,亚特兰大奥运会将整个组织结构彻底颠覆,所有费用都由私人资金、电视版权、赞助商和门票销售来支付。有 214 个国家的电视观众观看了奥运会,门票售出了 1 100 万张,超过了巴塞罗那奥运会和洛杉矶奥运会的总和。2000 年的悉尼奥运会只支付了 63% 的费用;其余的由澳大利亚政府支付。很明显,全球各地的大型体育赛事都严重依赖于企业赞助。它还表明,随着时间的推移,赞助已经发展成为一种复杂的机制,在全球范围内向潜在的消费者销售产品/服务,或保持重大体育赛事的持续存在。早些时候强调重大体育赛事的概念也被应用到许多商业部门的国家和地区活动。例如划分赞助概况,出售电视转播权获得可观的收入,或从地区和中央政府以及相关机构获取资金。排他性协议和服务协议现在已经存在于许多贸易市场的赞助提案或方案中。

影响赞助交易的外部因素

获得赞助的市场并不孤立地运作,有时可能非常脆弱。它容易受到地缘政治事件的影响而发生波动。通过政治或经济市场力量导致的全球经济低迷对股市有直接影响。

随着全球各地的经济波动,可能会对股市上市公司组织的可用财务收入产生短期和长期影响。在任何业务中,最有可能受到这些情况影响的部门是市场营销和广告部门,因为这会限制其收入支出。地缘政治事件,如 2001 年对美国双子塔发动的 9.11 恐怖袭击,可能会在全球范围内产生重大的负面经济和连锁反应。当时全球市场,特别是美国证券交易所的稳健性意味着世界并没有经历经济衰退。然而,一些企业尤其是航空业的股票却出现了下滑。公司在国内外裁员,也减少了在许多领域的支出。

节事活动公司在试图寻求赞助之前,必须充分了解经济情况和政治格局。研究是必不可少的,并且会节省时间和资源,这对大多数中小型活动公司来说是一种有价值的商品。

在复杂的赞助市场中,我们有所谓的“品牌代理公司”。如今,许多公司放弃了将其产品/服务置于合适的营销环境中的责任。这个功能反而被传递给了品牌代理机构,在品牌代理机构中,战略由“品牌经理”提供。他们代表客户工作,在本质上成为管理产品/服务的管理员。因此,这些明确定义的过程表明,为了取得成功,赞助提案需要与预期受众有自然的协同作用。这不仅需要明确,而且在整个过程中都必须充分记录。与客户一样,品牌代理公司整体上一直都在寻找最大的风险敞口和投资回报。因此,赞助提案必须证明一种跨所有沟通渠道进行沟通的策略,使赞助商能够投资最大化。

在通过合作伙伴关系传递赞助商信息的活动管理工具包中,我们现在有了所谓的“新媒体"。这不只是简单地在网页上加商标的问题,而应该被视为走向一个完全集成和交互的程序,这样可以收集和分析数据,以建立客户关系营销的方法。这将帮助活动公司和赞助商策划未来的营销活动,在长期赞助交易中,这种方法可以帮助巩固双方工作关系。

有了这次经过审计的数据活动,公司可以用事实和数据来支持他们的提案,以吸引未来的赞助商。赞助在市场营销、广告和公共关系方面有自己的传统;当营销活动充分认识到目标受众时,这一领域就很有效。新媒体的扩散已使消费者市场分散化。因此,针对消费者或潜在受众需要一种复杂的科学方法。通过网络、数字卫星、有线电视和数字广播扩展数字媒体网络,观众数量已经非常巨大。随着集成手机的引入,这些通信平台已经成为进一步的交付门户。活动提供者必须认识到不断变化和发展的技术环境,并在适当的地方使用新媒体来增强活动体验,并获得与客户的协同作用。

冠名权——市场营销组合的一部分

在赞助投资组合中,有许多创收策略。冠名权是一个将历史和商业发展牢牢植根于美国的概念,可以追溯到50多年前。

在定义冠名权时,我们首先需要从赞助商的角度来看这个过程。它是一种通过购买空间和时间来为设置申请名字,从而获得无形和有形利益的工具。

"全球场馆赞助冠名权市场估计接近40亿美元,其中75%的市场在美国"[体育商业集团,2001;48(在线)]。

英国境内的冠名权是一个相对较新的商业概念,1997年,英国足球超级联赛中引入了博尔顿流浪者队等俱乐部的冠名权。1994年,英国电信塞尔内特与米德尔斯堡足球俱乐部签订了一份为期10年的350万英镑的合同,并在河畔体育场获得赞助。2006年,阿森纳足球俱乐部与阿联酋航空公司以1亿英镑的冠名权协议开设了他们的新体育场,这是目前英国最大的冠名权交易。新体育场拥有全球独家经营权,被正式命名为"酋长体育场"。该协议于2020—2021年完成。该协议还包括一项始于2006年的为期8年的衬衫赞助协议。

过去十年,英国的冠名权赞助协议稳步增加。然而,大量的财政支出主要集中在体育行业。

英国的现场音乐行业也见证了对现场音乐设施注入的商业赞助。学院音乐集团(AMG)是英国最大的全国现场音乐场所的所有者和运营商。该组织的正式名称为麦肯齐集团有限公司。2004年,麦肯齐音乐集团的管理层收购包括了SJM音乐会、大都会音乐和MCD制作公司。这一策略还包括在伯明翰、布里斯托尔、格拉斯哥、利物浦和伊斯灵顿在线开设新的学院场馆。在AMG的业务组合中,现在有一些现场音乐场所拥有卡啤酒公司的冠名权:卡学院布里克斯顿卡学院、伯明翰卡学院、布里斯托尔卡学院、格拉斯哥卡学院、利物浦卡学院和伊斯灵顿卡学院。伊斯灵顿卡学院成立于2003年,很明显,AMG的战略方向是收购和发展场馆,作为其商业战略的一部分,其中包括一段时间内购买冠名权的赞助商。这意味着设施所有者和管理者以赞助收入支持他们的财务业务模式的新方向。

文化传媒部和体育部(DCMS)估计,整个音乐产业每年为英国经济贡献 50 亿英镑。根据 DCMS 出版的伯恩斯·欧文斯合作公司汇编的一份名为"2006 年音乐业务增长和获得金融的机会"的报告,英国的音乐行业相对活跃,有 339 家中小企业对该报告有贡献。

造成音乐行业某些领域利润下降的因素很多,最大的因素可以在数字革命中看到,特别是在互联网上,可以从合法和非法网站下载音乐。正如报告所指出的那样,现场音乐部门,特别是管理和推广,仍然是一项盈利的业务。这可以从 AMG 的案例中看出,从 3 个主要合作伙伴对商业模式的实力,以及通过 Carling Lager 的赞助冠名权来抵消财务负债。

多年来,冠名权也渗透到了户外现场音乐活动中。从 1997 年起,维珍品牌一直在配合双站点的 V 音乐节。V 音乐节、赛车节、O2 无线节和在公园举办的 T 节是一些极少数在英国有有效的冠名权赞助协议的节事活动。

每年,在英国出现的 100 多个户外节日中,只有不到 5% 带有公司冠名权赞助协议。显然,带有娱乐设施的领域还有商业增长空间。

有人认为,与欧洲其他国家相比,英国内部存在着变革阻力。冠名权并不被认为是赞助/营销组合的有形组成部分。(有关市场营销组合概念的更多细节,请参见第 10 章。)

约翰·奈特,独立赞助顾问,曼彻斯特晚间新闻的顾问(该公司获得了曼彻斯特男子体育馆的冠名权)表示,在英国接受冠名权需要更长的时间。(体育商务集团,2001:42)

大家普遍认为,美国在冠名权方面已经发展成熟,现有的交易尚未达成。因此,品牌经理们期待着欧洲未来的赞助发展。在欧洲市场内,人们普遍认为德国拥有最大的赞助市场。考虑到这一点,活动提供商应该意识到企业的巨大变化赞助将其重点转移到欧洲和全球市场。在板球世界杯、欧洲足球锦标赛、橄榄球世界杯等大型体育赛事的帮助下,人们对国际品牌和赞助所能带来的切实利益的意识正在建立。

伦敦马拉松案例研究

根据艺术与商业(2011 年)的数据,2007 年,英国赞助市场的价值约为 9.34 亿英镑。据 IEG 在英国赞助领域出版物(2011 年)的报道,在英国以外,北美市场的赞助支出是最多的,有 168 亿美元。众所周知,在学术界和赛事领域,体育赞助在每年的全球赞助一直是最高的。在英国,体育赞助占所有赞助支出的 51%(英国赞助情况,2011 年)。

伦敦马拉松是一项重大的体育赛事,可以追溯到 1981 年。据统计,当年约有 2 万人报名参加了比赛;7 747 人被接受,有 6 255 名完成者。第一年,该赛事被 BBC 电视转播,因此在 1982 年收到了 9 万份申请,比赛仅限于 18 059 名选手。这场比赛在数量和受欢迎程度方面每年都在不断增长,成为伦敦的标志性赛事之一。随着这种增长,BBC 坚持每年都现场直播。目前,该活动在 150 个国家进行了电视转播。"自伦敦马拉松比赛开始以来,共有 746 635 名选手完成了伦敦马拉松比赛,2007 年,创纪录地有 35 694 人完成了伦敦马拉松"[维珍伦敦马拉松赛,2010:10(在线)]。

前三年的冠名赞助商是吉列,最初的赞助费协议为 7.5 万英镑,并持续了两年。惊艳于赞助结果和媒体的好评,吉列在 1982 年将赞助金额增加到 10 万英镑。同年,国际业余田径联合会做出了一项重大战略决定,决定向运动员支付报酬。因此,所有在世界各地参加类似赛事的精英运动员都希望得到报酬,而且这种情况一直持续至今。这一决定标志着围绕伦敦马拉松的职业方式的重大变革。从公司的角度来看,它将该活动提升到了更高的商业赞助价值。1984—1988 年,糖果公司 Mars 支付了 15 万英镑,然后是 21.7 万英镑,1986 年支付了 35 万英镑。赞助拨款的增长有增无减,1989—1992 年,有 6 家公司开始竞标成为该赛事的冠名赞助商;ADT 最终赢得了合同。这种认可和媒体的关注并没有被国际田联忽视。1991 年,国际田联比赛的第三年,他们借鉴了世界马拉松杯的比赛。(此前,该赛事每 4 年举行一次,但在日本之后,该赛事计划每两年举办一次。)1992 年,与 ADT 的赞助协议结束时,伦敦马拉松赛被坚定地认为是世界领先的马拉松比赛之一。1993—1995 年,努特拉斯威特利用这次活动的成功,同时也将其推到了新的高度。这项比赛经历了参赛人数的增加,以及路线的改变,以白金汉宫为背景,在购物中心设置了新的终点线。

伦敦马拉松历史上最长的赞助期是 1996—2009 年,弗洛拉,2010—2014 年见证了伦敦马拉松商业史的新篇章。维珍货币金融服务公司赞助了 1 700 万英镑,并成了新的冠名赞助商。维珍基金已经为跑步者制订了一项战略计划,到 2014 年为慈善组织筹集 2.5 亿英镑;这将通过维珍基金的官方网站进行链接。随着越来越多的跑步者注册维珍系统,筹集到的资金将直接流向指定的慈善机构。和之前的许多赞助商一样,维珍也获得了冠名权。作为冠军赞助商,维珍还将与伦敦马拉松的其他商业赞助商/供应商展开竞争。他们包括阿迪达斯、伦敦骄傲酒店、假日酒店、卢卡扎德、Realbuzz.com、雷诺、泰晤士报、TNT、雀巢纯生活及一些媒体广播公司,如 BBC 广播 5 台的直播和直播 BBC 运动。目前的一些赞助商之间明显的商业关系是非常

图 9.1　2011 年伦敦马拉松冠军

清楚的。雀巢纯生活和卢科扎德在整个路线的指定供水站提供茶点。由于该活动也被视为旅游背景下的目的地活动,跑步者、观众和体育爱好者将在伦敦寻找合适的、负担得起的住宿,这最终利用了假日酒店协会。

在伦敦马拉松赛中,为慈善机构筹集资金的参与者人数也显著增加。该组织在早期具有慈善地位。跑步者在 2007 年筹集了 4 650 万英镑,这使其成为世界上最大的单个筹款活动。据估计,1981—2010 年的慈善事业将筹集超过 5 亿英镑。2010 年,伦敦马拉松赛列出了 27 个与该赛事直接相关的官方慈善机构。

该信托基金承诺提供 600 万英镑,帮助 2012 年奥运会后的几个奥运设施。(维珍伦敦马拉松赛,2010:12)

很容易看出为什么吉列在马拉松的早期成为冠军赞助商,因为那个阶段的目标观众,包括运动员,反映了较高比例的男性参与者。多年来,马拉松和半程马拉松在英国激增,其中女性参与者的人数越来越多。人口结构的变化和性别分化的增加也可能是慈善捐款增加的原因之一。为了增加这一活动的商业吸引力,对英国人口保持健康的政治和社会压力已使

全国各地公路比赛的数量显著增加。与伦敦马拉松赛一样,也有许多类似的赛事得到了 BBC 和其他电视广播公司的大量商业赞助和媒体的报道转播。这最终增加了任何赞助交易的商业价值。

案例研究 商业赞助提案

1996 年,曼彻斯特成为临时爱尔兰共和军的目标。这次恐怖袭击并不是第一次在英国本土发生的炸弹袭击,但是对市中心的零售单位造成了严重的结构性破坏。恐怖袭击的结果是使曼彻斯特充满了重建受影响最严重的地区的意愿。在重建的基础上,曼彻斯特人一年后在卡斯尔菲尔德户外体育馆举行了一场现场音乐活动。2007 年,该活动庆祝了其十周年纪念,现在被称为"Dpercussion"。该活动由当地一家活动公司 Ear to the Ground 进行管理和制作。目前,该活动经历了一个内部重组的过程,并通过赞助和政府协助的赠款寻求财政援助。在过去的几年里,该活动主要由 Ear to the Ground 提供资金支持。随着该活动不断的发展,该活动逐渐成为城市内的一个免费现场音乐活动,分享来自曼彻斯特及其他地区的不同音乐文化,因此在曼彻斯特活动日历上被标记为免费的持续一天的夏季现场音乐节。多年来,许多公司试图将他们的产品或品牌与该活动联系起来,但还不足以确保其长期战略安全。Ear to the Ground 制订了一个赞助计划,邀请潜在赞助商考虑将自己与这次活动的长期可持续性联系起来。在这个建议中,他们采用了从市场营销组合中得出的许多方面。该文件旨在向潜在赞助商通报该活动的历史和 2007 年的潜在观众人数。

关于音乐内容的具体信息也包括在内,例如音乐制作风格,之前在 Dpercussion 首次演出的乐队目录。除了音乐,该文件还描述了与该活动相关的各种娱乐形式。

与每一个赞助提案一样,它也包括了观众的人口统计数据,这是任何潜在赞助商决策过程的重要组成部分。这着眼于年龄范围及兴趣领域、消费潜力和生活方式等。

每年观众人数的数据以及观众人数上升的参考也包括在内。这种方法背后的方法是展示该活动在达到曼彻斯特及其他地区的目标受众方面的持续成功。

视觉图像作为提案视觉布局和展现事件活动历史遗产的一部分,适当使用可以增强提案效果。新媒体流程也可以在营销/广告渠道之外传达信息。在 Dpercussion 案例中,该组织采用了一些既定的营销方法,并结合了新媒体技术。

新媒体整合的领域包括给活动提供 Myspace. com 主页,以便加入并成为 Dpercussion 的朋友。

有了来自这个特定网站的信息,活动公司就能够建立他们的受众档案。该活动还有一个专门的网站,可以上传个人信息。根据数据保护法,该审计信息归活动提供商所有,如果需要,对建立受众和广告活动的档案至关重要。它还允许活动组织者通过电子邮件直接与目标受众进行沟通。客户关系营销(CRM)已经成为活动组织者生产和管理他们自己活动的工具包中的一个不可或缺的元素。

通过赞助和隐形营销进行的排他性交易

欧洲文化之都于 1985 年 6 月 13 日成立。多年来,欧盟内部的许多城市都获得了持有该头衔的殊荣。2008 年,利物浦在欧洲议会竞标成功后获得了该头衔。上一次英国城市举办这项活动是在 1990 年的格拉斯哥。

这一特殊活动确实需要一定数量的资金,通常是通过商业赞助、地方政府资助、中央政府和建立的捐赠财政援助的相关机构来筹集。因此,利物浦的组委会在他们的赞助计划中汇集了 4 个类别,用以表示赞助的水平和对每个类别的好处。第一类是官方合作伙伴。该类别仅限于 12 家公司,因此,赞助商将获得包括数字媒体和印刷媒体在内的所有传播渠道的排他权。负责赞助协议的利物浦文化公司必须确保没有任何形式的隐性营销在任何活动中中断赞助商的协议。隐性营销是一种在未经协商客户授权或许可的情况下篡夺其他产品或服务的广告或营销的方式。从本质上说,隐性营销获得了免费的营销/广告权。赞助协议的价值有时会平衡于一个组织如何确保排他性始终是一致的。鉴于所有重大活动的持续时间和范围、以及在不同地点的观众出席率,都容易受到隐性营销的影响。这可能会导致管理变得难以持续。阿迪达斯在曼彻斯特市体育场举行的英联邦运动会开幕式上实现了隐性营销。前曼联足球运动员大卫·贝克汉姆穿着一件特别制作的阿迪达斯运动服,在主舞台上向女王展示了英联邦火炬。阿迪达斯没有以任何形式或安排被列在 2002 年曼彻斯特英联邦运动会的任何赞助类别内。

第二类赞助是官方支持者。在这个级别上,一个组织有机会充分参与文化之都的活动计划。在第一类和第二类赞助中,酒店的参与伴随着赞助协议。必须指出的是,招待体验已经成为活动体验的一个主要因素。对于某些活动,这是这个活动的亮点之一。招待可以包括简单地在一个活动中提供啤酒,或者提供一个完整的 3 道菜的宴会作为庆祝活动的一部分。当酒店在活动体验中发挥作用时,应考虑并探索商业赞助的机会。本章讨论的赞助带有很多合同谈判的知识,以确保双方得到充分代表并实现其预期的成果。为了提交和管理赞助协议,律师们需要不断起草、谈判并总结这个过程。

总结

本章的主要重点是说明不同类型的活动和评估赞助安排,发现赞助建议以及如何获得赞助之间的相似性。

这一章强调了奥运会等重大标志性赛事,并绘制了广告、营销和赞助交易的发展图。本章还明确表示,赞助收购和管理已经成为一种极其复杂的事物。这可以通过围绕一些备受瞩目的事件进行案例研究,如曼彻斯特英联邦运动会、利物浦欧洲文化之都和一个名为"Dpercussion"的西北地区事件来表明这一点。选择文化、体育和音乐等赛事是基于它们的明显差异,但它们也说明了在许多领域的相似之处。

一个特别的相似之处在于,在不同的类别和满足每个类别的相关利益条件下,赞助交易应该是什么样子的。本章还提到了赞助方面的新兴趋势,特别是冠名权。

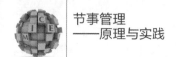
本章强调了一种经济观点,显示了英国和欧洲市场的增长潜力。这不仅与体育和娱乐设施有关,还包括英国一些主要的户外现场音乐活动。最后,这一章强调了个人或组织在接近潜在的赞助者之前进行研究的重要性。

问题探讨

问题1

概述并讨论赞助文件中可用的各种赞助类别,并解释区分每个类别的必要性。

问题2

冠名权是一个赞助领域,是英国市场的最新发展。解释在考虑命名现场音乐设施时给组织带来的一些成本效益。

问题3

解释可能对重大体育赛事赞助产生负面影响的一些全球影响。

问题4

除了任何其他形式的赛事赞助,体育赞助资金分配的单一贡献因素是什么?

问题5

给出一个商业回应来解释为什么公路赛车在英国已经成为一个有吸引力的商业车辆。

案例研究1 管理一家全国性公司的体育赛事赞助

背景

新西兰最大、最古老的人寿保险公司之一进行的研究表明,该公司在其最大的潜在市场——奥克兰缺乏知名度。在最近经历了更名之后,显然该公司需要通过大型体育或文化活动来丰富日常沟通方式如广告、直接发邮件和媒体活动。并且,新的首席执行官要求公共关系咨询公司克拉布特里联合有限公司协助自己获得新西兰最大的募捐公益长跑活动的赞助权,如果成功,还需要该公司为自己管理该项目的推广和公共关系计划。

项目

克拉布特里协会向项目组织委员会撰写了提案,以确保在两家跨国公司之前获得这个受欢迎的赞助。到那时,距离活动开始只有 5 个月的时间——是通常为组织如此大规模活动所需时间的一半。比赛组织者还决定为该赛事增加一个新的元素——一个竞争部分,该元素已经向公众解释过。

顾问们建议启动一个活动来推出新标志,从而吸引媒体的注意,然后在主要城市购物大街上进行一场新奇的比赛。比赛由来自不同团体和组织的 4 名运动员组成,Pulling harness racing 该地区主要城市的 5 名市长"驾驶"的赛车,以及两名媒体名人和赞助公司的首席执行官。这发生在比赛日开始的前两个月。

在活动开始之前,每周会定期组织新闻发布会,内容包括组织的各个方面、需要解释的新元素和一般信息。6 家广播电台参与了这次活动的宣传。在比赛前 7 天,有 3 个电台定期进行"phone-outs",以增加信息流动。

克拉布特里协会推荐并组织了一座"灯塔"的建造,这是该公司的标志,拖车将它拖到宣传地点进行展示;一个巨大的横幅悬挂在公司办公大楼正面,以促进跑步者注册;横幅悬挂在照明杆和城市周围其他高密度交通路线上,以推广注册和活动日期;印刷特殊 T 恤;将启动活动的视频展示给其他城镇的工作人员,让他们深入了解该活动;当媒体上有报道时,可以用带刺铁丝网"控制"运动员;在终点和展示地点协调放置标志进行危机管理。在活动当天,两名顾问协助媒体联络,与组织者、次要赞助商和贵宾合作,并指导静态摄影师和视频摄影师。活动结束后,组织了向奥克兰以外的媒体协调发布该活动的结果和照片。

结果

该客户公司进行的一项调查显示,该公司在目标市场的知名度提高了 50%,而作为赛事赞助商的知名度提高了 15%。鉴于以前赞助商的悠久历史,这被认为是最令人满意的。奥克兰地区的工作人员对参与一个社区活动表示愉悦。

最重要的是,注册人数比前一年增加了 1.2 万人,被提名的慈善机构收到了来自注册收入的 18 万美元的支票,这是海湾银行 20 年历史上的最高金额。

资料来源:Crabtree 联合有限公司(新版)。

案例研究 2　特别活动策划者确定了筹款活动的赞助类别

虽然组织这样的活动对一些人来说可能听起来很"有趣",但在计划社区筹款活动方面需要做大量的工作。而且要注意底线,活动策划者必须专注于为活动赞助商创造价值,这是活动成本和筹集资金中的很大一部分资金。

Y-ME 国家乳腺癌组织特别活动主任 LizKlug 解释说,赞助商也在社区散步的持续成功

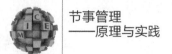

和扩大中发挥了关键作用。Y-ME 于1991 年建立了第一次步行活动,并于2008 年将该活动扩展到 15 个城市。克鲁格解释说,我认为赞助商参与其中的原因有很多。"特别活动策划者需要认识到这些热点:一些是为了获得员工参与度,一些是希望能够建立品牌,一些是希望扩大抽样机会,一些是希望他们的高管能出现在观众面前,还有一些是希望开展他们可以在媒体面前出现的活动。"

赞助商还对参与活动的人群很感兴趣,并确定在这些人面前传达信息的最佳方法。Y-ME 和其他举办社区活动的组织也知道媒体可见性、定价和活动标志权的使用的重要作用。

赞助商费用通常占活动运营预算的25% ~30% 。

赞助类别

Y-ME 已经为步行授权计划建立了 3 个赞助类别,其中包括所有市场营销、广告、促销和活动水平的全方位可见性(不包括展位赞助级别)。主要包括:

- 国家参展赞助商(250 000 美元,最多 3 家);
- 国家官方赞助商(100 000 美元);
- 多市场展位赞助商(每个场地 1 750 ~4 000 美元)。

大多数活动策划者都限制了顶级类别赞助商的数量。作为参考,Y-ME 步行活动的全国赞助商有麦当劳、赛诺菲-阿万蒂斯和沃尔格林。国家官方赞助商有大黄蜂、格兰特·桑顿、辉瑞公司和美国联合航空公司。

Y-ME 为当地赞助设立了 5 个类别。根据市场的不同,套餐起价 2 000 美元,最高可达6.5 万美元(当地赞助)。它们包括:

- 当地展示赞助商;
- 当地官员;
- 当地联合赞助商;
- 本地支持;
- 本地展位。

所有赞助商都希望通过赞助获得的好处之一是类别排他性,而像 Y-ME 这样的社区活动组织者当然理解这个要求。然而,它通常与更高层次的赞助有关,而 Y-ME 步行授权活动也是如此。Y-ME 步行的活动赞助细分为:

- 赞助中包括的共同利益;
- 活动营销材料包含的赞助标志;
- 使用活动标志的权利;
- 在活动网站上的赞助标志;
- 所有活动会议和仪式获得认可;
- 专用的团队区域。

为更高的赞助水平提供的增值效益

- 步行 T 恤上的标志可见性;

- 在步行地点悬挂横幅；
- 独家赞助相关项目活动的权利；
- 为公司代表在仪式上提供发言的机会。

顶级赞助商的独家福利

- 各自级别的类别排他性；
- 独家赞助相关项目活动的权利；
- 为公司代表在仪式上提供发言的机会。

第 10 章 营销过程、传播和公共关系

在本章中,您将了解到如下内容:

- 营销的发展史和相关理论;
- 节事活动中的营销理念应用;
- 节事营销的研究和规划;
- 市场营销研究的 5 个阶段;
- 预测参与率和评估结果;
- 节事活动中消费者的行为;
- 消费者的决策过程;
- 节事消费者及其细分;
- 活动营销组合;
- 营销传播;
- 节事活动的关系营销;
- 转向网络营销;
- 体验式营销;
- 总结;
- 问题讨论;
- 案例研究。

　　本章的目的是将营销流程模型应用于节事管理活动从概念到评估的整个过程中,以特定事件的营销研究、细分、目标和定位为例,并突出营销研究的应用。重点将放在目标市场的应用中,以有利的想法定位一项节事活动,从而确保节事活动的长期成功。

　　本章首先简要介绍了营销的发展史和相关理论,接着讨论营销概念和与节事相关的营销研究。其次,本章将研究消费者行为及其细分方法。再次,详细讨论营销组合及其组成成分:产品、价格、地点和促销(适用于活动)。最后,讨论如何在市场中定位节事以成功竞争,以及如何应用关系营销以获得回访客户和忠诚度。

营销的发展史和相关理论

　　营销始于 20 世纪 50 年代初（图 10.1），那时公众对新产品和服务的兴趣似乎无法得到满足。在西方市场上，随着商品价格的下跌，消费量猛增。同时，这也是独立商业电视出现的时期，它成了市场上最强大的大众市场传播媒介。在营销的大力推动下，人们的消费支出在这一时期内翻了一番（Egan，2011）。

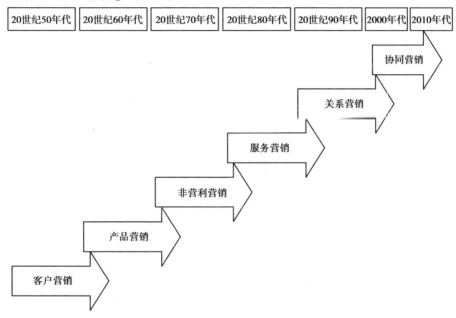

图 10.1　营销发展史

　　20 世纪 60 年代，对市场营销的研究越来越多，在这十年中，博登（Borden，1964）引入了营销计划的十二要素理论，后来被麦卡锡（1978）进一步简化为 4P 营销理论或营销组合（图 10.2）。

产品策划	人销售	展示
价格	广告	服务
品牌推广	促销活动	仓储管理
分销渠道	包装	事实调查和分析

产品	价格
地点	推广

图 10.2　4P 营销理论

营销应用的观念到事件

营销是管理学中很难下定义的概念。如果你问一家企业里的人,他们怎么看待营销和营销部门的作用,你可能会得到各种各样的答案,包括:

- 营销就是做广告;
- 市场营销人员把宣传册放在一起;
- 营销就是公司的销售行为。

迄今为止,营销的定义有很多,但没有一个定义是正确的。各种各样的营销定义只是人们对营销的看法。下面是人们正在使用的几种营销定义。

营销是一个社会和管理的过程,通过这个过程,个人或组织通过创造或与他人交换产品和有价值的东西,获得他们需要和想要的东西。(Kotler and Armstrong,2012:10)

营销是通过满足和超越客户需求来实现企业目标,从这一点上讲,它优于竞争。(Jobber,2010:918)

上述定义看起来似乎不一样。然而,我们需要的是在所有情况下对每个公司都适用的一种定义。在英国,特许市场营销学给出了一种被广泛接受的定义:

营销是负责识别、预测和有利地满足客户需求的管理流程。(Chartered Institute of Marketing,2011)

这个定义简洁明了,在诸多定义中它是最符合要义的。它强调了广泛的营销范围,通过研究,从初步确定客户的需求,直到最终以盈利方式满足这些需求。

Shannon 在他的文章中讨论体育活动的营销时特别指出,在节事管理方面,学术界对管理营销的研究进展缓慢。

迄今为止,大多数体育活动营销出版物的主要焦点在于营销传播(广告/促销)和营销学中的消费者行为领域。而对于营销组合中的定价、产品和分销/地域的研究较少。这些领域是未来体育营销研究的不竭潜力。(1999:517)

从营销定义的广义角度来看,节事营销可以定义为:

- 节事营销是一个管理过程,通过鉴别和满足活动参与者的需求来实现组织目标。
- 为了满足客户需求,节事组织方必须明确它所处的业务领域以及它服务的目的是满足客户哪方面的需求。以下列出的就是为了成功举办活动或节庆,一个节事活动经理应该做的营销活动总量。
- 分析目标市场,从而确立适当的节事要件或产品。
- 确定其他竞争性活动是如何满足类似需求的,从而确保自己的活动独树一帜,有差异化的营销目标。
- 预测参会人数。
- 预测参会人员将在什么时候来参加活动。
- 预估一下参会人员愿意花多少钱来参加此次活动。

- 确定为了将活动通知到目标人群并吸引其参会所需的促销活动的类型和数量。
- 确定活动门票如何交到目标人群手中。
- 建立衡量营销活动成功程度的标准。

对于一次成功的活动来说,所有上述事项都很重要。为了实现这些营销原则,企业必须具备一系列营销功能。

- 变革处于可控范围;
- 可协调的营销计划管控;
- 竞争带来的影响处于可控范围;
- 确保企业能生存下去。

任何企业的成功都取决于其满足客户需求的能力。该理论强调,营销活动的主要目的也应该是组织内其他职能部门的目的。企业的成败一定是取决于实现这一目标的能力。所以,为了使企业能够有效地满足客户需求,他们必须考虑如下问题。

- 谁是我们的客户,他们需要的是什么?
- 谁来负责满足客户需求?
- 现在和将来,在制订满足客户需求之前,我们都需要了解些什么?
- 需要"知道"什么才能开始规划满足客户的过程的任务?
- 不论我们做什么,我们的创造性和创新性在多大程度上是客户所期望的。
- 节事活动营销研究和规划。

营销研究具有特定的功能,它有助于企业在市场中开展有效的规划和决策。同样,它在设计和实施有效战略中也起着重要作用。成功的节事活动管理一定会涉及分析、规划、控制3个领域的工作(图10.3)。

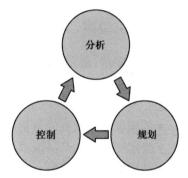

图10.3 节事活动战略中营销管理的设计和执行过程

分析

这是营销的一个关键领域。其目的是了解公司所处哪类市场或公司计划进入哪个市场。通过系统的市场研究,这一领域当下和未来的需求是可以确定、分析和评估出来的。为了全面了解这一行业的市场行为和市场机会,定性和定量评估是必须完成的。

规划

规划是专业营销的关键所在。它在逻辑上遵循分析法。管理层从营销研究过程得出的数据中,应该能够选择出适合开发的市场,然后再据此制订旨在满足特定市场确定需求的产品和服务。

控 制

控制是成功营销中的第三大因素。它对于企业或任何类型组织的生产力来说都很重要。为此,企业和组织就需要制订和密切监测绩效标准。营销管理层应该认识到,市场的成功在很大程度上取决于整个企业对管理控制的全身心投入及市场营销、设计、财务、采购、人事部门等专业人士对于管控需求所达成的共识,为此大家才能同心协力地为实现组织目标而努力。

市场营销研究的5个阶段

市场营销研究过程可分为下述5个连续阶段。

阶段1:简要研究

在这一初始阶段,客户和研究人员可以识别营销问题的明确指向。公司或节事活动经理应该讨论这些问题:行业背景、公司产品的性质、拟议的市场调查课题,以及市场调研活动要做到何种程度。

这一阶段至关重要,因为它将决定研究的类型和将要进行的研究活动。在这一阶段,必须明确界定营销问题,以便调查能够有效推进。

阶段2:研究提案

在这一阶段,研究人员会研究从第一阶段收集到的信息,然后向客户提交详细提案,以期获得认可。在进入下一阶段之前,相关人员应反复仔细检查该提案。该提案可能包含以下信息:

- 明确说明要调查的营销问题。
- 敲定要调查的产品或服务。
- 确定抽样调查对象。
- 主要的调查领域。
- 使用的方法。
- 调查结果的精确度。
- 调查涉及的所有费用。
- 适用于研究调查的所有条件。
- 研究人员的经验。

阶段3:数据采集

数据采集时可以使用多种不同的方法,它会涉及两类数据:直接数据和间接数据。直接数据是指亲自采集到的数据,如观察、调查或问卷。间接数据是指已经存在的信息。间接数据研究也称桌面研究。这类信息可以从系统内部或外部获得。间接数据的获取取决于4个

因素:

- 可用性;
- 相关性;
- 准确性;
- 成本。

以上因素必须仔细评估,以确保在特定查询中获得相关、有效和具有成本效益的信息。

阶段4:数据分析和评估

这是调查活动的最后阶段之一。它包括调查结果的整理、答案编码和制表。

阶段5:编写和提交报告

前4个阶段完成之后,所获得的信息必须以一种极具吸引力的方式呈现出来,通常情况下,它会是调研报告的形式。

预测参与率和评估结果

做出准确的参与率预测是节事评估的一个重要方面(图10.4)。这对于售票活动或限制人数的活动来说非常简单,但是当节事活动是开放或半开放性质时,便会出现"并发症"。

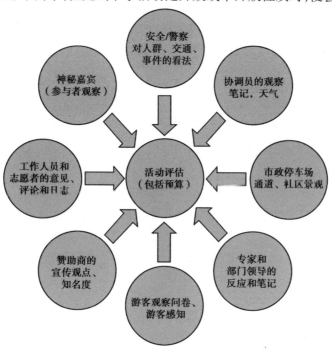

图10.4　预测的信息来源

节事活动中消费者的行为

营销观念对节事活动行业及任何其他服务行业来说都同等重要,这是因为节事活动中的服务通常是无形的、不可分割的、不可储存的和可变的。

为什么这项服务是无形的

与购买实体商品不同,客户在购买机票之前不可能挑选、触摸或试着参加某个节事活动,因此客户只能基于其需求或预期能被满足而做出决策。客户的期望通常来自以下几个方面。

- 家人和朋友的推荐;
- 口碑;
- 营销组织者的宣传或广告,如海报、电视广告、传单等;
- 活动的品牌形象。

活动前,个人预期对于满意度水平和未来购买行为影响很大。如果客户对活动抱有很高的期望,那么一旦他们参加了活动且期望没有满足,活动未来的业务可能就失去了。另一方面,如果一项活动超出了客户的预期,那么活动管理者预计的活动门票销售量可能就会增加。

为什么这项服务不可分割

客户接受到的服务与服务的消费不可分割,这是因为服务的生产和消费是不可分割的,这个过程与从商店购物并在其他地方消费完全不同。

为什么这项服务是不可储存的

如果活动或节庆当天,天气并不像预报的那样——例如,室外活动时刮风下雨——出席率肯定会受影响,但是未售出的票肯定不可能在以后天气情况好转时再拿出来卖。

为什么这项服务是可变的

节事活动服务的可变性来源于人们对同一事件的不同感知。这是因为当市场被严格划分成一组一组的利益共同体时,他们自然会对可能从节事体验中获得的好处具有不同的看法。此外,节事服务也是以许多可变因素为基础的,这些因素都会影响节事服务的统一性——艺术家、工作人员、环境条件等。

消费者的决策过程

以下词句有助于解释消费者的决策过程。

- 片段;

- 问题识别；
- 信息搜索；
- 备选方案的评估；
- 购买选择；
- 购买后的体验评估。

为了影响消费者做出参加活动的决策，营销人员就需要了解潜在客户的需求、动机和期望。许多活动组织者都不进行彻底的客户导向研究，这或者是因为他们相信以自己的能力就可以知道客户想要什么，或者是因为他们缺乏做到这一点的资源。营销过程的起点是要确定如果客户参加活动，那么哪些客户需求需要被满足。客户有多种选择来满足自身需求，因此，活动必须与其他形式的休闲和活动竞争，可能存在不允许客户参加活动的障碍。

例如：

- 个人原因——时间，社会影响，资金预算；
- 活动相关原因——举办地点，可达性和成本。

活动旨在满足所有层次的市场需求，虽然不一定同时进行。人们因各种动机和期望参加活动，但不能保证这些动机和期望都能得到满足。

节事活动的消费和分级

大多数活动都不可能吸引所有的消费者，因此，当活动组织者为活动或节庆制订营销计划时，必须充分理解游客行为。这一点可以通过认识细分市场来实现（图 10.5）。

地理圈层

地理圈层是指参加活动的人来自哪里。例如，社区节日组织者一定会把当地居民确定为此次活动的核心参与人员。当然，节事或节庆活动还可能吸引社区之外的其他人参与，因此，营销网络可以扩大到包括当日往返的区外游客，当地和国内的其他游客，学

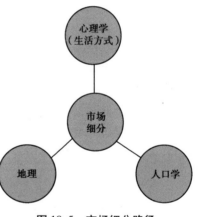

图 10.5　市场细分路径

校集体出游的学生和国际入境游客。如何进行地理圈层的划分取决于节事活动的以往经验。

人口特性分层

人口特性分层是指按照人的可衡量特征可行的划分，包括以下几个方面。

- 年龄；
- 性别；
- 职业；

- 受教育程度；
- 收入水平；
- 所属文化经济群体；
- 所属社会经济群体。

男人和女人需求不同,因此很多活动组织者可能会举办不同的活动迎合其需求。消费者的年龄也会影响他们对生活方式的看法、处世态度、价值观和兴趣。某项活动在组织时就不是针对特定年龄阶段的人,这样做可以满足人们以家庭为单位参加活动的愿望,为此他们可以度过一段高质量的相处时光。

消费者所处生命周期中的特定阶段通常会决定他们要参加哪类节事或节庆活动。例如,从社会经济群体角度来看,"空巢"人群将倾向于参加那些提供优质食物和饮料的文化活动,而家庭消费者则更喜欢参加适合成人和儿童的活动。

心理分层

这是活动组织者在对事件进行分层时所用的另一种行之有效的方法。它的根据是消费者的生活方式和价值观。

心理分层对营销人员来说有许多限制,其中之一便是很难测量消费者生活方式所属的类型。然而,在尝试认识目标市场的特征时,该方法对营销人员还是有用的。

活动营销组合

活动营销组合是公司在组织活动时可控的 4 个营销变量的术语,即 4P:产品、价格、地点和促销。

当营销人员制订活动的营销计划时,为了活动成功,他们一定要控制 4P 中的任何一个。这只能在他们做过一些市场调研和结果分析,从而找出潜在客户是谁时才能实现。

产品

人们通常认为的产品都是有形的。也就是说,消费者可以看到它、观察它的外观、触摸它甚至尝试使用它。然而,节事或节庆活动的产品是无形的。消费者的上述体验不可能实施,他们只能通过产品宣传做出是否参加的决策。

通常,消费者会选择有品牌的活动。这对他们来说是有利的,因为他们知道所参加的活动能满足其需求,因此会更有信心。与任何其他产品一样,节事活动也是分阶段的,即产品生命周期。

- 导入期；
- 成长期；
- 成熟期；
- 衰退期；
- 停滞期；

●复苏期。

比如,当下流行的活动或节庆在未来可能不会继续具有同样的优势,除非它们能推陈出新,从而跟上消费者预期的变化节奏。通过变化以满足消费者的需求,该活动就可以重获活力。

营销人员用来吸引人们参加活动的另一种方法是推出新产品,这样可以吸引消费者的兴致。为了让新活动受到公众关注,就需要组织各种广告活动以吸引公众参加。一旦这么做,组织者必须尽力满足客户的需要,打造一个能吸引消费者参加未来活动的形象,甚至还要通过向有类似兴趣的家庭和朋友推荐来提升自己的形象。

价格

活动组织者需要为其产品设定价格,这个价格包括活动的准入费用、相关商品价格、供应商租赁费和赞助费。即使是免费参加的活动,消费者也会有出行成本、机会成本和时间成本。

在商业术语中,价格是产品、服务或资产的货币价值的简单表示。价格是一个非常重要的管理工具,并且为了获得竞争优势,它还是公司营销组合中的关键因素。定价策略要与组织的战略目标一致,并且是被市场所认可的。经济学家认为,价格是一种交换策略,如果想得到公司商品或服务就必须付出相应对价。对于组织节事活动的公司来说,重要的是制订一个市场和竞争对手都可以实现和接受的定价策略。经济学家和市场营销人员所说的另一种价格理论是,市场价格反映了两种不同概念之间的相互作用。一方面,价格由基于边际效用的需求侧决定;另一方面,价格由基于边际成本的供给侧决定。

一般来说,定价可以被视为使用简单的方法来计算和分配某些商品或服务的价格,但在现实中公司的定价并不简单。因此,活动经理必须理解并有效地运用定价策略,以便通过管理与行业相符的价格来为活动定价。

地点

地点通常是指举办活动的实际位置,可以是某个建筑物、场地或空间。在营销组合中,地点还需要考虑环境因素,以及如何通过增加照明、场地布置和设计来改善环境。

地点也可以指活动产品的分销或销售给客户的渠道。

促销组合

营销沟通组合有时在活动行业中被称为"促销组合",包括广告、促销、个人销售和公共关系。营销传播是营销组合的重要组成部分,并影响组合中的其他因素——产品、价格和地点。因此,营销传播的任务就是以最适当的方式将活动呈现出来。

从以上内容可以看出,营销传播在活动管理中的作用是非常重要的。接下来的内容会更详细地探讨营销传播。

营销传播

营销传播的目的是向目标受众提供信息,以期获得积极的响应。综合营销传播强调要利用不同媒体的协同作用,来建立产品和服务的品牌资产以实现积极响应的效果。菲尔(Fill)为营销传播所做的定义如下:

营销传播是组织与不同受众进行交流的一个管理过程。通过了解受众提供的沟通桥梁,组织在评估和采取任何行动之前都要为其确定的利益相关者群体编制和提供信息。通过传达具有重要价值的信息,鼓励受众表明态度、情感和行为反应。(2009:16)

这个定义包括 3 个方面的内容:参与;受众的营销传播;响应。考虑到这 3 方面因素,与节事有关的营销传播可以定义为:节事活动与受众之间关于是否参与活动的管理过程,以及受众如何响应营销传播。

但关键问题是:营销传播如何工作? 有关的营销传播文献提出了几个概念模型,但图 10.6 所提的模型可能是描述这个过程的最好的一个。它由 8 个元素组成:

- 发送者:发送信息的一方。
- 编码:将想法转换成符号形式。
- 信息通道(媒介):发送信息的渠道。
- 噪声:通信过程中的计划外静态或失真。
- 解码:接收方将含义赋在发送方的发送符号上的过程。
- 接收者:接收消息的一方(受众)。
- 响应:暴露/接收消息后的一系列反应。
- 反馈:将一部分响应发还给发件人。

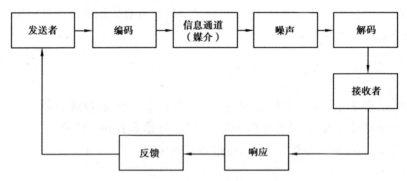

图 10.6　通信过程的组成元素

在该模型中,通信是一个双向过程,因为响应和反馈机制是内置的,并且如果需要的话,发送者或信息源都可以改变信息和媒介。

营销传播包括各种功能:广告、促销、直邮、直销、个人销售、公共关系、电子营销和病毒式营销。当整合不同的功能以实现整体营销目标并且因此实现公司目标时,营销传播能最好地发挥作用。下面章节将介绍营销传播的每个功能,并就事件进行评论。

广告

美国市场营销协会给出的广告定义为：

广告是由可确认的广告主,对其观念、商品或服务所作的任何方式付款非人员性的陈述与推广。

节事活动做广告的目的是使观众能从一系列连续性的行动,即从完全不知道这项活动到采取行动参与到活动中。

广告是由广告主付费,将信息传递给广大接收者。它有 3 个主要目的：

- 传递信息；
- 培养态度；
- 给广告客户带来有利的结果。

例如,汽车展览会组织者花钱做一个汽车展览会的广告,为的是吸引更多的参观者；一个摇滚乐队花钱为音乐会做广告是为了卖更多的票。记住,广告只是传播组合中的一个元素,但它确实能使传播任务中的某些部分传递得更快,并且比其他方式更经济,容量也更大。

广告投放范围的大小取决于节事活动的性质及广告重复的次数。广告在以下情况时贡献最大。

- 客户并不知道有这样的节事活动,即买方对节事活动意识很低；
- 区分特定节事活动的机会比其他类似事件更大；
- 节事行业业绩上升,而不是保持稳定或下降；
- 某活动中引入了一个新产品或新的服务理念。

策划广告活动

策划广告活动分为以下 6 个不同阶段。

确定目标受众

分组过程可以确定目标受众,即确定活动要面向哪些群体。广告的创意可以突出品牌在使用时的氛围、格调和环境,通常用的是非语言的沟通方式,例如,广告的背景设计(室内/室外,放松或紧张的环境,音乐类型,配色方案的使用、外观模型等)。

突出促销信息

一项活动的预期功能会决定需要突出的促销信息。此项功能可以是：

- 转变观念；
- 欲望；
- 定罪；

- 直接作用；
- 提供保证；
- 传递信息。

每个功能可以给消息提供适当的形式和内容。

选择媒体

所选择的媒体可访问特定类型的受众群体。媒体类型包括国家报纸、地区报纸、杂志和期刊、海报和运输广告、电影、互联网和广播。

所选择的媒体将是能够为活动以最低的价格与最佳数量的潜在客户联系的那一个。媒体的选择将取决于广告商希望用广告传递消息的人。

每种媒体类型都有优点和缺点。电视由所有社会群体的观众观看,并且是针对大众消费者广告活动的理想媒介。某些媒体可能会触及具有特殊特征的观众,例如,电影院主要由年轻人到访;许多杂志和地方报纸主要由女士阅读;还有为某些行业提供的贸易杂志。活动通常使用可以批量生产低成本和广泛传播本地的传单和海报。特定受众的流通规模也是决定使用哪种媒介的重要因素。

另一个重要的考虑因素是广告的成本。包括:

- 制作广告的成本；
- 媒体曝光的成本。

媒体曝光的成本通常远高于制作广告的成本。

计划媒体

广告需要重复多次,因为许多目标受众在它第一次出现时会错过它。研究还发现,大的目标受众不是只通过单一的报纸或媒体获得,而是几个。

设定促销预算

需要设置预算,以满足所选媒体传达所需信息的目标。促销预算通常与销售相关:

- 上一期销售的百分比；
- 目标销售额的百分比；
- 目标利润的百分比。

评估促销有效性

评估广告活动有效性的问题是它很难凭空产生。市场中的其他因素,例如竞争事件、态度变化和价格变化,都可以影响广告效果。

促销

促销活动主要针对消费者,但也针对"行业",例如,展览组织者、婚礼策划者、节日组织者、旅游业等。与传统媒体广告相比,促销是与目标市场进行沟通的、成本更有效的方式。

促销的一个重要特征是其短期性。很少有促销活动持续超过 6 个月,并且大多数促销活动持续时间更短。

一般来说,促销活动旨在为购买或参加活动的决定增加价值,并传达一种热情。两种最常见的促销类型是直销和展览。

直销

直销在个人基础上与活动组织者及其消费者之间建立和发展直接关系。它是一种直接供应形式,包括各种替代媒体渠道(如广告)和分销渠道(如邮购)的选择。直接营销的方法包括:

1. **直邮**:是指利用邮政服务将宣传材料直接分发给特定个人、家庭或公司。

直邮的使用和接受正在迅速增加,并且随着计算机的发展日益复杂化,广告商现在可以以更大的灵活性、选择性和个人联系划分和定位他们的市场。

直邮可用于销售各种产品或服务,其使用方式也各不相同。

2. **直接广告**:是接触消费者的最古老的方法之一,广告发布者通常通过邮件将印刷品直接发送给潜在客户,但有时通过信箱作为个人传递手段,交给行人或留在汽车的雨刮器下面。

3. **邮购订单广告**:旨在说服接收者通过邮寄购买活动的门票,通过邮件或其他运营商或通过当地代理商进行门票交付。它是一种特殊形式的直邮,旨在完全通过邮件完成销售,本身是一个完整的计划。邮件订单是一种直邮类型,但不是所有直邮都是邮件订单。

4. **直接反应广告**:是一种使用特别设计的广告(通常在杂志或报纸上)来调用直接反应的策略,例如优惠券响应新闻广告,读者会使用它来订购。

展览

展览是另一种形式的线下促销活动。与许多其他线上方法一样,它们正在使用和流行。展览营销是一种丰富灵活的宣传实践,可以产生新的应用,并有能力适应不断变化的环境。最近一个新的展览营销的例子叫作"弹出式商店"。这是一个临时的零售机构,可能持续几个月,通常用于季节性产品和服务。弹出式商店是一个不寻常和新颖的想法,产生相当多的宣传和促销价值。他们可以在美国主要的城市、商场和机场找到,包括主流零售商和有新产品需要介绍的公司(Pitta 等,2006)。

展览通常有 3 种基本形式。

- 针对消费者的;
- 仅针对本行业的;
- 针对两者的。

大多数展览最开始的几天都是商业展览,通常在大约一周之后或当所有的"贸易"活动完成以后会向公众开放。公众通常需要买票入场,这就能为展览组织者带来收入,从而用于支付展场费用。公众可能对所展出的产品和服务有实际兴趣,例如服装展、汽车展和家庭展。有时,产品和服务对公众没有直接的利益。也就是说,他们根本不可能购买任何展示商品,但是参与展会可能会是一个"好日子"(如农业展或航空展),所以他们也愿意花钱进场。

个人销售

销售人员是沟通组合的重要组成部分。与"非个人"销售的广告和促销活动相比,它重点强调的是"个人"销售。销售任务如下:

- 向客户传达活动的优点;
- 确保节事活动能销售出去。

寻找更多的客户,包括尽可能多地拜访潜在客户,然后提出你的销售主张。

收集有关客户想要从活动中获得的信息。

确定销售人员的可能规模是一项重要决策,不过这完全可以视活动规模的大小来增减。但是,管理层需要与销售人员进行有效的、鼓励性的、信息丰富的和有说服力的沟通,以实现成功的运营。

公共关系

从传统意义上讲,出于预算规模的考虑,广告可能是某一组织可选的主要沟通手段。但是为建立公共关系(PR)而设置大额预算倒是很常见的。

英国特许公共关系协会为公共关系做了如下定义:公共关系的实施是一种积极的、有计划的、持久的努力,以建立并维护一个组织与其公众之间的相互了解。

公共关系与宣传有时会被混用,然而,它们之间还是有区别的。广告宣传可以是外界新媒体所使用的任何形式的信息,向外界传递以任何形式的由新媒体所使用的资源之外的信息。对于组织来说,新闻源不从自己这里发出,而且接下来的故事将如何以及何时进行解读在很大程度上也是难以控制的。虽然公共关系可以与广告宣传相结合,但不是所有的宣传都来自公共关系。公共关系的责任是创造并用一种对活动有着积极作用的方式影响公众。

公共关系要求组织以一定的方式与公众取得联系,比如在活动中,公众可以是媒体、活动组织者、客户、活动投资者、员工和潜在员工、舆论界人士和当地的社区居民。观众的类型取决于节事活动的性质,但是至关重要的一点是识别特定活动的核心观众。

公共关系的功能

PR担负着一系列不同的功能,图10.7为其中一部分功能下了定义。

在某些情况下,为了创造一种"款待"委托人和客户的机会,人们会举办一些节事活动。而另一种情况是参加研讨会或展览,为的是能接触到客户。

节事活动的关系营销

格鲁罗斯认为:关系营销是在一种利益下的识别和建立、维持和巩固,并在必要时终止与客户、消费者及其他参与者的关系,这样通过相互交换和承诺就可以实现各方经济及其他方面的目标。(2007:29)

基本上,关系营销的思路就是活动组织者试着与参与者建立关系,以便他们能多次参加活动,并把该活动推荐给自己的朋友和家人。这可以实现在定位新客户时降低销售成本的目的。

从一般意义上讲,关系至少需要两方当事人,然后他们再相互联系。例如,营销的基本关系存在于活动的组织者和游客之间。然而,节事活动中还会有其他的角色参与进来,而且,还有一种关系是需要参与者在网络中发展的。

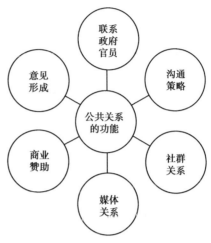

图10.7 公共关系的功能

转向网络营销

营销的变革似乎至少有3个不同源头。首先,互联网正在改变文化及客户对营销刺激的反应方式。其次,网络正在改变企业的运作方式,并且相应的,营销速度和风格也在变化。最后,这种新的沟通方式的出现已经促进了电子营销和网络营销的发展。

电子营销

电子营销是一种用互联网和相关的数字技术来实现营销目标,并支持现代营销理念的一种营销方式(查菲等,2008)。这些技术包括网络媒体和其他数字媒体,如有线电视和卫星电视及保证它们正常运作和使用的硬件和软件。

由于电子营销的存在,相关合作伙伴的互动也因此发生改变(奥图尔,2003)。麦克威廉斯(2000)提出,信息技术正在挑战许多关系中的力量平衡。例如,在线社区的创建使得企业要回应更强的、更直言不讳的、更统一的消费群体。

此外,互动电视(电视商务)和移动商务在新的 WAP 手机技术的推动下变得更为便利,它使更多的用户能够与供应商直接交流,这样的例子很多。

病毒式营销

病毒式营销是指利用已有的社交网络增强品牌意识,它主要通过自我复制病毒的过程来实现,可以是口头的也可以是在线的。互联网在快速接触大量人群方面是非常高效的。

在网上推广一项新活动,如果采用病毒式营销的话可能会用到博客、聊天室和网站。病毒式营销的目的是指使用比一项活动用于广告的预算效果更好的虚构故事来打造更广泛的

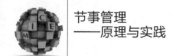

媒体覆盖面。

病毒式营销正日益流行,原因如下:

- 使用病毒式营销开展营销活动相对容易;
- 定位更高效;
- 低成本;
- 反应率又高又快。

病毒式营销的主要优势在于它以低成本瞄准了大量的兴趣中人,且确保分享的是有趣的和娱乐性很强的内容。这可以通过互动游戏、图像、有趣的视频剪辑和文字来实现。

相对于其他营销手段,企业使用网络和电子邮件来发广告,在获得和留住大量的客户群体方面成效更为显著。和垃圾邮件不同的是,病毒式营销鼓励活动的潜在客户使用积极的口头推荐方式把活动推荐给朋友。

体验式营销

实际上,节事活动具有体验性、互动性、针对性和关联性,并且在现代营销环境下,这些特性被高度欣赏和接受。特别是随着体验式营销领域的不断扩大,这些特性与其他沟通手段也变得一致起来(施密特,1999)。

体验式营销是指品牌/产品/服务所做的实际的客户体验,目的是促进销售、提升品牌形象和知名度。告诉人们有关产品或服务的特色,和让他们亲自体会它的好处两者之间是有差异的。如果使用得当,体验式营销是赢得品牌忠诚度的最有力的工具。拉尼尔和汉普顿为体验式营销作如下定义:体验式营销是为了创造难忘的客户体验而制订和策划的一种策略。

有了恰当的体验式营销策略,那么活动方就可以为他们的产品提更高的溢价。然而,没有理解体验营销的真正内涵有什么,某些体验式运营商便急于推出这项服务,因此,市场表现就是许多企业没有适当的准备来设计和实施体验式营销。令人遗憾的是,计划不周,以及作为企业整体营销战略的一部分内容的体验式营销要达到何种目的也不明确,因此,这些活动组织者常常以失败告终,而不是取悦观众。

也就是说,体验式营销要对节事活动的消费中和消费后的这两个阶段人们对品牌感知度都产生积极的影响,这才是一种理想状态。拉尼尔和汉普顿进一步提出,品牌体验必须提供"附加价值",并符合"符号系统"和相关事件的观众印象/预期。"附加价值"意味着品牌所能提供的内容必须更多,而不是简单勾勒一个繁荣的假象。

总结

营销的核心是专注于满足客户的需求和期望。本章以实例阐述,营销远不止销售和广告那么简单,但是很多节事和节庆活动却对营销有着这样的误解。

营销原则主要包括：策划活动时预测市场的需求和机会；满足活动参与者的期望；通过举办活动获得收入或收益，使组织者的利润达到最大化；应对变化和竞争。进一步说，营销涉及统筹活动，如市场调研、新产品开发、定价、广告、人员推销和建议关系，为的是尽可能满足参与者的需求，并且同时实现活动组织者的目标。

为了实现这些营销原则，活动的组织方必须具备一系列的营销功能，包括统筹规划和控制、实施营销组合（用合适的推广策略以合适的价格在合适的地点举办恰当的活动），并确保企业能够永续生存下去。

本章讨论了营销传播组合的各种形式，如广告、促销、直接发邮件、直销、个人推销、公共关系、电子营销和病毒式营销等。在决定如何正确使用营销传播组合来达到营销目标之前，要尽可能考虑各种方式的相对优势和劣势，这一点是非常重要的。还需要注意的是，为达到整体的营销目标而将每种形式集合起来，并最终实现组织的长远目标时，营销过程中的交流沟通是最有效的手段。此外，活动管理者对各种营销交流方式都应当了然于胸，这样他就可以高效地和活动的各部门负责人讨论活动目标。

进一步讲，首先需要确定总预算（主要是营销和/或商务计划所指的总预算），并需要做出一项决策，它要利用组合中的各种元素，实现活动投资的最大回报。组合中的各个部分应该平衡，这样不仅能为活动的营销沟通创造一种综合方式，还能保证每个部分都具备成功实现目标的足够资源。

问题讨论

问题1

你觉得客户永远是正确的吗？

问题2

当对某一特定节事活动进行营销研究时，什么样的内部数据可能是有用的？

问题3

以团队或个人的方式，尝试列出一些对某项活动来说有益的售后服务。有些是相当明显的，其他可能需要思考一下。

问题4

举至少两个节事活动的例子，你之所以选它们，是因为它们在营销交流方面做得很好。

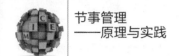

问题 5

讨论活动的公共关系。

问题 6

如何在网上有效地营销某一节事活动？

案例研究 1　航空热巧克力体验事件

雀巢希望以航空热巧克力为突破口进军热巧克力行业。iD 是英国的一家营销代理公司,2007 年,它被选中开展一项全国性的抽样活动,为的是将产品推向市场。

2008 年,当这个产品上架以后,雀巢再次与 iD 公司合作一项更大、更具"体验性"的活动,面临的挑战是,"在 2007 年营销成功的基础上,通过在线营销活动整合资源"。活动必须体现出我们最独特的地方和最关键的品牌吸引力。

"泡泡"品牌经理 Vicky Hall 提出这点。他认为,他们确实在产品口味上做出了差异定位,并且有助于加强消费者对航空热巧克力的认知度。

iD 的答案

2007 年竞选活动后,为营造气势,iD 建造了一个气泡圆顶来安放难忘的气泡启发经历。这个气泡圆顶位于前往英国重要的阿斯达超市和特易购超市的道路上,展示 6 周。品牌大使都训练有素,互动颁奖仪式让人震惊,还有大量的航空热巧克力!

圆顶可以让消费者远离寒意,给家庭一个放松的地方,远离每周购物的压力。

结果

这是 iD 历史上最成功的活动之一。在活动期间和结束活动后,销售额提升了 3 000%。重要的是,当活动转移以后,这一数据并没有立即下降——消费者继续在当地购买这一产品。这说明这项活动开阔消费者的眼界,不过产品赢得了他们的味蕾——这是一个成功的产品如何创造一项成功活动的案例。

航空热巧克力现在是英国热巧克力产品的领头羊,仅在第二年就把吉百利踢下了头把交椅。这要感谢雀巢对每个小部分产品的承诺,整合式营销体验。

图 10.8　Aero 热巧克力促销

案例研究 2　比以往任何时候都多的人了解了林肯郡贸易商会成员

坐落在距离北加利福利亚州夏洛特西北部 29 英里的林肯郡有 7.6 万居民,以及为他们提供服务的商业、社团、组织的所在地。

林肯郡贸易商会有 700 名工作人员,他们担负着提升人民生活质量和促进经济健康发展的任务,主要手段就是举办大量的活动和开发多样的项目,这其中就包括一项"当地购物活动"。即时通信是一家网上广告营销公司,该公司通过电子邮件营销和活动营销方式让所有人都知道了这家贸易商会,从而确保了商会的成功运作。

挑战:尽可能多地利用即时通信

Lisa Wallace 清楚地记得 2007 年前与林肯郡贸易商会成员交流的情形,当时这个商会要加入 Constant Contact。Lisa 在商会的前 4 年一直担任办公室主任一职,为每项活动发布公告、打印双月刊的时事通讯并且发送给成员。

"这非常耗费时间,"她回忆道,"你需要撰写通讯稿,然后发送给打印机,再等文件送回来,然后再进入标准的邮寄程序。而有了即时通信,我们就可以即时新闻和信息。"如今,商会努力使电子邮件和活动营销发挥最大潜能,并计划将社交媒体作为进一步提升商会知名度和招募会员的手段。

解决方案:使用电子邮件、活动营销来学习和工作

在一位成员的推荐下,商会第一次听说即时通信。接着,在一次对相临贸易商会的拜访中用到了邮件营销,它充分展示了即时通信会员交流的简便性和专业性。

"某事是我急需知道的,因为我负责撰写时事通讯,"Lisa 回忆道,"董事会的消息在这上面也可以销售,正如我的文章一样,那是 3 年前的事。此后,商会开始增加了活动营销的内容。"

成员每两周就会收到商会的时事通讯(The Buzz),有文章、成员介绍、公告、简明新闻和往期活动的照片,以及接下来的活动的日程安排。活动营销被用来促进所有商会活动、研讨会的举办,以及商会功能的提升,另外,会员所在地全年要举办 40 多个"盛大的开幕式"。每次开幕式都会发专用的电子邮件邀请信和包括活动的详细信息在内的网页,Lisa 很喜欢这点:她可以当即设立几项活动并且能提前按计划给会员分配任务。

通过电子邮件和活动营销,成员可以直接进入注册页面,无须打电话或发邮件联系商会来预留位置。"它的最佳功能是成员可以自动注册、支付,并把它添加到自己的日程中。"Lisa 说,"想查邮件,穿着睡衣坐在家里就能完成。它能帮助我们更快地注册。"

Lisa 不断探索电子邮件和活动营销的功能,并依赖即时通信的地区发展指导员、在线聊天和顾客服务,从而使自己程序的运用达到最大化,"无论什么时候我需要帮助或者有问题,人们都非常有责任心,也非常在行,"她说,"可以说他们正在享受他们所做的事情——他们会边说边微笑。"

结果:为社交媒体做好准备

在 Lisa 为林肯郡贸易商会工作的 7 年中,该商会的成员数量从 425 人增加到 700 人,并且邮件接收人列表接近 1 000 人。相比于印刷品只能邮寄给某一成员单位的某个重要人物,运用电子邮件的沟通方式则可以有针对性地发给公司中的其他成员。

"我们的信息现在可以传递到真正需要它们的人的手中。"Lisa 说,"而且,在不需要任何额外支出的情况下,可以让更多人来注册。电子邮件是按照月排列的,这就使每封邮件的被退回的概率不足 1.7%。此外,邮件的点开率平均是 28%,这要部分归功于邮件有一个好的主题。""现在,人们每天都很忙,所以我觉得你必须用标题一下子把他吸引过来。"她解释道。

对于专业化的交流、来自成员的积极的反馈,以及电子邮件和活动营销带给工作的舒缓和高效率很满意,林肯郡的商会正在探索社交媒体的用途,以便进一步提升其活跃度和会员数量。

"现在,我们正讨论要开始使用 Facebook。"Lisa 说,"使用电子邮件和活动营销产生的素材可以自动链接到各种社交媒体上,比如 Facebook、Twitter 和 LinkedIn,只需在发邮件或活动时打个勾就行。""我们的一些董事会成员用这种方法来开展商务活动,并把它视为另一种提升我们影响力的方法。"

第 11 章　活动组织者的新媒体技术

在本章,您将了解到如下内容:
- 节事活动中新媒体的使用激增;
- 智能手机的营销和通信;
- 术语定义;
- 消费者互动;
- 隐私和许可经营;
- 行业内的早期践行者;
- 当前的趋势;
- 总结;
- 问题讨论;
- 案例研究。

本章的目的是探讨移动商务的技术发展,记录其在过去 15 年中走过的历程,从而与消费者建立关系,以此作为与消费者互动的可行营销渠道,从而达到品牌渗透的目的。本章会反复提及移动商务这一术语,它的定义是 Balasubramanian、Peterson 和 Jarvenpaa(2002)给出的。该术语指的是手持通信设备,也就是我们熟知的移动电话或智能电话。

本章将介绍和描述新媒体的短暂历史及其与节事活动行业的关系,而且认定节事活动是这一技术的早期使用者,本意还会关照当前的受众体验。本章的基础是探索与其他媒体设备相关的智能手机嵌入技术如何通过直播活动将内容推向消费市场。对于两个案例的研究有助于突出活动的类型,这些活动将新媒体视为一种工具以增强受众体验,并有助于在竞争环境中推动品牌绩效。

节事活动中新媒体的使用激增

作为一个独立术语,新媒体有许多种不同的内涵,其使用和潜在的价值增值只受支持它的基础设施的技术能力的影响及可用的软硬件设施和最终用户的潜在知识和理解的调和。

很多因素最终都会影响用户体验,例如立法、许可制、隐私保护和财务支出。虽然新媒体一词没有争议,并且现在已成为全球营销框架的一部分,但是围绕这些技术及其当前应用仍然存在许多推断和经验假设。此移动应用程序将仅在第三代移动设备具有完整功能。正是这种 3G 技术改变了营销人员与消费者交流和积极互动的方式。除了有关移动商务的大量文献,本章还将阐述当前的研究理论,揭示消费者和移动技术进步之间的关系。

1985 年 1 月 1 日,英国移动电话发出的第一次呼叫是在沃达丰网络上实现的。20 世纪 90 年代初,移动电话所使用的应用程序是二维的,吸引的是一个独特的消费群体——他们看重铃声、游戏、短信交流和支付模式,并认为这些是移动电话最有吸引力的特点。20 世纪 90 年代中后期,移动运营商在软件开发和手机发展方面投入了大量的时间和金钱,因此,手机消费者数量急剧增加。1994 年,Jaap Haartsen 和 Sven Mattisson 在爱立信工作时研发出了蓝牙技术。它是所有第二代和第三代移动智能手机普遍具备的一个功能。同时,耳机和听筒、数码相机和电脑都使用了这项技术。

1997 年,英国有 4 家移动运营商:Orange、Vodafone、Cellnet 和 One 2 One,他们都有第二代手机的运营许可证。1999—2000 年,无线应用协议(WAP)由 Unwired Planet(一家领先的电信公司联合体)推向市场。这是一种极大的技术进步,它使得移动用户在与无线笔记本电脑用户相同的虚拟环境中操作、上传和发送数据,这一点对于消费者尤其是商业用户是非常有吸引力的。进入新千年后,移动设备和新一代手机(也称智能手机)的销量激增,它们都装有可以提升消费者生活品质的应用程序。2000 年 4 月 27 日,英国政府以 220 亿英镑的销售额完成了第三代手机许可证的销售。这一分水岭是英国市场技术性移动革命的开始,现在的手机具备了可与计算机竞争的技术潜力,它除了是一种方便的通信工具,消费者购买和使用智能电话时还是其必备的消费品。英国、欧洲和国际市场也在修改第三代通信许可证的通信协议。

英国的智能手机革命迅速进入了一个新时代,它可以让英国和大部分欧洲国家及美国实现在线沟通。2013 年之前,4G 许可证就已开售。

Ofcom(英国通信管理局)宣布,计划额外单独为移动服务举办一场英国最大的拍卖会,相当于目前正在使用的移动用户的四分之三,比 2000 年的 3G 拍卖数量高出 80%。

这种迫切的需求使得对智能手机的广告费用支出进一步增加,而智能手机上的广告目前已经超过了纸媒。数据服务的增长与当今笔记本电脑的带宽相当。服务上提供的新范围将拍卖给英国的 4 家移动运营商。

软件开发方面取得重大进步,即人们常说的"App"或应用程序,BlackBerry 率先使用这一技术并开创了"手机即电脑"时代。随后,苹果手机对其进行了彻底革新和充分利用,目前它占有 App 市场份额的 90%。虽然苹果手机进入消费市场的时间较晚,但却在众多消费类产品中脱颖而出。2009 年,苹果推出了 App Store,这里的 25 万余个可下载的应用程序仅面向苹果手机用户开放。

该技术允许用户或多个用户通过无线应用、移动互联网与卫星相连,并且对特定性质做出更新。另外,还必须指出,每个移动运营商(或移动平台)都有专为他们的设备而开发的应用。通过这种被称为应用程序的软件,我们现在可以通过蓝牙功能把多媒体文件发送到手机上。

智能手机的营销和通信

蓝牙和短信技术使得向个人手机发送消息成为可能,消费者可以据此决定自己要做什么。这些技术可以应用于市场调查,使用前向链路发布在线信息、接收优惠券或其他多媒体文件,或者跳转到一家可以进行移动交易(支付)的在线商店。

蓝牙营销可以创建一个强大的、个性化的对话机制(根据时间、地点及信息或通信的需要进行定位)。蓝牙营销的其他优点还有发送可视化消息、提供更有效的交互性机会。可能与蓝牙营销相关的其他直接营销特征包括:不可避免的反感,有限的信息反馈,即便是回应也很少采取在线方式,在每个客户身上花的成本更低。

为了抵消这种低成本和高影响,你可能会面临类似于冷呼叫的较高刺激水平的风险。目前的理论和案例研究表明,不同人对智能手机的嵌入式应用有显著不同的态度。

使用蓝牙营销时,你还需要有多渠道预案,移动广告系列需要在线网站或离线跟踪(最好在直接物理环境中)提供支持。

有了移动应用程序,你就可以促进与节事活动提供信息的相关平台的创建,还可以让访问者彼此沟通和交流,以创造价值和与该活动背景的相关性。这不仅能创造更有价值的消费者体验,而且能产生更强大的品牌、消费者忠诚度和留存度。

消费者之所以被移动应用吸引,是因为提供者(活动组织者)非常清晰,应用里包含哪些内容(相关性,上下文,社交互动),其他访问者也在使用这个应用(消费者愿意向朋友展示并分享自己也在用这个应用,也愿意成为社群中的一员),以及它是否有助于得到某些东西。活动驱动式营销可能带来强大的结果,特别是当消费者亲自去邀请你,互动会更多。德国品牌科学研究所(BSI)的研究表明,移动用户会向朋友和家人展示和分享他们的新应用程序。通过这种方式,每个应用程序平均可以"收获"14 位新用户。此外,这些应用程序还达到了比社交网络中那些应用程序和小插件更强的品牌认知度。

术语定义

移动应用程序需要主动操作才能获得(即从 App Store 下载),用户可以放开访问权限以进行本地化并接收软件更新。因此,营销和沟通成为消费者导向的一个过程。

丹麦研究人员 Sundbo 和 Hagedorn-Rasmussen(Sundbo 和 Darmer,2008)在新的体验制作和创新系统的开发中定义了 3 个阶段:后台(重点是所有电子商务和电子商务流程);平台(从制作者的角度提供和传达所创造的经验);前台,(即消费者正在和他们共同使用且积极影响使用的参与度,并提供使用体验)。当活动用到数字媒体时,我们会专注于节庆组织者所使用的活动网站和社交媒体平台。在这种情况下,前台就会涉及消费者与所创建的节日的互动,还要表达对他人和与他人在一起的感觉和经验。前台完全是使用移动和社会媒体的一种社交、分享和沟通的工具。

在当今的通信市场中,许多用户能通过移动设备收集信息。我们将在本章讨论信息收集对用户的影响程度。第二个千年中,与移动电话相关的最流行的功能之一就是发送短信。第三代现代化手机的功能不仅限于用设备本身通信,还能让用户获得知识、享受娱乐,甚至可以用它谋生。

有了移动应用程序,就能获取知识,享受娱乐,还能赚钱。移动设备的优点是即时性、简洁性和关联性。当它们和实用性结合到一起时,一种截然不同的软件应用程序便诞生了,它改变了消费者使用移动电话的方式。

这一课题的理论框架引发了大量有前景的讨论,比如,不同年龄、性别和社会阶层用户之间的相互影响,不同移动设备操作者推动技术和兼容性的发展;私密性和许可性营销,以及行为边界。在一个不完全的、不规则的市场营销环境下,所有这些都将成为重要领域。

消费者互动

电子商务遇到的内在问题之一是供应商与所有应用程序保持一种持续的、不稳定的关系。这种服务细分有可能严重阻碍对大众消费群体的提议和品牌渗透,从而引发无形的空缺,使消费者对技术失去信任,也不再接收营销信息。为了规避这种潜在的"抑制剂",许多平台正在使用可以感应位置的 GPS 系统(Balasubramanian,Peterson & Jarvenpaa,2008)。接下来,第三代智能手机还配备了相机、指南针和宽带移动互联网(3G 网络)。有了这些功能,就可以基于消费者所处位置来为其提供个性化的信息和多媒体应用程序。

英国移动设备的目标受众在接受移动功能中有些数据表现非常有趣。根据 telecoms.com 与研究专家 TNS 合作提供的数据,拍摄和发送照片是 2008 年英国用户中最流行的两种非核心移动服务。数据还显示,65% 的英国移动用户使用手机拍摄照片,44% 的用户随后将文件发送给其他用户。TNS 的结果来源于 2008 年 15 000 个 12 岁以上用户的大样本(Hibberd,2009 [在线])。

除了上网,这一结果还显示,12 ~ 18 岁年龄段的用户占比非常高。而老年用户,即 55 岁以上的群体是所有受众特征中最不明显的群体。在上述 10 项服务中,蓝牙在 2008 年排名第三,占比 36%。拍照功能以 66% 的普及率排名第一。

根据 Comscore[2011 年(在线)]的数据,在主要移动运营商的信息持有者中,诺基亚的移动媒体用户占比为 34%,几乎是其最接近竞争对手三星的市场份额(18%)的两倍。索尼爱立信拥有 14% 的移动媒体用户。

男性和女性用户之间没有显著差异,女性在拍照和发送信息中呈现边际增长的趋势。男性用户更倾向于使用蓝牙、玩游戏和听音乐。在所有设备中,诺基亚被评为首选手机,iPhone 名列第三。研究一直表明,在传播营销信息方面,瞄准年轻观众会更有成效。当这种信息是服务而不是推销实体产品时,其成功概率更高(Dickinger,Scharl & Murphy,2004)。通过一系列推送和促销活动,营销人员可以促使消费者购买,而且支付信息还是个性化的,这就给予了用户一定程度的合法性保障。

隐私和许可营销

这一行业本身的隐私诉求领先于立法者的关注;消费者对未经同意的营销渗透的担忧很可能会阻碍营销活动的开展。正如 Myles,Friday 和 Davies(2003)所解释的那样,GPS 定位功能可以使操作者通过嵌入在智能手机中的程序来找到用户。在欧盟范围内,移动应用程序的供应商和开发商必须确认在欧盟国家(国家法律)内和欧盟法律本身范围内制定隐私法。

行业内的早期践行者

2010 年,V-Festival 推出了第一款应用程序,这一程序仅面向诺基亚用户;从 2011—2012 年来看,该应用已经推送到 iPhone、安卓手机、黑莓和诺基亚。与荷兰的低地音乐节一样,V-festival 还引入了一个使用 Facebook 功能的好友查找工具。

格拉斯顿伯里节在 2010 年推出了他们的第一个免费应用程序,它也有增强现实的特点:通过在平台上扫描手机,客户可以接收到有关的舞台表演者的具体信息。此应用程序是设计和推广与橙色网络相结合,iPhone 和 Android 用户都可用。早期消费者的在线评论表明,格拉斯顿伯里节应用程序在 2011 年收到了来自用户更有利的报告。

当前的趋势

可以认为,与欧洲的合作伙伴相比,英国境内活动组织者采用较晚。然而,在英国,V-festival 和 Glastonbury Festival 是早期采用者,目前为参加英国节日的 770 万国内外人士确立了基准标准。根据一份题为"目的地:音乐"的报告,英国音乐(英国商业音乐产业的伞形组织)将 14 亿英镑的累计支出归功于这些音乐游客[英国音乐,2011 年(在线)]。

2011 年 12 月,英国电影节排队发布首款可下载应用程序的人数出现小幅上升。Reading and Leeds Festival(由 Festival Republic 拥有)于 2011 年推出了第一个免费应用程序供 iPhone 用户使用。Orange 于 2010 年开发了 Glastonbury 应用程序,同年,Isle of Wight 节目应用程序出现,由 Vodafone UK 支持,可在 Android 市场上使用。这两个应用程序共享类似的特性和功能。

目前的趋势表明,移动营销正在起飞,即使移动广告仍处于起步阶段,预计未来 5 年移动营销将增至 57 亿美元[Comscore，2011（在线）]。这种广告增长的初期的成功来自通过手持设备掌握社会革命的组织，并开发允许人群和社区积极分享、通知和参与全球通信的软件，随着设备本身的继续改进，这也将是广告增长的主要因素。根据 Comscore 的数据（2011年［在线］），与研究中的欧洲国家，如法国、德国、意大利、西班牙相比，英国人对电话功能的使用程度较高，将拍照作为在手机上使用的第一功能。在英国总体的用户中只使用手机来打电话的人下降到 18%。当观察市场中应用程序的开发时，最受欢迎的是游戏应用程序，在欧盟玩游戏的用户有 53%，相当于 2009 年的 2 000 万用户。

下面的案例研究讨论了移动电话作为营销工具的积极使用。

案例研究　低地户外音乐节,荷兰

低地户外音乐节是一个为期 3 天的渐进式的户外音乐节，专注于替代音乐，但提供的远远不止这些，而是一个完整的程序，包括独立喜剧、电影、视觉艺术、文学和（街道）剧院。在8 月的 3 天中，在荷兰中部一个城市崛起：有 55 000 个居民的城镇，几百场演出，许多酒吧和全球性餐馆，市场，嬉皮士的聚集地有淋浴的露营地、无线电广播电台、一份报纸和一种独特的货币。所有活动分为 3 个领域和 8 个阶段。低地户外音乐节是荷兰最大的节日之一，在2009 年和 2010 年，门票甚至在最终的艺人阵容公布之前就已售出。

近年来，MOJO 音乐会制订了一个多渠道营销策略，强调使用新媒体（网站、在线社区、iPhone 用户的移动应用程序和最近的移动网站）。MOJO 音乐会的目标是创造低地经验。新媒体的使用支持节日氛围的创建和共享，主要集中在提供更新的节日信息。开发具有前沿功能的移动应用程序的另一个原因是 MOJO 音乐会希望展示其在节日行业的创新能力。MOJO 基于赞助商和合作伙伴计划开发这些应用程序。

低地移动指南

开发于 2007 年的这款移动应用程序结合了 3 种类型的 WAP 应用程序。首先，它提供基于上下文文本的信息（节目项目、新闻和艺术家信息），有了这些信息，用户可以从喜爱的列表里选择艺术家表演来创建自己的节日项目。RSS 新闻源还提供关于节目变化的信息。每次应用程序重新启动时都会更新；成本取决于移动提供商是谁。图 11.1 中的图片来自智能手机应用程序，并指示了信息类型和消费者的详细信息。

首先，这个应用程序功能很多，比如，节日访问者在一定程度上即时访问节日的信息，又如，调度频段的信息是可用的，并且如果有什么改变，应用程序还能及时通知用户。

其次，它是一个基于社区的应用程序，用户能够通过聊天和即时消息（在自启用渠道）及时互动。

再次，基于 GPS 定位应用程序，提供交互式节日地图，访客通过地图可以找到他们的朋友并发送短信。用户有机会通过发送短信的方式推荐朋友下载；他们通过私人的 Buddy Finder 频道来安排见面。

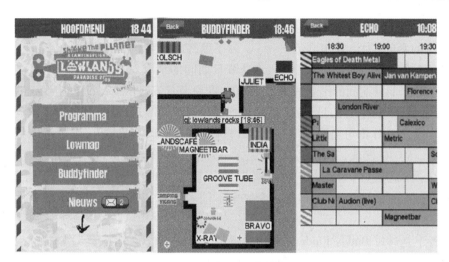

图 11.1　低地移动指南

除了是促进访问者之间社交互动的平台,这一应用程序还为赞助商提供了一些"好东西"。Converse 正在向节日用户分发雨披或防晒乳,Converse 在表演中向他们展示移动指南。

3FM 电台提供了一个直达他们的移动网站(mobiel.3fm.nl)的链接。通过这一链接,游客可以收听无线电频道,还能更新节日新闻。使用 Buddy Finder 的用户可以通过频道添加标签和昵称来创建一个频道。具有相同标签的用户在节日地图上可以显示其精确定位,并且他们的昵称和消息也会显示在滚动条中。在频道内,他们可以基于即时短信交换信息。

虽然消费者互动和品牌渗透是他们的一般营销目标,但 MOJO 音乐会没有描述应用程序的硬性营销目标。节日组织者早就想到使用消费者数据进行营销活动的所有可能性。这时它不是移动指南的主要目标,其主要目标是为游客提供节日和艺术家信息,为消费者搭建一个与节日互动的平台。通过展示其创新成果,MOJO 正在加强低地和 MOJO 的品牌与节日游客之间的联系。低地移动指南由不同的合作伙伴开发,并通过匡威和 3FM 电台进行品牌赞助获得资金。MOJO 在低地的总体营销策略是在节日期间尽量减少商业外出。网站或数字化平台是不允许使用滚动条、海报和其他促销工具的。MOJO 不打算成为所有合作伙伴的营销平台。结果就是不允许赞助商向移动用户发送短消息。紧接着,MOJO 非常谨慎地进行短信营销,仅在节日开始之前向先前的移动指南用户发布新的更新版本。赞助商有机会在节日新闻源中发送该消息,但去年没有使用该通信频道。

2009 年,"低地移动指南"在 377 部不同的手机上被下载了 15 530 次。排名前五的手机分别是 iPhone(37%),诺基亚 6300(3%),诺基亚 E71(2%),诺基亚 N95 8Gb(2%)和诺基亚 N95(2%)。

移动应用程序的下载渠道很多,其中 SMS 安装最受欢迎。在实践中,事实证明,SMS 下载通道也经历过一些安装故障。由于技术上的困难(在提供商和接收方方面),"卸载"应用程序的次数上升到所有下载次数的四分之一。其他受欢迎的下载渠道就是在线应用商店了(适用于 iPhone 和 Android 智能手机)。

Lowlands 2010 打算只开发 iPhone 本地应用程序,因为 iPhone 会提供功能性机会,用户市场占有率高,平台本身的技术也很稳定。其目的是增加选择的多样性,以此发布节日更新信息(基于连续的 RSS 源)。需要更新的信息包括节日新闻、节日气氛、节目安排的变化及《每日天堂》的新闻(为访客印刷的日报)。为了监控消费者的体验,Buddy Finder 频道中的消息被保存下来并且可访问,但仅用来感受节日期间的现有氛围。它的作用就类似一支好的温度计。对于节日期间的消费者评价,MOJO 在原节日安排的基础上还组织一些消费者召开了"早餐会议"。更重要的是,对于节日进程和任何快速改进,组织都可以做出反应。在活动的所有阶段,MOJO 都可监测在线社区(如 FokForum 或 PartyFlock),以了解消费者对节日安排的评论。MOJO 发现,节日访客在第三方平台上比在低地社区网站更开放。MOJO 的政策是监控交换的信息内容,只有在当错误地传达事实时才进行干预。营销经理 Bente Bollmann 说,很高兴看到低地游客在一个完全不同的流行音乐节上用移动指南找到艺术家信息。

组织者不是通过 Buddy Finder 渠道中的营销活动向节日访客发送垃圾邮件或开展直接营销活动。人们使用和体验 Buddy Finder 是因为它是一个很好的小工具,但其功能还可以改进。MOJO 面临着技术壁垒、GPS 定位难题(尤其是对于室内设施),以及信息发送过程的速度。总体来说,这一功能是需要时间的。消费者需要将自己的设备本地化,然后发送消息。对于新的 iPhone 应用程序来说,MOJO 正在考虑提供和/或集成基于位置的应用程序的功能,如 Foursquare 或 Gowella。在使用这些应用程序时,用户通过 GPS 给自身定位,另外,用户在使用过程中产生的文本消息、照片和视频等都可以与更具体的定位信息相结合。

另一个选择是与 Hyves(一个荷兰社交网络社区,如 Facebook)的 iPhone 应用程序进行更密切的合作,只要 MOJO 能够在使用移动功能和商业应用或营销目的中找到适当的平衡就可以。

权限和隐私

在节目用户的权限和隐私方面,MOJO 并没有遇到任何使用困难。每一个节日访客都要做个性化决定,即是否下载低地移动指南。用户可以从 App Store 下载和安装,或通过 SMS 渠道获得服务,消费者授予移动供应商和节日组织者使用许可。作为节日组织,MOJO 可以访问特定的消费者数据(姓名、电话号码、更新数量等),但不会将此数据用于营销目的。电话号码也不会用于事件驱动的短信或蓝牙广告。

个人隐私受法律(国家移动提供商和"反垃圾邮件"政策)和组织者的政策保护,即组织者不得向用户发送商业消息,并且不得将消费者数据用于硬营销目的。我们认为,MOJO 更多地关注市场营销策略或消费者需求的方法,这意味着如果他/她需要更新信息,访问者就可以下载更新(包括赞助商信息)。在保证此权限的前提下,来自节日组织机构的受管制的和经编辑的新闻在推送时也要尊重消费者隐私。其未来发展是光明的。

MOJO 为智能手机、原生应用程序、向消费者提供改进功能的良好组合设想了广阔的机会。总体目标是节日的定位和形象应该保持不变。这就是为什么未来休闲相关应用程序的开发者应该有一个开放的选择,以设计和保护这些应用程序,供赞助商或合作伙伴商业性使用。另一方面,这些应用为给消费者推广和发布休闲或旅游相关信息服务带来了新的挑战和选择。

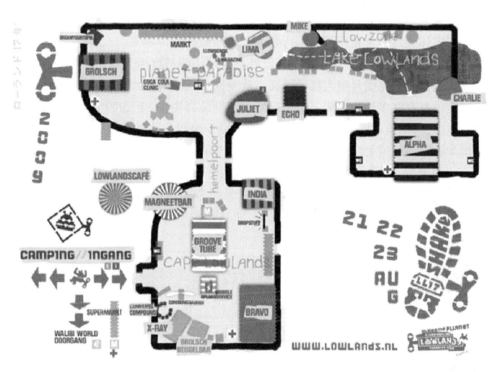

图 11.2　智能手机用户上的低地音乐节地图

总结

　　技术进步可以让我们在进行个人交易或金融交易时不再需要计算机了,所有这一切都可以通过 3G 移动设备(Gunasekaran 和 Ngai,2005)来实现。从国际角度进行的广泛研究表明,移动技术在过去 10 年中已经取得显著进步。随着这一发展,用户在理解该技术及其能力方面面临着许多挑战。移动运营商试图通过一些创新的营销活动向消费者介绍其服务所能达到的水平。然而,有研究表明,大部分用户只在手机里安装数量有限的应用程序,而拍照和发送文字信息是最常用的应用程序和功能。

　　不同年龄消费者之间的整合差异是一个非常有趣的点,需要做进一步研究和发展。18～24 岁这个低年龄段的用户是智能手机的多产用户,并且对任何侵入性营销消息的抵抗力较小。这种接受程度的改变随着消费者年龄的增长而下降。这种情况可能对那些年龄较大的用户在做活动宣传时有潜在的挑战。隐私水平成为这个目标市场所面临的一个重要问题,一定要注意,内容推送到他们的智能手机之前要进行预通知。

　　目前的技术可以说是稳健的,并且可以向目标受众发送所有类型的媒体文件。当英国市场发布第四代许可证时,这将变得更加稳定。然而,必须考虑内容推送到移动手机的时间,还必须注意酒精饮料在节事活动中也是很重要的。

　　移动应用程序中不同功能的快速发展(例如移动支付或根据您所在的位置,集成 AR 敏

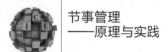

感电影与屏幕操作)表明,在不久的将来,组织者和消费者将有更多的可能性,问题出现在如何将这些新媒体工具整合到休闲娱乐行业的消费导向战略中。

作为一种营销媒介,第三代智能手机已经打破了一些与目标受众沟通的传统规则,因此便有了立法保护用户免受营销人员的侵扰。从赞助/品牌定位的角度来看,这种技术对于品牌识别和定位具有许多长期优势。与用户活动级别结合使用,接受度可以成倍增加。

另一方面,移动电话的新用途(例如密钥的 NFC 编码和移动支付)将接触点数量增加,并因此增加在移动频道上做广告的机会。移动广告商不得不考虑以新的方式接触用户,因为服务变得更直接、更个性化。这么做的底线是:广告只有在正确的时间和可以增强正确的价值时才能传递给用户。利用该知识活动,组织者和营销人员必须将全球公民都视为移动设备的用户,这样才可以加强品牌定位,而且在消费者主导的环境交流中即时响应。

问题讨论

问题 1

请列举参与英国政府 2000 年拍卖第三代移动许可证的 4 家主要电话运营商。

问题 2

详细描述增强现实格拉斯顿音乐节应用程序中的一个功能的技术应用。

问题 3

智能手机的广泛应用已经成为英国消费者市场中常见的现象,并且人们都知道它的数据收集功能的应用远超过手机本身。请列出英国消费者使用手机的前五大功能。

问题 4

2010 年,两个英国户外音乐节推出节日应用程序,请大家讨论这些应用程序从初始版本到目前更新过的版本的一些开发阶段。

问题 5

随着 4G 许可证即将在英国市场发布的背景下,讨论它将为消费者和活动组织者带来的潜在好处。

问题 6

研究表明,智能手机革命中的隐私和许可营销已成为全球范围内的热议话题。节事活动使用手机向消费者发送信息，请讨论这种做法的优点。

案例研究 1　梵高 AR 中的荷兰

　　Layar 是一个移动平台，用于发现人们周围的信息。使用增强现实技术（AR）后，Layar 显示数字信息时称为层，Web 浏览器可以看作是进入虚拟世界的窗口，不是在浏览器窗口查看网页，而是查看你周围的环境，除了在它上面附加了数据层。Layar 的 AR 还在上下文中运行。增强现实（AR）是对物理现实世界环境的直接或间接直观观察的术语，其中的元素通过虚拟计算机生成的图像来增强。它也与一个更一般的称为媒介现实的概念相关，其中现实的观点被修改。消费者可以在他们的手机上安装 Layar；它向摄像头添加信息层，利用该信息层可以查找关于位置或对象的信息。Layar 目前仅适用于带有 GPS 和指南针的 iPhone 3GS 和 Android 手机。

　　走在荷兰的 Nuenen 村，文森特·梵高的粉丝们可以了解到这位世界著名艺术家的生活和工作。通过手中的手机，参观 Nuenen 的人能够通过观看与真正的建筑和与伟大的艺术家有关的地方的详细信息、照片、音频和视频文件来观看文森特·梵高的生活。谷歌地图上会显示到达兴趣点的路线，也给出了如何到达那里的方向。客户可以在任何点进入路线，没有必要走计划好的路线。所有这一切都是通过在移动 AR 应用程序 Layar 中构建一个梵高浏览器（图层）来实现。梵高层由 Vrijetijdshuis Brabant，Ordina 和 'Schatten van Brabant' 开发，是 Noord-Brabant 州的文化计划。有了梵高层，他们试图为新一代解锁伟大的艺术家的生活中的重要地方。数字原生用户有未来，但现在也可以访问过去。该图层显示了 9 个兴趣点（在 GPS 上），指示梵高在 Nuenen 的居住地，并创作了他的世界著名绘画作品（即 Aardappeleters）。1885 年的许多建筑物和装饰品仍然存在于 Nuenen。这一层是在近期将开发的内容的一个示例。

　　此项创新的演示与具体的营销目标无关，故事本身并不完整。更有趣的是休闲和旅游部门可以通过这些新机会获得什么。对于休闲产业，移动应用程序和服务在产品开发和创业中创造新的机会。挑战是发展面向消费者的服务，为他们的休闲体验创造附加值。已经开发的另一层是提供"布拉班特之外"的议程，它提供了所有城市和地方在 Noord-Brabant 的休闲活动的日历。所有这些当然是根据 GPS 位置和 Layar 传感器的方向以离你最近的显示地。提供的信息与每天 5 公里范围内的事件相关，并提供链接以查找详细信息。Layar 建立在两层模型上。第一层基于兴趣点的地理位置，并且给出概括信息（标题、简短描述、图像和链接）。第二层可以呈现提供更多信息或添加多媒体文件的移动网站。Layar 是为 Android 平台开发的，基于开源软件开发程序的工具。

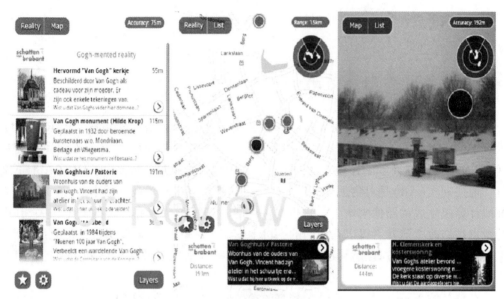

图 11.3　Layar 中梵高浏览器的示例

许可和隐私

目前 Layar 最适合在荷兰使用,其中一个原因是宽带(移动)互联网的可用性和接入以及 3G 智能手机市场份额的不断增长。当前的电信网络提供所需的容量并支持 GPS 定位服务。此示例表明,可以根据与特定位置相关的本地内容创建和提供丰富的报道。文本、照片、视频和音频文件可用于创建多媒体包。然而,并不是所有的多媒体格式都支持(考虑在 iPhone 上呈现 Flash 文件的困难),但这些问题很可能在不久的将来面临挑战。从市场营销和传播角度来看,像 Layar 这样的移动应用可以作为向客户提供信息服务的额外渠道。对于客户,如果提供额外的内容(例如 Wikitude 或多媒体演示),或者如果应用程序与其他移动服务或工具(如 SMS 或蓝牙营销)结合,则会产生更多的兴趣。

案例研究 2　曼彻斯特同性恋自豪日庆典

曼彻斯特同性恋自豪日庆典是曼彻斯特的年度女同性恋、男同性恋、双性恋和变性者(LGBT)的节日,传统上是在 8 月的银行假日周末举行。这一活动的主题是"最好的英国人",为的是庆祝 LGBT 的生活,并努力进行相互支持和合作。这一活动吸引了来自英国和世界各地的参与者和观众。

曼彻斯特同性恋自豪日庆典传统上一直是当地艾滋病毒和同性恋社区的筹款渠道。近年来,西北救护服务 NHS Trust 通过在 8 月银行假日期间参加游行,并获得一个世博展台,从而提供有关服务和收集用户体验的信息。曼彻斯特同性恋自豪日庆典的历史可追溯到 1990 年,当时的第一次活动只是一个混杂的营销活动,用于筹集治疗艾滋病毒和艾滋病的费用。

一直以来,它的功能不曾改变,但活动的管理团队已经换了又换。现在该组织已经从一个本地团队转变为与曼彻斯特市场进行联系的市议会协作组织,且是城市旅游目的地战略的一部分。同性恋村是这一活动的年度举办地,它在曼彻斯特非常有名,1998年时不受影响,但需要一个腕带才能进入酒吧和俱乐部。1999年,Mardi Gras通过曼彻斯特市政厅的一个办公室宣布一项政策,同性恋村被完全围住,并设立了10英镑的入场券。

2000年和2001年,一家新成立的公司Gay Fest开始运营这一节日,从而使该节日恢复到可以自由进入的状态。2002年8月,活动回到Mardi Gras阶段,虽然仍是免费参加,但几个星期内就完全取消了。这是由于考虑到了高速公路上的酒精饮用限制和为维护人群安全而引起的警察和组织者之间的争议。2003年的活动命名为Europride;同一年,曼彻斯特营销与组织者合作。多年来,曼彻斯特的8月银行假日同性恋活动被称为欢乐嘉年华、狂欢节、同性恋节、Manchester Europride和最近的曼彻斯特同性恋自豪日。

2003年,营运基金从票款和募集来的钱(388 946英镑)中扣除自己的运行成本(59 520英镑),同时交付了20万英镑给曼彻斯特(曼彻斯特营销)以支付其运行成本,其余(129 426英镑)用于公益事业。2005年,为慈善活动筹集到了115 000多英镑。

曼彻斯特Key103广播电台"荣耀游行"打破了所有以前的记录,将超过78种特色活动整合在一场巨大的游行中,大约50 000人在曼彻斯特市中心观看这场游行。The Big Weekend统计到另一个参与量的激增,活动期间,在Big Weekend上的售票比上一年增长了50%。在第一届Pride Games上,我们能看到世界各地的球队参加各种体育和运动项目,以此促进平等和多样性体育运动的发展。

第 4 部分
前期准备和实施

第 12 章　节事评估、规划和监测

在本章中,您将了解到如下内容:

- 节事规划和监测概念;
- 规划过程中的关键阶段;
- 节日计划;
- 会议规划;
- 规划活动;
- 案例研究:在城市里:英国的国际音乐节和现场音乐演出节;
- 整合规划过程;
- 问题讨论;
- 案例研究。

本章的目的是解释和讨论节日和活动的评估、规划和监测,将根据作者为一个通用主题领域规划方法,提出一个成功规划活动的综合模式。为了了解节事规划,我们将确定规划过程的基本要素,并以逻辑顺序通过它们开展工作。我们将在这些主要元素的基础上结合业务规划,制订一种综合性方法。

(这里值得注意的是,本章将重点关注事件规划,而不是组织规划,后者涉及整个组织及其所有业务运营的战略流程和定位。)

这种深入的综合分析将用实例加以说明、介绍具有区域、国家和国际视角的不同类型的活动。这些案例研究将说明每个主题领域的学术和行业前景。这个过程将成为一个成功的事件计划介绍的前奏,构建 7 个关键阶段。这是瓦特(2001:6)首先建议的模型,允许事件策划人整合业务和事件规划。我们将根据自己的研究和思考结果,将其发展成 7 个更合理的结构(图 12.1)。本章将提及普遍适用的立法、条例和准则,我们还会参考相关行业的工作文件。

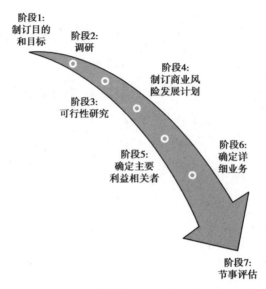

图 12.1　节事策划过程的 7 个阶段

节事规划和监测概念

　　一旦一个组织决定或被要求计划和交付活动,首先必须考虑拟议活动的原因,从而确定其目的和目标。瓦特非常强调进行可行性研究的必要性,尤其是对外部和内部环境进行的研究。瓦特(2001:6)在规划过程中规定了 7 个阶段:想法和建议;可行性研究;目的和目标;实施要求;实施计划;监测及评估;未来的实践。

　　在瓦特的模型中,可行性研究之后是对事件的目的和目标的调查,这就需要确定客户的需求和计划。瓦特(2001:6)选用了一个客观性和战略性的方法设定目的和目标,这在他模型的第二和第三阶段很明显。该流程的下一阶段是确定实施要求,其中包括营销、预算、资源和可用性。虽然这些领域在第二和第三阶段已经被覆盖,但这一阶段还考察了这些领域对商业、活动和更广泛环境的经济影响。实施计划阶段发展了与活动相关的后勤关系和合作伙伴关系。该计划的这一部分内容被整合在第三和第四阶段中。瓦特的最后两个阶段涉及监测和评估以及未来的实践。

　　组织用来实现节事活动的规划过程、机制或系统部分地体现在过去的经验中,因此,在我们解构和重新创造合适的综合规划机制之前,先来看一个综合的、全新的解释。

规划过程中的关键阶段

　　图 12.1 显示了我们从瓦特的基本想法发展而来的 7 个阶段模型。在模型中,规划过程的第一阶段从评估企业、客户或关键利益相关者提出的目的和目标开始。有了明确的目的

和合适的目标,活动组织者就可以设定具体的基准,并建立一个事件的发展过程。如果要在过程结束时对事件进行有意义的评估,那么这一阶段也是至关重要的,因为只有确定了节事活动要实现什么,才能确定节事活动总体的成功与否及结果如何。

阶段2是调研阶段,涉及积累关于支持事件、业务和现有部门的所有关键领域的数据。有了这些信息,阶段3的可行性研究就会有一个明确的重点。可行性研究应审查并得出结论,即考虑到内部和外部关系和伙伴关系安排,该节事是否在经济、气候或业务限制内是可行的。阶段4是制订商业风险发展计划,将测量所有的财务风险和其他可能对节事活动产生的影响,同时还就测度调查对外部环境产生的积极和消极影响的可能性。

阶段5是确定主要利益相关者,并确定以什么方式和能有多大程度影响规划过程或节事活动。例如,他们可以通过赞助、合作安排、金融投资与活动产生关联,或者他们干脆直接参与。一旦确定了其承诺水平,利益相关者的作用就可以纳入规划过程。在这一阶段,活动策划者还需要选择适当的人员领导这一过程,并确保其组成部分整合到位。

阶段6是确定详细业务,并进行项目管理和实施的阶段。这一阶段的关键问题是如何在既定的约束条件下最好地管理事件以达到其关键目标。如果组织要学习、开发和建立节事活动的失败和成功标准,那阶段7节事评估就是至关重要的。从业务角度评估节事必须从目的、目标、可行性研究和主要利益相关者方面进行考虑。(客户评估将在第六阶段进行)

节日计划

我们可以将"节日"定义为在数小时、数天或数周内庆祝文化、艺术或音乐的一种活动。节日活动要求所有需要访问该节事的紧急服务都要在规划过程中体现出来。除了紧急服务,一些机构还应在这一进程中发挥重要作用。这些机构可能包括自治市议会、地方当局或伦敦管理局和相关部门(苏格兰有不同的法律优先权和程序)。

根据定义,节日是事件的集合,它们可以保存在户外空间、室内场所或两者的组合中。因此,它们会受到立法和规章的约束。当我们概述规划过程时,这些立法和监管框架将作为指导性议题被提出来。如果财务营销、广告和促销等工商管理没有完全整合到流程中,它们也会对流程产生有限的影响。

我们将从一个节日的计划阶段开始讲述,大多数户外节日活动都是在公园、国家遗产地或私人领域上举行。在最开始申请许可证时,就应当确定和研究一个或多个合适的场址。

在选择地点时,组织者就应确定如果在这里举办是否能获得许可证,以及该位置是否适合观众参与,其设施和外部基础设施如何。如果活动要成功,事件管理器对站点的选择和设计必须考虑到所有这些组件。作为此过程的一部分,活动团队应评估和拟议网站上可用的服务和实用程序。这种评估应考虑到例如现场外部照明是否足以满足安全和保安要求,以及道路类型是否能满足应急车辆、客户和承包商的需求,并且活动期间道路类型不变等情况。这些特定方面的评估必须考虑到所有天气情况,还应考虑到整个活动期间预计的出勤率。

作为评估的一部分,活动团队应确定承包商和活动搭建团队使用的外部电源是否安全。在外部电源插座可运行的地方,可以连接直接供电。如果可以通过地下网络电缆连接,则可以用它建立现场通信网络。如果发生了活动期间电源出现故障这种偶然事件,有了它就可以重新建立通信。此类可能性应体现在应急程序计划中,该计划应由节事组织小组与其他机构联合制订。

在规划过程中,必须明确界定人员可活动的场址边界。为了活动的可控性和人员安全,在活动前、举办中和活动后确定承包商可以知晓进入的区域就显得至关重要。考虑到在白天和夜晚不同时间段,以及所有可能的天气条件下会出现的健康和安全问题,必须保证节日的参与人员在整个活动期间的任何给定时间内都有足够的活动空间。在规划场地布置时,应确定客户的"溢出"区域,并且这些可能影响客户安全的情况都要在应急计划中明确指出来。

尽早与有关当局协商活动事宜是至关重要的。应急车辆能否到达举办地将决定能否拿到和续签许可证。因此,节事活动组织小组在申请许可证之前应咨询当地的紧急服务机构(消防、警察局和医院),了解场址及其布局。

如果发现场地内和周围存在危险,就应采取充分措施,减少承包商、应急机构、客户和现场工作的其他人员受伤的风险。随着规划过程的推进,如果策划者能确保这些危害是可以根据健康和安全法规进行评估和管理的,那么风险评估文件也必须照实写。

然而,由于存在因场地建设而产生的危害,因此就需要在为活动授予完全许可协议之前进行评估,并在这时提交对预期危害的初步评估。活动组织者还必须出示一份书面文件,以概述现场规则和相应法规。承包商必须在现场作业前提供此副本。

作为许可协议的一部分,尤其是节事举办地位于人口稠密地区/或可能对当地环境产生不利影响的情况下,规划过程必须考虑活动的潜在影响。根据许可协议以及2003年"许可证法",当地社区必须通过当地报纸和当地环境周围张贴的信息通知来规定举办期限,然后才能获得临时许可。因此,在申请许可证以衡量支持程度并预期在许可证听证会上可能提出的任何可能的反对意见之前,谨慎咨询当地社区。

投资人与当地社区的磋商可为活动策划者产生一些成本收益,这种咨询可以帮助活动组织者与地方政府建立长期许可协议关系,这意味着该活动可以定期举行。因此,营销、赞助和财务预算可以随着时间的推移进行战略性规划,确保当地社区的支持也应当缩短和简化申请过程,从而降低付给法律代表的费用。

大量的户外节日都是由商业组织赞助的,包括 V-festival 和 Carling Festival Leeds。对赞助资金的分配和交易需要有一个长期规划,然而,这种安排却可以确保活动的可持续性和持续举办。

在颁发许可证之前,活动策划小组还需要根据行业指导、立法、法规准备和提交一些文件。例如,在组织户外活动时,通常需要搭建可拆卸的装备,并且将采用临时可拆卸结构。使用指南由结构工程师协会发布,可以为采购、架设、维护和拆除临时结构提供基准。

地方政府规划和建筑控制部门将在施工和/或完工期间对结构进行指导和安全检查。本地消防部门的消防安全主任根据"1971年消防预防法令"和"现有娱乐场所及消防处所消防预防指引"指导工作。消防处会发出消防安全证明书,包含临时可拆卸结构,要求观众、承包商或活动人员了解该结构。

地方政府还需要提供进一步的文件,包括根据 1974 年"工作健康和安全法"进行的风险评估,然后才会发放许可证。许可证申请和消防安全证书规定必须进行风险评估,并应在防火安全证书旁注明和提供紧急疏散计划。

在准备与地方政府、应急服务和承包商的规划会议时,活动团队必须获得并制订场址和周边地区的适当计划。该计划将是设计现场布局和设施的重要工具,也是许可证的申请要求。该计划还能使事件经理/许可证持有者对事件有清晰的视觉感受,使其能够对活动进行战略控制。

确定表演者和演出安排是所有活动策划者的关键任务。它们必须符合场地类型、观众、活动的主题、预期的影响和表演者/表演的概况。这些因素应与活动的拟定时间表一起记录下来,并在申请许可证时一并提交。

一旦活动小组与外部机构、当地社区和应急服务部门进行了充分协商,并根据《2003 年许可证法》获得了网站的临时许可证,他们就应该咨询《紫色指南》的事情了。这是由健康和安全执行机构批准并由许多地方当局、紧急服务、承包商和相关组织共同使用的行业文件。《紫色指南》也因作为户外节日和类似活动的明确指南而享有国际声誉。

《紫色指南》为活动前和活动中的现场服务、管理和运营提供了详细的指导。它还描述了可能影响节事活动的各个方面的规定,特别提及了健康和安全准则。该文件对合适的网站设计、设施和基本服务的布局都提供了指导。它指导活动策划者了解管理户外节日所需的其他指导文件、立法和法规。

会议规划

与节日和其他活动相比,会议在规划过程中有许多明显的区别。一方面,虽然准备阶段是所有活动规划必不可少的过程,但节日的开发还是会受到许可证制度的极大影响;另一方面,会议结构还将受到举行会议的场所或地点的极大影响。其他活动规划也可能会受到许可证、地点和场所因素的不同程度的限制。

虽然与节日计划的过程有些相似,但在规划会议时还有具体问题需要考虑。这样的活动清楚地反映在主要发言人和代表身上。会议还可以被称为"目的地事件",因为举办场所是可以整合整个规划过程的元素。

会议与其他活动有许多相似点,本节将概述规划过程中的共同特点。会议主办方应首先进行研究,开展可行性学习。如上一节强调的,这一过程将考察业务的性质及其举办这种特定类型事件的能力。组织应该在开始规划所有新的或现有的事件之前先执行规划过程的这一方面。除可行性研究外,业务风险发展计划应突出对整体业务的潜在不利影响,并评估每个业务的风险水平。

规划会议时必须考虑一些具体因素。会议必须满足商定的代表数量,它应该在一个方便参会者的地方举办,并且该事件可能还会涉及根据过程发展而出现的住宿需求或者就某事要为代表们提供选择。会前应进行充分的调研,并且可行性研究还应探讨成本、可用性和质量等问题。许多会议供应商已为会议组织者开发了一体化服务,包括场地和设备、酒店、医院、人力服务和外部娱乐等。如果有这样的套餐可供选择,组织者仍有责任独立研究每项元素,以评估服务质量的操作级别。

会议的财务风险与参会人数直接相关,并且参会成本必须综合考虑,以涵盖会议开发和支付组织会议过程中发生的所有成本。定期举办的活动所需要的所有外部设施的总成本也必须包括在内。

成本效益分析也是必须完成的工序,特别是在参会人数不足导致财务风险增高的情况下。此分析应将所有与活动相关的成本都涵盖在内,包括组织会议时提供的服务成本和从外部承包商购买服务发生的成本。如果用到了外部运营商,那么一定会有运输、季节性成本、货币波动所产生的额外成本,如果都与活动相关,也必须通盘考虑。只有在这些因素准确定价之后,会议举办地的费用才能确定。然而,总费用也必须反映这类会议可接受的价格水平。会议的总费用不能通过代表费的预计收入总额来满足。

许多会议都有与主题相关的商务合作活动。因此,大多数会议的费用都是由一家公司或托管他们的公司全额支付,因为这个会议就是为了其业务而举办的促销活动。然而,一些会议需要宣传造势来鼓励人们参与。城市国际音乐节每年在英国的曼彻斯特举行,吸引了大约 2 000 名国际参会者。2005 年,每位参会者的参会成本是 575 英镑(含增值税)。对于这种规模的活动,规划过程必须有持续的营销,包括生产和分发上一次事件的促销信息。营销能影响参加这类会议的代表数量,营销策略应该识别和使用有效的通信平台跨越国际边界传输信息。由于会议有一个年度交付时间表,瞄准现有和新客户的研究将是战略的关键和持续的部分。

商务会议,除了依赖付费参加的代表,还可以得到赞助商的全部费用的资金援助。这是上述国际音乐会议的情况。在这种情况下,关键利益相关者必须在确定目标和目标的规划过程中发挥重要作用。如果关键利益相关者直接为会议做出贡献,例如通过提供免费或降低成本的场地和设备,这将更加明显。如果会议是非营利性活动,会议符合该地区的基本标准,有时可以从地方当局获得经济援助。在事件规划过程中如果考虑经济援助,事件规划者必须确保事件的目的和目标与援助标准相关联,并且必须在对事件评估中证明这一点。

如前所述,代表注册并不总是包括住宿和招待费;如果没有,那么这笔费用必须由代表承担。在制订整体方案时,应与酒店协商,在尽可能降低成本的情况下为代表分配区块预订。

如在节日的情况下,会议有法律上的要求可以确定活动的范围。举行会议的大楼必须有许可证,虽然它是场地运营商的责任,而不是组织者申请来的。然而,场地运营商和组织者对消防安全、风险评估、保险、健康和安全负有共同责任。场地或位置必须始终满足每个议会法案的操作要求。所有法规,无论是欧盟法规还是英国法规,包括健康和安全法规以及英国阻燃材料标准,都必须与保险风险评估员、场地风险评估员和火灾风险评估员进行交叉核对。有关风险、健康和安全的所有文件必须对所有有关组织和个人易于获得。

活动要成功,企业必须为规划过程分配足够的资源。例如,如果可行性研究和业务风险发展计划确定诸如财务会计和营销等任务是重要的,组织应提供适当的人力和财政资源以支持这些领域。

会议组织者协会为会议的规划和交付提供指导,并可指导活动策划者找到其他支持来源。英国会议目的地协会在会议组织者的场地和地点方面发挥了重要作用。

规划活动

在制定和规划流程时,7 个阶段必须同等重要。如果存在可能影响业务或活动的问题,则必须采取适当措施,以降低失败的风险或对业务产生负面影响。如果其他组织、承包商或应急服务机构在许可证申请中发挥重要作用,则最好在规划过程中邀请每个组织的代表参加。

如果活动中包含了大量的娱乐和招待,或者因为客户需要,则必须确保设施能够承受这些需求,并且该地点在活动期间是可访问的。同样,在赞助商对整个活动至关重要的情况下,它们应在规划过程的早期阶段被识别和参与,并且应确定其赞助活动的目的和目标。

一旦探索和开发了 7 个关键阶段,会议可以作为一个活动发挥作用。该过程的每个步骤都需要与各个阶段持续相关,并且应当被全程监测。

案例研究　　在城市里:英国的国际音乐节和现场音乐演出节

这个案例研究将描述一个必须采取双重规划方法的活动,因为它既是一个会议,也是一个音乐节。除了每年参加本次行业会议的 2 000 名国际代表,活动中的一个区域也向希望参加未经签名的现场音乐表演的公众开放。该案例研究将展示规划过程中的各个阶段如何成为一个完整的综合业务方法。

2005 年城市音乐活动(ITC)由西北开发署、一号广播、Lastminute. com、曼彻斯特市议会、曼彻斯特城市音乐网络和英格兰西北部支持和赞助。作为活动的一部分,该城市 5 天内在 50 个地点举办了 500 场乐队演出。据估计,超过 10 万人参加了现场音乐活动。

会议主要面向行业专家,他们将参加由专家小组提出的各种研讨会、访谈和讨论。这些会议和讨论安排在一个为期一天的活动中,而 2005 年的主会场是在市中心的米德兰酒店。由于参加此次活动的人数众多,注册代表在酒店间的可选择率有所降低。

"在城市里"可以描述为曼彻斯特的目的地活动,曼彻斯特市议会与市场营销部门和曼彻斯特旅游局合作,利用活动将城市视为一个文化多样性和创造性环境。这个特定目标是将曼彻斯特的形象从一个地区和国家提升到一个国际目的地。

城市音乐大会最初是在曼彻斯特发起一项一年一度的活动,随后辗转到利物浦、都柏林、纽约和格拉斯哥。近年来,它已在曼彻斯特市中心举行并且通常定于 9 月下旬。

鉴于艺术家和场地的数量,这种规模的活动需要进行大量的规划、后勤操作和控制。这项活动是一项商业驱动的创业,并持续得到赞助商的支持。因此,关键利益相关者不只是围绕赞助商进行宣传;2 000名注册代表将决定活动的风格和内容及服务质量水平和支持此次活动的场地。

整合规划过程

在城市活动中,必须在其规划过程(第一阶段)的核心具有独特的商业目的和目标。该活动的目的和目标如图12.2所示。

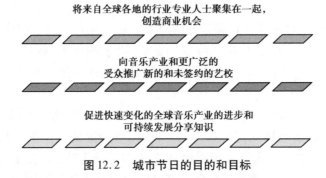

将来自全球各地的行业专业人士聚集在一起,
创造商业机会

向音乐产业和更广泛的
受众推广新的和未签约的艺校

促进快速变化的全球音乐产业的进步和
可持续发展分享知识

图12.2 城市节日的目的和目标

在第二阶段需要大量研究活动的一些方面,包括:场地、酒店、潜在或以前的赞助商,旅行安排,小组成员/演讲者,以及会话的有趣和相关的话题。

在第三阶段,可行性研究应评估研究阶段积累的所有信息。它将研究酒店成本和可用性、场地成本、时间安排和赞助交易,信息丰富的和当前/探索性的领域,用于研讨会、访谈和讨论。

商业风险发展计划(第四阶段)将评估业务、活动和更广泛的环境。所提供的大部分数据是财务数据。企业必须确定活动的总成本,并评估与代表的定价有关的市场趋势。识别盈亏平衡点以设置正确的定价结构至关重要。如果预计收入不足,则剩余部分必须通过赞助/反补贴交易获得。企业还必须评估活动的规划过程对其可能产生的财务影响和人力资源影响(第五阶段)。例如,可能需要人力资源来进行网站开发,新闻和公共关系以及区域、国家和国际宣传广告。该活动的设计和设施需要支持这一事件,外部因素可能对活动产生负面影响。活动的时间安排必须考虑其他可能减少酒店可用性和参与选择场地的更多观众的活动。

第六阶段是项目管理和实施,然后成为试金石。这一阶段的成功将取决于前5个阶段的执行情况。在整个活动期间需要大量的后勤和运营管理。因此,被指定的对活动整体充分了解的人应该有随时改变计划的灵活空间去执行活动日程安排。

第七阶段是对活动的评估。可以在联系时从ITC代表处收集定量和定性反馈。由于组织变革,企业评估也是有必要的,这包括人力资源问题或获得新的商业机会。这可以利用在第四阶段获得的信息来执行。

本案例研究介绍了规划过程的7个关键阶段,因为它们适用于ITC活动。它表明,在进行新的或现有的企业规划时,它必须是任何企业的组成部分。它还规定了清晰和明确的阶段,需要由规划活组织的理解和实现。因此,规划过程的战略观点和有效领导至关重要,所有组成部分及其对过程的影响都应该被不断监测。

总结

本章已经证明,规划一个活动是一个逻辑的、系统的且流动的过程。开发一个通用规划流程,不仅整合了活动,而且整合了支持它的业务和部门,应该使活动计划员能够更清楚地了解活动、业务和它们对彼此的影响。

我们还看到了研究和可行性研究学习如何与结果和成功相关。当企业承担新类型的活动时,业务风险发展计划可以确定在维持事件的过程和交付中对业务的财务影响的水平。该过程显示了利益相关者的贡献及其与目的和目标中强调的结果的关系。

本章还提及最近发生的有关国家和国际形象的事件,以便说明与规划有关的问题,并更好地了解支持规划进程和活动的组织。我们还从财务角度探讨了这一点,并研究了维持交付所需的专门知识和资源。即使考虑到所有因素,规划也可能是一项漫长而艰巨的任务。

本章展示了规划过程中的 7 个关键阶段。这 7 个阶段模式可以为节日、会议和活动的规划提供一个起点。事实表明,每个阶段是必不可少的,必须与组织的日常业务完全整合。如果你正在发展一种不属于本文讨论范围内,则可以使用 7 阶段模式作为模板。

问题讨论

问题 1

在活动规划过程中,为什么活动管理应该明确地确定与关键成功因素和措施相关的目标?

问题 2

在规划过程中为什么有必要进行可行性研究?

问题 3

概述在规划活动时可以从社区咨询中获得一些积极的成本效益(对组织)。

问题 4

在规划过程中,事件经理应该考虑分析事件的方法。详细说明 Delphi 评估方法的内容,以及为什么这种方法是从客户的角度来了解事件的适当工具。

问题 5

在规划过程中,许多利益相关者可以或多或少地确定事件的结果。为了与确保利益相关者保持积极关系,事件经理能够建立什么机制来实现稳定的工作环境?

问题 6

作为规划过程的一部分,事件评估可以采用两种数据收集技术。概述混合方法在评估数据时如何具有价值。

案例研究 1   2009 年的曼彻斯特历史节日

2009 年,一些公共和私人机构聚在一起庆祝曼彻斯特的辉煌历史。该活动定于 2009 年 3 月在标志性的市政厅大楼举行。

为期两天的节日活动,计划在市政厅内占用几个房间和大厅。第一天(3 月 20 日,星期五)有针对曼彻斯特当地学校孩子的具体职责,3 月 21 日全天举行节日活动(星期六)。

这个活动是城市内首次举办的活动,向公众开放,它有一个长期的战略——成为一年一度或一年两次的节日。节日围绕这一系列活动而设计,给每个目标群体带来了曼彻斯特历史的独特味道,包括:

- 讲座(学生,普通观众);
- 主题展示;
- 显示和展览(普通观众,家庭);
- 戏剧和音乐表演(普通观众,儿童);
- 存档电影和录音(普通观众增加 40);
- 会议(普通观众);
- 历史散步(普通观众,家庭)。

根据客户体验,组成节日的所有活动都包含在评估策略中。在活动开始之前,至关重要的是确定如何和在何处接触受访者,以确保在 3 月 21 日(星期六)所有活动的同时收集某些数据。

目标受众

此活动的受众群体资料是多方面的,涵盖各种不同的受众群体。学生、普通观众、家庭和学生之间的参与者的可比分布构成了观众概况的很大一部分。为了捕获所有的目标群体,根据全天的活动制订了这些目标群体进行了明确区别。当有大量参与者与特定表演或一般展览互动时,在进入或参与活动之前寻求联系方式。这种选择过程考虑了年龄、性别和种族。这种安排允许团队在晚些时候联系潜在的响应者,而不会中断他们对节日的整体享受。

为了支持评价战略,官方网站有一个收集消费者数据的网页,以期成为评价的一部分。这是通过在活动前、活动中和活动后的网站设计的明确承诺。

评估策略

活动评估是活动规划和交付过程中的一个重要要求。它具有提出技术、确定和关联定量和/或定性数据的权限。

评估范式采用了多种方法来获取相关数据,整个星期六的活动构成了评估的主要部分。星期五的评估由组织内的另一个团队负责,他们对目标受众以及活动有足够的了解和理解。

必须强调的是,评估不是围绕收集经济影响或环境研究的数据而设计的。它产生于曼彻斯特的工业、商业和艺术史,是围绕着感知、态度转变和对特定的艺术和历史解释的理解而展开。

由于特定评估的性质和事件活动的复杂性,设计需要预测试和测试后评估策略。

采用纵向评价策略,从事前、事中和事后分析中获得完整的观点。与客户之前和之后的互动也有助于确保大量可以整理的数据,而不直接干扰受访者的活动经验,从而避免研究变得突兀。

Delphi 方法被广泛用于建立关于情景/结果如何可能发展成预期或最终结果的假设。

在设计研究方法时,人们认识到,历史节作为一个有限制的持续时间,而不是一个歌剧或芭蕾的"季节"的一个特殊的"事件",对建立长期的 Delphi 方法是一个很好的工具。其方法起源于战后运动,其背后的理由是解决和弥补传统形式的"委员会协商"形式的缺点,特别是与群体动态相关的那些缺点。Delphi 方法主要用于促进群体判断的形成。它是针对与传统群体意见评估技术相关的问题而开发的,例如焦点小组,由于强大的意见领袖的主导地位,它们可能产生反应偏差的问题。

为了缓解意识强烈的受访者在焦点小组情景中控制内容,本研究在事件中采用了个人的方法来处理关键人物。每个人都有机会通过结构化问卷表达他们的意见,而不必担心会左右他人的意见。Delphi 方法在事件前和事件后进行。如前所述,评估过程采用纵向方法来获取数据,以衡量与事件相关的活动相关的兴趣、理解和长期影响的程度。如果不是必要的话,至少在事件发生三个月内联系受访者,以确定早期感知和残留影响之间的差异或分歧,这被认为是适当的。

对于主要利益相关者,评估策略着眼于与品牌相关的一系列态度方面,以确定活动的赞助是否以及在多大程度上引起观众对品牌感知的态度改变。

如果申办者有关键目标,则需要对这些目标进行衡量,并且流程必须根据标准进行识别和交付。

道德和保密协议是受访者战略的重要组成部分。这对鼓励客观性和参与这一过程至关重要。

如果需要大量答复者作为评价的一部分,则采用定量方法。这种方法是根据所述的目标和目的而开发的。它遵循五点李克特量表的格式,例如,目标 2,其中 1 = 完全不满意,5 =

非常好。

节日制订了明确的目标,成为活动交付的重要组成部分。它还要求衡量每个目标可以被观察、分类和分析的程度。

目标

- 缩小差距,消除世代和机构之间的障碍。
- 在曼彻斯特激发自豪感。
- 作庆祝。
- 曼彻斯特的过去、现在和未来。
- 突出历史时间框架内的不同社区及每个社区如何随时间发生变化。
- 介绍、汇集社区和机构的机制。

总体而言,评估小组由活动管理课程的本科生组成,每个人获取数据的总体运营由历史节组织团队和项目官员负责。

通过评价过程提出了一些重要问题,因此,在完成最后报告时,必须对信息进行不偏不倚和平衡的解释。

通过参与曼彻斯特历史节,在活动中确定的主要利益相关者都有个人目标。因此,任何评价过程都需要包括这些目标,并将其作为制订适用的评估战略的起点。之前的研究已经确定,纵向测试依赖于事前、事中和事后收集的数据,为评估受访者群体的行为/态度变化提供了有力的工具。由于整理数据的量化性质,它促进和简化了为本评估确定的个人与群体之间的统计分析及比较。在评估过程中确定 KPI,然后通过提供一个关键的基准执行事件的未来规划和发展。此外,确定了寻求与这个独特的节日相关的潜在赞助商的决定性机会。

案例研究 2 城市音乐奖

城市音乐奖是世界上首次的说唱(rap)、嘻哈、灵魂和舞蹈音乐颁奖典礼。城市音乐颁奖典礼于 2011 年第 9 次举行,作为在美国、法国、加勒比和日本举办的年度活动,计划扩展到亚洲、非洲。城市音乐奖是出于需要建立一个世界性的颁奖仪式,以承认城市的艺术家、制片人、俱乐部之夜、DJ、广播电台、唱片标签和艺术家在他们的国家或以前无法识别的成就,并且是当前舞蹈/rap、嘻哈、新灵魂、爵士乐和舞蹈音乐场景的产物。这一活动得到了英国音乐周的支持和帮助。英国音乐周(BMW)致敬英国音乐产业的遗产,是一个促进和保护英国音乐未来的长期战略。

作为英国首屈一指的娱乐产业活动之一,城市音乐奖将在世界各地建立,并将是企业的最大动力和影响力大的人士不能错过的事件。

城市音乐奖是唯一的英国颁奖典礼,代表 100% 英国城市和地下艺术家、DJ、音乐家、标签和俱乐部之夜,构成了英国充满活力的地下音乐场景和其他目前出现在城市的音乐现场。

城市音乐奖利用伦敦最受欢迎的音乐厅和俱乐部推广最好的英国人才。在 Wembley,

Equinox，Hammersmith Palais，10 Rooms，Rouge，Mean Fiddler 和 The Music Rooms 等场所举办的会议，将为业界和粉丝们开展四天的明星娱乐活动。作为具有国际形象的多场点活动，这需要周密的规划和后勤操作。

宝马事件从 2001 年的早期介绍到市场已经有了很大的发展，并于 2009 年举办了最后一场展会。英国音乐周和城市音乐奖在这一时期结合了他们的资源，以促进和突出城市人才。

城市音乐节自创立以来一直是英国音乐周的展示方式，它的使命是使最好的地下舞蹈和城市音乐被人认知，并在世界各地进行传播，得到全球的欣赏。它旨在吸引 18 ～ 45 岁的男性和女性的多样化全球目标受众。

历史上，该活动有一个独家的 500 人邀请名单，包括名人、电视明星、体育、娱乐明星、艺术家、说唱代表、艺术家经理、电影制片人、互联网公司、DJ、预订代理、音乐会巡演公司、分销商、唱片公司总裁、媒体高管、新闻、制作人和歌曲作者等。

2004 年的奖项由三星手机赞助，其他赞助商包括 Tynant & Alize。2004 年的媒体报道是 ITV、4 频道、其他 20 个独立电视台、53 个地方广播电台和 42 个杂志。在 2005 年，活动包括世界在线音乐奖，并由 BBC1、报纸和杂志覆盖全国。

随着数字革命完全融入消费市场，仅需要一段时间，活动将重新调整其目标，以跟随消费趋势。世界在线音乐奖是第一个承认、庆祝和反映在线革命，促进最流行的在线人才、独立标签和艺术家。

第 13 章　节事物流——一项综合性领域

在本章中,您将了解到如下内容:
- 节事物流;
- 影响节事物流的外部因素和内部因素;
- 现场活动的物流服务;
- 节事活动的交通物流;
- 物流在未来面临的后勤挑战;
- 案例研究:丹麦绿色节日;
- 总结;
- 问题讨论;
- 案例研究。

本章介绍了物流过程,并根据目前的学术研究和行业发展,给它下了定义。本章还运用实例和案例研究,分析了物流与节事管理经验之间的关系。通过将物流看作一种经营模式,我们还可以看出它是如何直接与顾客满意度和包容度相联系的,并且物流还是业务运营的组成部分之一。本章将在整个行业背景下,利用节事活动创建对物流有效应用的正确认识,从而达到有效性和稳定成本支出的目的。物流着眼于把物质资源转移到需要它们的区域/地方。它是商品和服务的正向和反向的有效流动,以达到顾客满意度。本章将解释这些条款,并提供一个完整的方法来搭建物流管理框架。

节事物流

物流是和军事有直接关系的历史遗产,其可以追溯到罗马帝国。但是,伴随着物资和人口在更大距离和地理区域间的流动,它在现代军事架构中仍具有实用性和关联性。随着时间的推移,在商业世界中它已经有了完善的适应性改变和流程。现在这个流程影响着活动管理的教学和实践。物流的概念可以幻想成载着巨型货物的超级油轮前往地球另一边的国际港口。如今,物流的内涵越来越丰富,但从本质上讲,它仍可以归结为一种描述这一过程的单一表述。

一个物流系统的基本任务是运送补给品,并保证商品完好,数量满足要求,在它们需要的时间送到需要的地点。[联合国,1993:9(在线)]

规划过程中的多个领域都会涉及节事物流。节事策划过程中涉及物流的环节可能有研究、开发、实施或交付一个订单的不同阶段。在这一前提下,物流过程会贯穿整个策划过程。组织方应该为产品、工厂/机器或人员流动到特定的目的地/地点而配备物流系统。同时需要配备与实物相符的确定过的条款(存货清单)或者返回他们的始发地。

在制订物流计划的过程中有一点很重要,就是要记住一些变量,这些变量有可能直接影响物流过程。这一点将在整章节中进行更详细的解释。我们不可能完全保护物流计划,因为在不可预见或是完全随机的情况下会出现一些问题。但是,如果在处理细节时能更细心和集中注意力,那么物流计划是可以管理的,包括不断审查和更新计划。

大多数组织都是任命物流经理来开发系统、控制系统、跟踪进度及修改可能出现的任何问题。物流经理从每个相关部门/业务领域获取信息保证该计划的实施和发展。如财务管理、市场营销和人力资源等领域将成为管理和交付计划的必要条件。

物流计划不应被孤立于整个计划之外,各领域之间的相互关联在很大程度上决定着物流计划是否实施成功。

在节事管理过程中,物流已经成为必不可少的管理环节。在大型活动,如奥运会或标志性的节事活动(如英联邦运动会)中表现得尤为明显。很多节事管理论坛都妥善地记录了从这些实践中获得的经验和技术。

当在组织内指定活动的物流计划时,在供应链管理环境中区分采购、购买和外包是必不可少的。所有这些方面都是节事管理过程中的基本要素,并与节事计划的成功/失败有直接关系。接下来,我们就从这三个方面更详细地进行探讨。

采购

当组织计划采购时,这个过程包括从一个位置获取货物或服务,并将其移动到另一个用于在节事中使用的目的地。这个过程中的财务交易也可能包括租用购买或租赁协议。需要重点记住的是这个典型活动会在不同的服务或者货物上重复很多遍。在这个过程中,这个特定的活动发展成为"供应链"。当一个组织有多家公司在给定的时间供应商品或服务,并且这些公司相互联系,这就形成了供应链。

一个贸易的采购过程没有明确的时间跨度,它可以实施一年或两年。需要注意的是,长期计划是谨慎地进行谈判的前提条件。因此,伴随着通货膨胀,有必要从财务角度建立支付的方式,一旦定价在财务总监和外包公司之间确认,这将成为联合行动,以确保货物和服务在正确的时间送达及在目的地适当的储存,以使货物达到他们的预期用途。如前所述,采购已成为后勤公司的基本业务需求。因此,后勤系统的重要性在于不会因为内部商务通信的中断联系而崩溃。后勤经理必须确保从客户经理/财务总监获取所有的钱款用来进行采购和付款。后勤经理将保留服务协议、保单和保险等,并且在其控制范围内。上述提到的文件如果不在交易完成之前提供,后勤工作可能会被阻碍。交易中的其他部门也应该保证后勤工作的顺利进行。在采购、交付和后勤工作中的各个阶段,可能需要人力资源。

当需要代理人员管理特定产品时,贸易公司必须确保他们拥有正确的来源并且符合要求。随着贸易部门的持续增长,人员配备将成为许多贸易提供商争夺的焦点。当这些人员来自雇用公司时,这种情况更甚。如果不考虑早期阶段,训练有素的/有能力的工作人员,特别是在旺季将对贸易有很大影响。当要求工作人员工作超过一天时,雇用者应该预订足够的房间,并且付款条件与住宿合约之前到达。这种类型的超前后勤计划允许贸易经理人按计划事件。人力资源问题对任何贸易有主要影响,就没有要求和来源,就需要提前推出后勤计划。

购买

物流采购要关注两个主要领域:消费物品和可重售物品。贸易中购买货物可能涉及参加贸易的人数。这可以通过查看票前销售的数量、场地的容量及类似事件的先前知识来计算。如果潜在客户在抵达时购买机票,物流经理将与营销团队协商并调查客户意识的战略。后者是一种不太准确的计算购买的方法。然而,如果这是唯一可用的方法,对不易腐烂的货物的销售或退货安排可以是购买交易的一部分。运营经理与后勤经理联合,还可以查看供应链内的供应商,他们能够根据波动的需求(也称为即时交货)快速交货。基于需求的管理通过在一天的不同阶段和不同时期的贸易中改变人员需求来满足客户需求。

2007年板球世界杯的最后一场比赛,门票销售额有所增加,客户对易腐物品的消费也相应增加了。显然,在这种情况下,增加员工采购对满足客户满意度至关重要。在关键需求时刻,销售商品的工作人员和潜在客户的比例将给予组织者更大的销售回报,从而提高客户满意度。

外包

物流层面的外包在企业/组织内存在缺陷,或者使用外部机构更便宜或更有效的地区。西印度群岛国际板球协会提名GL活动作为临时结构,以及所有需要在活动期间架设、装饰和维护的工厂及机械的正式供应商。GL Events是一家总部位于英国的公司,在许多领域的活动管理方面拥有国际知名度。随着时间的推移,公司通过使用临时结构提供酒店环境的专业知识,公司有一个关键的市场地位,帮助他们建立与2007年ICC西印度群岛板球世界杯的工作关系。作为交付活动的一部分,ICC必须制订一些外包要求,在截止日期前完成项目。因此,每个组织都需要一个贸易框架来按照事件规划过程进行安排。

影响节事物流的外部因素和内部因素

在事件管理方面的一些领域中,特别是户外音乐节,物流问题基于季节性因素,供应商的竞争性定价、交通网络的高需求及需要增加营销策略以实现客户意识,包括合格和不合格的临时工作人员。

在节事活动中,为了满足季节性需求,需要建立长期的合作关系,因此这成为节事规划过程的战略方向。承包商至少提前一年采购,或者交易可以在滚动合同的基础上进行谈判。这要求主承包商在必要时实施供应链以满足客户的需求。这些后勤供应链存在于许多大型户外活动中,特别是一个公司在旺季的商品或服务供应过于紧张的情况下。通过交通网络的货物和服务的运输也成为一个重要的物流问题。如果货物在到达预定地点之前可能已经使用,承包商可能需要在货物再次送出之前在指定地点进行盘存。在原出发地点进行完整地盘存很重要。代表必须代表公司出席,在移交给另一个活动提供商之前,必须有一名关键代表代表公司到场评估货物。为道路上的司机分配时间,符合行业法规的车辆维护,以及缓解交通拥堵的替代旅游路线,都成为物流标准的一部分。在竞争激烈的行业中,一些供应商运行波动的价格战略,以符合需求和季节性差异。这个价格也与固定成本的业务,以及补充旧库存和正在进行的维护/维修有关。音乐节的设计,在一个高需求的季节性窗口内。因此,商品和服务的较高成本成为业务关系的主体。在这种环境下,可能有必要制定供应合作安排。从长远来看,这可以稳定成本并实现整个过程的连续性。

现场活动的物流服务

本节将讨论构成节事物流的具体要素。它将评估每个管理区域的相互关系,以实现安全和成功的户外贸易。节事物流应该被解释为会议活动和客户期望的实地活动。在物流方面,户外设施与永久结构的不同之处在于,除了天气、空间和通道,人、机器和产品的运动受到限制。所有法律、健康和安全要求必须在这两个方面都适用。这两个方面应遵循与许可协议相关的限制和允许的操作。通信、应急规划、消防安全管理、人群管理、现场运输管理、废物管理、场地设计、医疗设施/福利、障碍和围栏都是需要应用于户外活动的类别。

交通规划

在选择适合的户外活动场地时,有许多后勤问题需要考虑。所有应急车辆的现场通道必须是第一优先。如果该地点在居民区内,则应考虑到当地社区,以便该活动不会干扰本地交通。如有必要,活动提供者应向紧邻该场地的道路申请道路封闭令,只允许当地居民和活动交通通行。此方法需要应用和强制执行预先设置、事件传递和解除安装。

活动提供者还应该保证客户和工作人员的停车位。活动组织者可以与公共交通供应商谈判交易,使客户参加活动,这应该考虑以减少碳排放和汽车运输,最终减少现场车辆数量。国家和地方公共汽车、铁路和公共汽车公司是首选。如果负担得起,现场的停车场应该外包,交给现场交通管理公司。他们有义务与警察、路政局和地方当局联络,为客户和工作人员建立交通管理系统。

应急计划

在制订紧急疏散计划时,最重要的是保证参加活动的客户的安全。该计划应考虑所有可能对客户产生负面影响的情况。因此,必须清楚标记充分的疏散路线,在活动期间的任何时候都有管家/安全人员定位在这些出口点。这些路线必须始终保持畅通。应急疏散计划将与消防安全管理计划紧密结合,所有场地布置必须在整个场地周围和整个场地都具有消防通道。还要记住,应急计划必须考虑所有进入车站的应急车辆。应设置疏散区,使客户和工作人员有安全的地方撤离。

　　急救、福利和医疗服务应在 24 小时内提供现场的战略位置,使用这些设施必须考虑应急车辆出口和入口。客户也应该能够访问设施没有太多的困难。因此,所有地面安全人员和管理员必须清楚地了解确切的位置。显然,在人员流动和周围交通安排时,必须充分考虑这三种紧急服务。当根据 2003 年《许可证法》申请临时户外娱乐许可证时,警察局必须从事件许可证持有者处获取关于警察车辆在现场移动的具体指示。警察还必须遵守车辆宵禁,除非他们对紧急情况作出反应。这也适用于消防和救护车服务。

人群管理

　　人群管理可以从多角度进行考虑。首先,应根据预期的容量和位置制订人群管理策略。进一步的发展将与设施和基本设施保持一致,如厕所和食品特许权。必须认真考虑组成活动主要部分的娱乐场所。如果现场有主要舞台,应尽快注意舞台前面的区域,那里应该有一个相当大的观景区,可供应急工作人员和安保人员使用。除此之外,供 60% 以上的客户使用,必须有足够的活动空间。但是,这也应该考虑到在主舞台上与娱乐同时进行的其他活动。因此,整个站点的活动调度必须允许大量人员从一个位置移动到另一个位置,而不增加瓶颈或拥塞点。整个站点的人们的自由流动将是主要舞台上预定娱乐的测试。基本设施的位置将有助于这一进程。在主场关闭期间,应通过显示屏(如果有)或战略性安置的管理员/安保人员进一步发布公告,以便为客户清楚地指定出口明确方向。

现场交通

　　现场交通(不是停车场)需要采取一些特殊措施,以消除对员工和客户的潜在危害。所有应急车辆必须首先进入现场。如果活动超过一天,应适当考虑非必要车辆在夜间的移动。如果在整个活动期间有大量的客户,应该通知所有控制车辆的人员,宣布并监测车辆宵禁的持续时间。如果现场野营是娱乐活动的一部分,则应当具体地进入紧急车辆,在整个营地划定火车道。每个营地都应为客户、工作人员和应急操作人员设置大型路标。观测塔也可在露营地内使用,他们应该有一个合理位置,以协助野营者的活动,并在工作人员和急救车在营地周围移动时成为有利地点。为了缓解夜间交通和客户在整个场地的流动,应该在所有入口和出口点,靠近食物特许经营区、观察塔和场地周围的主要走道处进行泛光照明。如果一项活动有竞技场和通宵露营,则需要对场地进行彻底清扫,以赶走所有顾客。所有废物车辆应被允许进入竞技场地区,以收集可消耗的垃圾和来自卫生区域的垃圾。这只能在舞台关闭或所有客户关闭一个区段后才能进行。活动提供者必须确保所有夜间工作的车辆在行驶时使用危险警示灯并遵守限速规定。在该地区工作的所有人员必须记住在任何时候都应穿着醒目的服装。

在管理与站点周围的每个管理系统相关联的所有车辆和人员的移动时,最好使用具有网格参考的地图。应建立清晰的沟通渠道,并指定个人负责在整个站点传递沟通信息。在到达现场之前,还应向所有紧急服务和非必要服务分发具有网格参考的站点地图。

为了协助进入活动现场的车辆的交通管理,所有车辆的认证系统必须是整个管理的一部分。车辆应随时显示有效的车辆通行证。车辆通行证应包括进入和有限进入的区域。如果该站点凑巧具有多个进出点,则这些站点应当被标记为用于到达或离开该站点的承包商以及其他事件业务。在活动举行期间,必须发出具体的通知,以确保指定的到达点有明确的标示。公共交通、出租车上车和下车点必须始终保持畅通。应考虑到大量交通的影响,适当时在地方道路上设置分流路线。重型车辆有重量限制,因此在采购及采购之前必须加以考虑。活动期间应与公路管理局和当地警方合作,高架高速公路交通信息委员会应提前在活动进行时警告其他道路使用者。对场址和场址周围的主要道路网络的监测也是事件提供者的领域,这应该与路政署和警察合作完成。如果交通事故发生在道路网络上并且对事件交通具有显著影响,则事件提供商必须采取措施向客户传达信息。

残疾人通道

在举门户外活动时,还必须充分考虑残疾人通道、便利设施和观景台的位置。在适当情况下,观察平台的位置必须考虑到应急车辆的进入。残疾人厕所和停车场也必须使人在活动期间体现无障碍性。在整个活动期间,可能还需要指定的工作人员和现场车辆运送残疾人和弱势成年人。

节事活动的交通物流

如果一个组织提供任何类型的货物,有很多因素需要考虑。第一个问题是需要分销的产品的性质是什么? 它是易腐的、化学类的、昂贵的吗? 如果货物具有化学性质,则对货物的包装和标签及对司机的培训有严格的要。应向危险品运输部征询意见。

一方面,后勤框架中有一些项目可能需要快递、货运公司和货运代理提供服务。快递服务通常用于小商品。快递公司专注于在国内和国际范围内快速、安全地运送包裹,但只能运送一定重量的包裹。

另一方面,运输公司从你那里接到货物,然后将它们送到你指定的目的地,这种安排将通过公路运输来完成,如果货物不能装满整辆车,费用肯定就昂贵。

货运代理专门从事"合并"。他们将您的货物与其他货物放在一个集装箱或车辆中,这样就可以降低成本。由于其业务和国际物流运营的性质,他们通常提供相关服务,如组织出口文书工作。

他们可以管理整个运输过程包括跟踪货物,并在必要时提供仓储和当地配送中心。有关进一步的建议,请联系英国国际货运协会(BIFA),他们可以协助满足许多物流需求。

随着众多的贸易公司在国际上开展工作,了解可用服务已成为节事物流的重要组成部分。对于所有这些服务提供商根据距离、目的地、数量和类型的商品,最终都有利弊。图13.1 强调了与每项服务相关的优缺点。

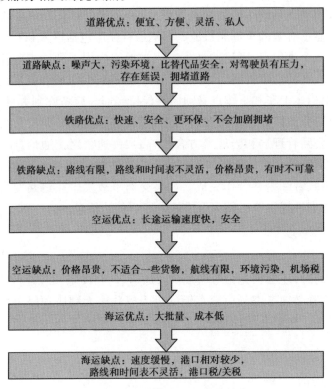

道路优点：便宜、方便、灵活、私人

道路缺点：噪声大，污染环境，比替代品安全，对驾驶员有压力，存在延误，拥堵道路

铁路优点：快速、安全、更环保、不会加剧拥堵

铁路缺点：路线有限，路线和时间表不灵活，价格昂贵，有时不可靠

空运优点：长途运输速度快，安全

空运缺点：价格昂贵，不适合一些货物，航线有限，环境污染，机场税

海运优点：大批量、成本低

海运缺点：速度缓慢，港口相对较少，路线和时间表不灵活，港口税/关税

图 13.1　各种节事物流的优缺点

在制订可能需要专门从事该行业的公司的服务的后勤计划之前,充分的前瞻性规划对最能符合活动要求的服务组合至关重要。与所有节事规划过程一样,还必须附加一个可靠的应急计划,该计划应考虑所有潜在变量,包括与天气相关的影响。

物流在未来面临的后勤挑战

后勤服务的自动化已被视为改善运营并降低大多数公司的商业成本,其中商品的供应对商业运营至关重要。这并不是说活动提供商应该采用昂贵的自动化服务来为企业和客户实现更好的成本效益。但是,有些方面可以突出,如果适当,可以被认为一个成功者的补充,以迎接未来的后勤挑战。

如今,许多地理区域大的公司,可以设立本地配送中心来满足客户的需求。在适当情况下,活动提供商应积极寻找与活动密切相关的配送中心或承包商。这有助于节省旅行时间,降低成本,在需要易腐货物的地方,可以获得当地产品。

为活动提供设备的承包商也可以在离开场所之前查看其货物标签和安全标签,以确保返回其原始位置。因此,如果公司能有效地满足供应和需求,那么在这两个地点都必须有适当的库存。

虽然供应链管理的基础多年来没有发生大变化，但是它仍然基于计划采购和外包，围绕这一方面的后勤的范围和控制将继续变化和发展。如前所述，由于需求和旺季，供应链将持续增长。

未来的一个有趣的特点是重型货车的使用可能会减少，小型货车的使用相应地会增加。在英国各地运输车辆的预测表明，这是一个可能的趋势。

行业的其他未来趋势可能包括：整合交通运输，与不同供应链策略的两极分化。

贸易提供商和供应商之间更好地协作；在货物和服务具有类似连续性的情况下，双重性有助于我们应对新的挑战。

采购交付到现场，在建筑行业中可见，建筑材料被切割并交付订购。将其转化为活动行业在某些领域是可以接受的，例如展览设计和建造，并有助于降低总成本、人力资源和时间。

碳足迹和可能的碳税是一个挑战——特别是如何衡量和设定边界。

随着远东成为进口商品的主要来源，港口交通在未来也将成为拥堵的地区。2012 年 1 月，伦敦以外的城市已经实施并正在考虑对道路使用者征收拥堵费，在伦敦引入了低排放区，以减少大气中的颗粒物，这些颗粒物是使用柴油车辆产生的直接结果。下面的案例研究中，丹麦绿色节日提供了由丹麦节日组织者用于管理节日和事件交通的模型。

案例研究

丹麦绿色节日

丹麦有许多知名的户外音乐节，特别是 GronKoncert，它被称为"绿色节日"。这是北欧最大的巡回户外音乐节，它可追溯到 1983 年，是延续至今的一个古老概念，是一家注册慈善机构，为肌营养不良症筹集资金。这一节日在丹麦的 8 个城市进行了为期两周的巡演。丹麦首都哥本哈根巡演从 2012 年 7 月 19 日至 7 月 29 日。多年来，这个节日已经迁移到许多城市，但仍然忠于原来的概念。由于搬迁到其他户外场所，每个场所的观众人数在 15 000 ~ 50 000 波动。Vejle 是该园西部半岛东海岸的一个城市，有 5 万人口。1986 年，绿色节日经过了这个城市，并每年都会访问，直到 2002 年，估计每年有 15 000 客户到访。2003 年，因为下雨，节日在 Vejle 取消，之后再也没有回到这里。在这 8 个地点中，2010 年的观众人数最多，有 187 000 人参加。2011 年，观众人数减少到 135 000 人。绿色节日将观众人数的减少归因于当年的恶劣天气条件。2011 年，对 2 600 名观众调查显示，节日的满意率为 96%。绿色节日从下午 1 点 30 分至晚上 9 点 30 分到达表演者现场的每个地点。在每一天结束时，节日经历一个完整的流程，然后运送到另一个地方进行重建，准备好迎接第二天的新客户。科尔丁和兰德斯之间的距离是 111 公里，兰德斯是 2012 年巡回演的第一和第二城市。节日从兰德斯到阿尔胡斯（36 千米）；从奥尔胡斯到奥尔堡（101 千米）；从奥尔堡到埃斯比约（198 千米）；从埃斯比约到欧登塞（122 千米）；从欧登塞到内斯特韦德（89 千米）；从内斯特韦德到哥本哈根的最后一程是 70 千米。在这 8 个地点之间，工作人员、设备、表演者和承包商将覆盖大约 727 千米,相当于 451 英里。

北欧没有其他户外节日可以声称拥有这种性质的后勤操作。这种类型的后勤安排需要大量的规划和应急措施,以减少任何可能阻碍设定进度的潜在道路危险。设备的记录和库存成为保持各地点之间的操作流动性的基本要素。存储在箱子中的设备将具有识别标记或颜色编码,以确保它们被存储在正确的卡车上,并被运到下一站点的特定位置。次级设备如果在预算范围内,也将作为计划的一部分,如果在短时间内需要基本设备,则每个地点的首选供应商也将作为计划的一部分。这项活动必须类似于一支小型机械部队,从一个地点移动到另一个地点,然后准备作战。每个地点将有一个小操作团队,他们将在承包商到达之前管理地点。与大多数主要节日一样,绿色节日的规划在旅游日期的最后一次演出后直接开始。1983 年,志愿者有 40 名;2012 年的目标是有 700 名志愿者。大多数志愿者将在节日前往每个地点,在巡回的其他地点征集更多的志愿者。所有志愿者都会被提供食物、旅行和住宿,以确保他们每天都准备好工作。志愿者的宿舍不在节日现场,而是在每个地点的当地学校。

志愿者们隔夜将摊位、栅栏、舞台、灯光和音响设备从一个城镇搬到另一个城镇。为此,700 名志愿者使用一个停车场,停放 50 辆铰接式卡车(每辆重 15 吨),4 辆吨级前车厢卡车,每辆 5 吨,16 辆公共汽车和几辆卡车和叉车。志愿者搭建舞台和帐篷,他们在音乐会期间出售食物和饮料,最后他们拆除所有装备,工作人员于晚上 9:30 登台,在不到 24 小时内完将其运到下一个城镇。在音乐停止之后,最后一辆载有设备的卡车在凌晨 1 时 30 分左右离开音乐会现场。

图 13.2　丹麦绿色节日

在下一个城市/城镇建造的工作人员在早上 4:30 开始工作,6 个小时后他们完成建造。室外现场所有电缆线长度超过 13 千米。

"绿色节日"的名称与其可持续性的凭证书无关,而是与其主要商业赞助商 Tuborg 相关。酒类品牌 Tuborg 的所有者嘉士伯，已将任何促进"绿色"一词的活动与丹麦境内任何决定的事件联系在一起。因此，"绿色"仅用作与该品牌企业颜色相关的商业代表。

总结

本章重点介绍了物流在事件管理框架中的重要用途，它展示了该流程是如何发展成为一个可靠的商业模式的。该流程的进一步发展已经表明，其将该流程灵活应用于现场事件后勤。这个过程和应用程序与所有类型的事件和位置具有协同作用。贸易后勤的管理者不仅要有业务能力，而且具有转换为事件前、活动期间和结束时的方法。在根据 2003 年《许可证法案》申请娱乐许可证时，物流现在是最重要的问题，许可证持有人有义务确保离开活动时有适当的交通工具，而不会对自己或他人造成伤害。

2006 年，根据《工作场所运输管理标准》编制了一份报告，在本文件中，有一些令人震惊的统计数据与交通伤害和死亡有关。

平均每年约有 70 起与工作场所运输有关的死亡事故（在 2003/2004 年度，57% 被"车辆撞死"，7%"死于车辆撞击"）。

这些统计数据不包括铁路运输、公共交通和水运。

这就产生了一个全新的户外管理概念模型。在本章中，我们从更广泛的角度看待物流，而不只是运输物流的标准可识别设置。"物流"一词与许多营运管理流程一起提出并与之合作，包括供应链管理、需求管理和库存管理。案例研究展示了物流在经营活动公司和活动的整体业务中的多样化应用。

我们还看到，消防安全与应急疏散计划密切相关，所有现场布局必须在整个场地周围和整个场地都具有消防通道。本章表明，可以从开发人群管理，但需要根据预期容量和位置开发人群管理策略。

讨论了活动安排，并提供了允许大量人员从一个地点移动到另一个地点所需的现场计划。基本设施的位置有助于这个过程。

问题讨论

问题 1

陈述你对贸易后勤和供应链管理之间业务关系的理解。在活动管理背景下概述物流概念。

问题 2

概述未来活动组织者在制订后勤运输计划时将面临的两个挑战。

问题 3

陈述户外活动部门的季节性问题如何对活动提供商的运输物流产生负面影响。

问题 4

概述并讨论 2007 年在西印度群岛板球世界杯所固有的一些后勤挑战。

问题 5

当在不同地点举办 2007 年板球世界杯时,讨论一些后勤、文化人力资源问题,以及怎样获得有技术能力的人员。

问题 6

作为观众参加活动的后勤操作是活动规划团队小组必须解决的一个方面。讨论可以引入交通方式的类型,以减小交通对主办社区的影响。

案例研究 1 2007 年西方国家在世界杯的人力资源管理

在这段时间交付这种类型的活动和满足客户、活动组织者与消费者的要求时,存在许多后勤人力资源问题。总体上,来自 5 个岛屿的核心团队,除以 5 个岛屿为核心的整体管理团队外,还有其他领域的专门技能资源。安全、媒体和活动管理以及当地船员和志愿工作者的大型特遣队在赛前聚集在一起,为活动形成一个良好的基础。训练和工作人员充分的管理使活动能够完成并准时开放。这种类型的活动将在当地资源的协助下通过就业机构和在这些岛屿举行。这种类型的前期规划已提前 4 个月进行,为了满足主要用于招待的临时建筑物的活动日程。

如前所述,供应链是物流过程的基石,特别是需要与供应商进行长期活动规划的情况下。因此,供应链管理、控制过程使供应链的运作没有太大困难,但必须是物流的一个组成部分。在与供应商建立长期的业务关系时,当前的行业趋势是建立供应合作伙伴关系。这种特殊的想法鼓励供应商与客户建立长期工作关系,战略愿景是保持既得利益和共同利益。在物流框架内,这是令人鼓舞的情况,随着时间的推移,双方的长期利益逐渐显现。与第三方供应商的采购协议将消除影响两个组织的内部和外部因素。英国工业联合会与贸易和工业部正在密切合作,将供应合作伙伴关系作为一种商业理念,推广到所有行业,无论大小。

据估计,在板球世界杯(CWC)举行之前,在巴巴多斯的建筑和基础设施投资超过 1 亿美元。

该国在"化学武器公约"期间预期有 2 万名游客,由于该活动是在旅游旺季举行的,因此为所有游客提供的后勤挑战将最考验巴巴多斯政府。目前估计有 8 000 个房间,为了缓解这种情况,巴巴多斯政府设立了一个住宿和早餐/住房贷款基金。这个基金可以给那些希望开发他们家园的房屋主提供住宿和早餐。圣卢西亚也被选为 8 个场地之一,举办"2007 年化学武器公约"比赛。(最初圣卢西亚与巴巴多斯联合投标,但最终该国能够自行投标)。在竞标中,圣卢西亚提到了他们的国家板球体育场。

Beausejour 板球场(BCG)是一个现代化的全方位服务的板球体育场,耗资 1 600 万美元,按照国际标准建造,可容纳 12 487 人,于 2002 年竣工。它将升级至 21 000 个席位,其中 7 878 个座位将于 2007 年开放。(圣卢西亚申办西印度群岛板球世界杯(2004):4 [在线])

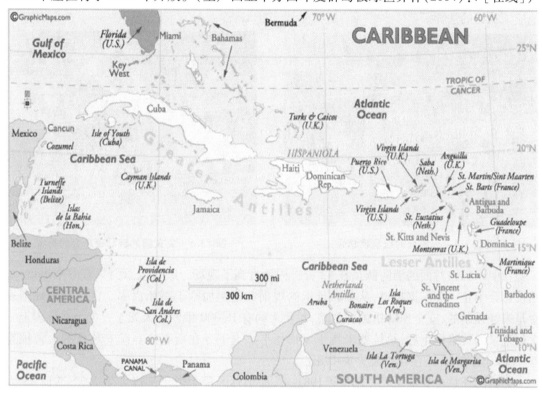

图13.3　西印度群岛地图

报告还提到了应对国际挑战的举措。为了消除人们对圣卢西亚拥有足够的工作人员并按国际标准进行培训的能力的任何不良反应,政府在 2007 年之前实施了 项广泛的志愿者计划,包括一项新的政府倡议下进行的特别培训。

圣卢西业境内的交通工具已制订并记录"比赛日交通计划"(MDTP)中。1 个与 5 个专用停车区相连的停车换乘系统使用 30 座和 40 座的穿梭巴士将观众从一个场地运送到另一个场地。C 区停车场是为贵宾、团队车辆、紧急交通工具和穿梭巴士指定的。

案例研究 2　俄罗斯跛马夜总会

2009 年 12 月,俄罗斯跛马夜总会的火灾造成 109 人死亡。事件发生地乌拉尔市彼尔姆的官员调查了为什么这么多人丧生。这起火灾事件与 2003 年在美国罗德岛西沃里克的火车站夜总会火灾有相似的特征,当时作为演出的一部分,火焰燃烧器引燃舞台后部的易燃沫,导致 100 人死亡。据称,大火在 5 分 30 秒吞没了该俱乐部。

彼尔姆的火灾事件后,夜间手机录像在俄罗斯电视台播放,其显示出大部分的观众在跳舞,火花点燃天花板。与车站夜总会一样,烟火在俱乐部内撞上天花板,天花板上面覆盖着装饰树枝和塑料布。调查火灾的官员说:"俄罗斯当局表示,干燥的木质天花板,一个狭窄的出口,一个能容纳 400 多人的空间和在室内使用烟花,这些都严重违反了当地的防火法和其他应该执行的法律。"

图 13.4　火灾前的跛马夜总会

图 13.5　火灾前的跛马夜总会的舞者

在俱乐部正对面的消防队员在 12 分钟内就赶到了现场。跛马夜总会只有一个出口,车站夜总会不止一个。据报道,从苏联传承的规则和条例加剧了高死亡率。这些安全规则通常是未经强制的,安全预防措施被忽略,每年大约有 18 000 俄罗斯人死于火灾。在该国上一次创记录的灾难发生后,总统德米特里·梅德韦杰夫下令在所有疗养院安装新的火警报警器,2007 年,有 67 人在疗养院火灾中死亡。

拥挤的夜总会变成了死亡陷阱。1981 年,都柏林的星尘俱乐部爆发生火灾,造成 48 人死亡。1942 年,波士顿的 Cocoanut Grove 夜总会发生了有史以来最严重的灾难,有 492 人丧生,数百人受伤。

历史揭示,由于缺乏有效的监测管理执法或监管要求,有大量的人死于娱乐场所。因此,当决定接纳公众人士进入场地时,活动管理人员必须非常仔细地考虑法律要求。在调查任何这类事件时,应当考虑到管理、立法、设计、心理和执法问题。

如何防止此类事件再次吞噬场地?有一些机构可以协助英国议会的立法要求。对现有立法和欧洲指令的累积方法将使活动经理能够理解和适应必要的要求,以尽量减少场馆的潜在火灾风险。

第 14 章　事件生产、设计和照明

在本章中,您将了解到如下内容:

- 识别不同场所的设备;
- 展览和生产;
- 商业音乐活动与生产;
- 公众活动;
- 与生产商建立商业合作关系;
- 生产商的需求;
- 最终移交;
- 相关的机构与组织;
- 场所和活动中常用的照明和相关设备;
- 解释的条例、立法和标准文件;
- 临时结构安装的生产程序;
- 总结;
- 问题讨论;
- 案例研究。

如何识别和选择适合特定活动的设备及场地设施和表演人员,本章将从法律要求、合同责任、法规、政策和程序等方面讨论这些领域,将其与行业标准和行业引领者保持一致。我们还将讨论活动组织者在国际巡演时如何选择通用设备。技术程序也将被重新定义来适应规则的变史。在理论理解的基础上,使用当前的行业具体实践来概述在活动和场所应用照明的实用方法。本章还将展示气氛和心里照明在活动中来提升客户满意度的方法,并介绍健康和安全的法规以及有助于实现管理和运营控制的照明设备和技术。

识别不同场所的设备

生产这个词在有组织的活动中,不仅是一个过程,也是一个商业实体。在本章中,我们将着眼于生产作为开发通常与现场演出/娱乐相关方面的外包需求。在适应静态机械或电子设备的场所需要有认证过的或者经过培训的人员。本章将提出最低工作标准,并构建一个使活动管理公司和生产商双方都有利的业务关系的框架。这个框架目标者是组织者(将知道自己期望获得什么)、生产商(将知道自己期望提供什么)以及与生产过程有关的其他机构。

在活动行业内,生产需要专业角色和责任,其工作方式受 1974 年的"健康和安全工作法案"和 1999 年的"健康和安全管理条例"的约束,在这个过程中包含很多英国和欧洲其他国家的法规。

作为商业实体的活动管理和控制在涵盖了活动经验的诸多领域的同时,也应考虑到场所的不同类型及其管理方式的不同。

首先,本章将概述生产涉及的不同类型的活动,并确定与活动相关的一些具体领域。通过这个过程,我们将清楚地了解生产作为提高活动体验质量的工具的不可或缺的作用。

在今天的全球商业环境中,"生产"可以被使用在很多活动中。活动管理公司通过使用开创性的多媒体设备来保持技术的领先地位,特别是活动公司在一定时间内演讲者向受邀观众展示一个展品或服务时,多媒体能更好地吸引观众注意力并扩大展示的影响力。一面大型电视墙,具有实时反馈或预编节目信息的卫星链路以及放大的声音和灯光可以结合在一起,实现了令人难忘的和强大的体验;也可以选择单一元素或者将其进一步组合,包括静态设备或者机械设备,可以专门设计已产生难忘的视觉效果。

展览和生产

全球著名的场所对展览业有着深远影响力与吸引力,就像英国的伦敦伯爵宫展览中心和伯明翰国家展览中心。参展商在封闭的竞争环境中不断发展制定空间交易。如果预算充足,参展商可以聘请专业人员创造出令人惊叹的视觉效果。这种类型的活动往往在一定程度上与营销策略或者是新的潜在顾客有关。基本上,它一般采用公司的颜色,用灯光和图案进行展示(在照明装置上的金属模板来放大和照亮表面或者远距离的图像)。展览的环境也可以采取在制定区域内的墙面上采用投影的方式。在展位的半封闭或者全封闭的区域内可以使用使环境放大的声音。展览代表的营销方式使生产设备通常用于扩大和健全公司形象。在展览场地安装生产设备首先必须遵守与健康和安全相关的法规。由于这些场所的所有结构都是由临时材料制成的,当其长时间暴露在极端热源下会造成损坏,所有材料必须是阻燃的,并且要符合 BSI 标准以及通过场地安全官员的检查,在顾客进入该展会之前要先对所有的参展商进行检查,如果不检查,在活动生产设置内从灯具发出的热量强度可能使环境不安全。

商业音乐活动与生产

　　音乐活动无论是在室内还是户外,都对灯光、音响和舞台设备有很高的要求,这些是创造一个震撼而令人难忘的气氛的核心因素,一般由预算、表演者和创意制作团队决定各种可能的组合。所有都必须根据消防法规、健康与安全条例以及欧洲法规的规定进行密切监控。在音乐活动中,专业音效工程师有放大声音效果的责任,既要满足艺术家或者乐队的要求,也要让观众听见声音。他们还需要根据不同时间段可允许的分贝级别的许可协议来进行工作。专业灯光师在大型户外音乐活动中有时可以在舞台上方的照明设备上安装30~50个单独的照明装置。支撑在舞台上方的一些照明装置可以是静态或者是由机械操作的。照明工程师有责任对钻机和灯具进行提前设置,以便能符合音乐和演奏要求。现在的技术允许照明和音效工程师在获得艺术家和客户满意度方面有更大的灵活性。在现场音乐演出中音响和照明设备可以进行手动操作,也可以在来源处进行提前设置,将提前设置的信息储存在CD、硬盘或记忆设备上,从而使提前设置的信息能够跨越信息边界来使用。同时,我们也可以与活动行业的许多其他领域进行比较,并加深我们对生产、设备和人员使用知识的理解,再建立一个符合国际标准的活动环境。比如:在体育场内的活动、现场乐队表演、户外活动,设备的购买成本可以达到几十万英镑。专业的音响一般可以花费20万英镑。因此,为生产设备所置办的保险的保障金额必须覆盖市场成本。

公众活动

　　在英国日历中,活动的常规特征经常会涉及激光、烟花、闪光灯和户外篝火。当对外开放时,这些活动对火灾的安全控制、使用和管理都要遵守额外的法规。烟花必须符合"1997年烟花(安全)条例",该条例现已由《2004年烟花安全(修订)条例》更新,该条例对于消费者保障负有主要责任。英国标准7114(1989)虽然不是法律,但属于《烟花安全条例》。英国烟火协会(BPA)和爆炸工业集团(EIG)烟花手册2000/01中提供了补充指南。烟花法律是由健康和安全执行机构(或其代理)执行的,需要符合贸易和工业部和地方当局交易标准。公众活动中的烟花经营者必须与地方政府合作,建立安全储存区,投射物的安全坠落区域和在活动中使用的爆炸物数量。烟花表演的组织者或签约代理人应向地方当局提交烟花表演者的证明。HSE下的激光操作员有责任照顾暴露于激光器的公众,无论其是客户还是操作者。这种情况也同样适用于能够诱发癫痫的闪光灯。因此,在进入活动场地/场所之前,必须有清楚的信息提醒。信息也应该在整个场地展示,如果有扩音设备应通过扩音设备给予提醒。这种程序使活动管理者可以根据《健康安全法》进行调查,为员工和顾客创造一个安全环境。对于可能会对员工和客户造成伤害的设备,活动管理者有责任去限制它的使用来减少或消除受伤的风险。这可以通过信息发布、在给定时间内限制公众的(电磁)暴露次数来达到。

到目前为止,本章介绍了不同规模、受众群体、地理位置和内容的活动,更主要的是活动人员以及设备的使用。

生产设备可以包括为其活动目的而设计并在现场组装的机械,或者是结合特殊效果,如激光、烟花和闪光灯。多媒体技术通过为顾客创造一个难忘的体验来提高其多重享受。在大型音乐活动中也是这样,通过提高声音和照明的效果来烘托出现场舞台的气氛。为了更好地了解生产过程以及支持在活动管理经验中成功整合这些要素的程序,我们必须首先说明生产车间和人员的工作原理。

活动行业内的生产商通常作为专门和专业的培训供应商。

总体来说,活动管理公司在需要时外包给声场公司。活动管理公司和生产商之间的关系对于成功来说是非常重要的。

与生产商建立商业合作关系

一家声誉良好的生产公司首先对有能够在预算范围内按时将想法转化为工作解决方案的重要员工感到自豪。它还必须保持高标准,必须通过检查和生产资格认证等文件来证明。这些隶属于被业界认可的英国协会的公司才能被接受。如果需要,他们可以培训出合格的员工负责维护和使用这些特定类型的设备。根据这些公司开展工作的具体性质,他们可能有必要在工作进行之前出示许可证和资格认证。生产商与(活动)组织者、地方当局和供应商(如果需要的话)达成协议,评估活动的类型并分配特定类型的设备和人员完成任务。

在活动预建舞台和活动期间,生产商如果不提交资格认证和活动/设备的许可证,活动组织者都有责任要求其提供。获得这些信息非常有必要,如果施工没有明确的监督许可证和资格认证,责任保险很有可能无效。由于保险是所有生产商的重要问题,活动组织者应在任何工作开始之前向生产商要求其提供保险副本。不同公司的设备和人员的保险责任的保额不同。用于发电或安装的经过专门设计机械和可燃物质应具有与活动类型相称的防火覆盖物。如果活动或任务被评估为对健康有潜在危害,代表生产商(无论是自由工作还是由其直接雇用)执行特定任务的个人也可能需要大量的员工保险责任和工作许可,高空作业的人员也是如此。如果活动是在允许高空作业的场所进行,管理者应该规定,在超过头部高度以上工作人员应当佩戴安全帽。同样,如果不遵守这一规定,包括在英国的一些城市和地点拥有场所许可证的场所保险,连同生产商的保险都可能无效。生产商有一些操作程序需要验证和支持。

健康和安全政策声明,"风险评估和方法声明"是生产商的基本操作程序。如果其符合《工作健康和安全法》及众多的英国和欧洲其他国家的法规,在工作中遵守这些程序的同时也将保护他们的保险责任。

生产商的需求

在现场/场地开始工作的命令可以类似于后勤和军事行动。

生产经理可制订一份清单和现场监管条例。生产经理有责任为所有人员和任何分包商指定角色和职责。生产经理将制订一种与所有生产人员和指定分包商沟通的方法,如果没有解决措施,将编制一个应急计划。该文件必须在开始工作之前口头公布或给予所有人员。该应急程序应遵守健康和安全政策。

生产经理可能需要在现场/场地设立办公室(如果尚未有办公室)。办公室是用来签订与生产设施有关的所有文件和协议的。如果任何审查组织、代理机构或当局(消防官员、地方当局操作人员等)出现在现场,则应向他们提供信息。

如果由地方政府的任何专家顾问、机构或部门进行检查,则应与现场生产经理持有与检查相关文件的副本。如果根据许可证在室外为商业或公共活动建造临时建筑物,建议消防人员在允许公众入场之前先检查结构,之后向生产经理提供一份消防证书,说明该结构的消防规定及其使用准备情况。一些临时结构可能需要合格的结构工程师进行检查和签字,然后才被允许在现场开始进一步工作。

在允许任何人员进行工作之前,可以要求合格的专业人员检查区域或结构。这可能是由于已经搭建了舞台或临时帐篷。风险转移和责任将由专业人员在完成检查和签署文件(用来显示场地是否适合活动)后承担。

如果活动需要相当数量的分包商、人员和设备,则生产经理也应指定一个现场主管长时间监管(现场情况)。这种分工允许现场主管处理现场交货,施工要求和现场的健康及安全问题,可能包括在现场监测每个承包商的工作程序里。大型活动如可容纳 40 000 ~ 80 000 人的户外节日,将需要所有上述的人员,可能增加指定的(保证)健康和安全的人员。这种类型的安排在大型航空展览(如范堡罗航展)上是很常见的,其中由活动组织者指定安全人员监视现场的所有承包商。如果生产现场/场地需要机械处理设备,则每个生产经理都有法律责任确保承包商根据制造商的测试证书和负载测试证书提供充分和适当的培训,所有这些信息应根据要求进行检查。

生产现场的安全被认为是非常重要的,尤其是在户外工作的情况下。活动组织者有责任任命一家经认证的安保公司来监控现场的安全。安保人员应根据 2001 年《私人保安行业法》采用独特的标记或穿着制服。有关活动行业的进一步指导可以从安全产业管理局的出版物中获得。

最终移交

生产经理应使用最终清单,将任何未决问题提交活动组织者、检查官或相关机构注意。一旦清单完成并且获得组织者和当局同意,生产过程的这一部分可以作为正式移交。生产可以开始正式签署,对活动的全部责任转移到主办方。

生产经理在活动之前或者持续期间有大量的文件需要处理。由 HSE 出版的流行音乐会等类似活动安全指南(称为紫色指南)的设计部分也考虑了这一过程。

相关的机构与组织

到目前为止,在本章中,我们简要地谈到了生产与相关机构的关系。有一些受监管的机构和组织在活动的生产过程中是不可或缺的。我们正在思考在生产过程中治理和让机构立法并让产品提供一个活动中的有趣点。

当开发与娱乐许可(根据 2003 年《许可证法》)有直接关系的生产过程时,生产经理必须接受颁发该许可证机构的决定或具体指示。如果活动有公众,则组织者和生产经理将负责证明活动中具有附带风险的元素都已经过充分调查,并且其构造符合预期效果,不会对员工、观众或社区居民造成伤害或干扰。因此,可以在许可协议中插入许多关于在事件之前和期间使用设备的规定。

例如,当活动需要大型车辆支持并运送设备,并且活动位于具有交通流量大的住宅或商业区域中时,可能需要道路封闭令。这样的命令可以在车辆到达之前从地方警察局获得。许可协议还表明,可能扰乱当地居民的机器只能在约定的时间内操作。如果事件(室内或室外)放大了可能对当地居民造成干扰的音乐,则可以由当地权威机构或地点设置分贝级别。检查有时由许可授权机构执行,以确保事件不会违反任何设置的条件。作为活动经理,至关重要的是,任何此类条件都应提请生产经理和音响工程师注意。

只有在协议规定的时间内,才允许音响设备进行测试。从地方政府获得的任何公共娱乐许可证将有若干附加条件,这些条件可以是法律规定的,也可以是针对地点和社区的。违反这些条件可能会撤销许可证或对组织者收取罚款。一旦地方政府许可部门授予许可证,组织者必须指定由地方政府批准的许可证持有人对该许可证承担全部责任。除了地方政府,另一个重要的相关机构是消防部门,显然其有消防安全的主要责任,他们有权随时充分访问场地/场所。当地消防部门的指定官员将被授权检查任何临时或以其他方式符合消防规定的电气设备、材料或环境。他们将检查场地内的消防设备是否处于良好的工作状态,是否有符合欧洲法律的明确标志。他们还将检查活动中是否使用了任何易燃物质,以及是否按照法规进行了储存和管理。

场所和活动中常用的照明和相关设备

除了伴随生产区域的文件和立法,也有声音和照明。活动体验的这两个特定方面是创造难忘记忆和持久影响的基本要素。本节将重点介绍声光设备的优点、规格和在生产过程中实施的好处。

除此之外,还必须为声音和灯光设置一个程序。这将涉及设备和人员的完整列表,生产计划表明所有设备到指定地点的全面执行过程。这些信息是至关重要的,因为大多数生产经理正在有限的期限内工作。在产品计划中,还必须包括表演者的排练时间。

声音

当使用扩音器时,有必要评估场馆类型,包括总体地板尺寸、内部材料饰面、观众容量、场地与其他建筑物或相邻房间的距离、表演类型和执行人数。除上述区域外,其他区域还可能存在影响所选地点内使用的音响系统类型,存在由地方当局可能会对分贝级的设置限制,特别是如果场地位于住宅区中,限制可能包括白天或晚上任何特定地点允许的表演播放声音方面的时间。与此同时,还有"2005 年 HSE 工作噪声规定"。该规定不适用于做出知情选择进入嘈杂地点的公众,而适用于在嘈杂环境中工作的员工。

根据这项规定,雇主必须进行风险评估,提供听力保护,寻找降低噪声水平的方法,缩短员工在嘈杂区域工作的时间,检查供应商是否了解其职责并保存决策过程的记录,以确保其履行了法律义务。

因此,当选择音响系统时,必须清楚地了解你计划的演奏类型。在创建正确类型的可听声音时,各种扬声器系统和这些系统的布置将大大改善音乐氛围。更远、最常见的扬声器布置类型是将它们放在机柜中,这适合所有类型的声音。这种方法通常用于家庭高保真系统。每个机柜可以包括低频带、中频带和高频带,这是从扬声器箱发出的频率范围。当然,三个频带也可以在单独的扬声器柜内分离。

图 14.1　利兹千年广场　音响和照明　　　　图 14.2　2002 年维尔京节 主舞台音箱
　　　　　设备,大功率激光器

当在具有大约 1 000 容量的学校礼堂或中型音乐场所等封闭环境中操作时,娱乐设备定位于舞台/平台上的一端处,扬声器应该被放置在能够覆盖整个场地的位置。如果扬声器被放置在平台/舞台上或悬挂在天花板上时,则可以在场地内实现更好的声音分配。将扬声器悬挂在头部高度上的位置时可以将声音引导到观众中,这通常应用于更大的场所,例如竞技场、体育场和户外现场音乐节,这里需要声音必须在更远的距离传播并且保持其频率范围以及清晰度,所有这一切都应该由一个有能力的音效工程师来完成。

延迟扬声器,顾名思义,即允许在相同频率范围和清晰度的情况下使声音传播得更远。随着声音的传播距离,它可能被中断并变得难以理解。这些可以用于大型场馆,例如体育场、音乐会场地和户外现场音乐节。

为了与舞台扬声器发出的音乐保持一致性,延迟扬声器设置有最小延迟,以与舞台上的表演保持一致。站在延迟扬声器的位置的任何观众应听到清楚的声音。声音的平均速度为340 米/秒,这取决于风速、湿度和气温。设置延迟时间的公式是以米为单位的距离除以340并乘以 1 000,其等于以毫秒为单位的时间。应当清楚地知道为什么在选择和设置声音系统时需要一个合格的音效工程师。到目前为止,我们只是谈到了与音响系统有关的一些要素。除了音响工程师,有必要在任何时候都要有合格的电气工程师。电气工程师除确保电力分配与场地供应相称之外,还必须将他们的签名作为最终移交过程的一部分。一旦设置/安装已经达到健康、安全以及火灾风险评估的法律标准,最后将移交给活动经理。

对于使用乐器演奏的个人的现场音乐表演来说,如果最终是实现高质量的声音,则必须与音效工程师合作。音效工程师能够控制"音响台",允许通过场地内的扬声器对音乐进行适当的混合和分配。音效工程师(通常与舞台有一定距离)也可以为舞台上的表演者混合音乐。该过程使得频带能够产生关于音质的指示,以检查它们是否同时播放,或者如果他们希望仅听到自己或另一个成员的声音。为了实现这一点,舞台上的每个表演者都必须具有自己的独立混音,并通过麦克风来实现,麦克风依次连接回音响台/前台的音响工程师。

为了达到与表演者的状态符合的音质,舞台上的音响设备将表演者的声音进行混合(图 14.3)。

图 14.3 利兹千年广场,带有效果架的   　图 14.4 利兹千年广场,音响设备的
　　　　舞台上的声音设备展示　　　　　　　　展示——5 个楔形扬声器

一旦这个过程已经实现,它将被自动分配到观众厅音响台的前面,然后将扬声器的声音传给观众。舞台上的音响台被称为监听台。监视器操作员可以在舞台上为所有表演者混音。它可以通过每个演奏者前面的楔形扬声器(图 14.4)切换给每一位演奏者。

为了在多种声音设备的集合中达到高质量的声音,音效工程师还必须使用功率放大器、图形均衡器并对效果架进行布置,以确保他或她能够提供稳定以及高质量可以听见的声音。效果架和功率放大器,对家庭高保真系统有同样的功能。堆叠式家庭娱乐系统配有独立的放大器和图形均衡器。然而,有高质量音响系统的活动所需的设备和电缆量足以装满整辆卡车。因此,应该有一个专门人员在指定的地点卸载设备。

照明

如前所述,音响设备可以帮助表演者创造一个难忘的体验。为了增强这种效果,音效工程师还与照明工程师合作,他们还需要与表演者进行交流,表演者在很大程度上决定照明布置的类型。

照明设计师和音响工程师一样,可以通过参加一些培训来提高他们的技能,但在职培训是对任何照明设计师的真正考验。

在今天的环境中,大多数照明设备都是可预先编程的,这就允许照明设计师将照明布置储存在盘上。它还允许照明设计师对舞台上的每个演出的控制都有一定程度的灵活性。与该过程相关的是可能需要照明图。照明图将使照明设计师能够清楚地了解所需灯架的数量以及用于修补调光器支架所需的布线。

有些共同特征已经被剧院活动和娱乐行业所采纳。例如,舞台上粉笔的位置可以帮助现场操作人员精准地定位表演者和舞台设备,卡车运来的设备也可以根据其各方位的最终位置进行颜色编码。

舞台上的灯光布置有两种基本形式,即移动灯和固定灯。还有特殊效果照明来进行追光,如频闪灯和激光灯。移动灯(图14.5)可以通过制造商设计的照明台进行控制。固定灯也可以由照明台控制,有时用彩色滤光片来调整光的强度。

图14.5　获得自由。伏特加领域户外活动,布拉姆公园,利兹,2001年

图14.6　Ear to the Ground 户外现场音乐会(打击乐)卡斯尔球场,曼彻斯特,2006年

平方反比定律控制着每盏灯在不损失光亮强度下可以照亮物体或区域距离,如果每盏灯之间的距离加倍,则灯光强度将减小到原来的四分之一。即便可以在表面上实现更强的光传播,该光的最佳范围也将随着距离的增加而减小,因此,有必要了解每个灯具的最佳照明范围。

舞台上的照明可能对表演者产生不利影响,因为这种灯光的强度远远大于普通家庭或工作环境中使用的光强度。在行业中灯泡或灯的平均亮度是 1 000 W。没有特定的立法或法规来确定舞台上可以安装多少灯具,也没有任何规定涉及每个灯泡发出的光量。

每个灯的性能决定照明布置。有许多不同类型的照明装置,在所有类型的演出、场地和事件中使用的最流行的照明装置是 PAR(抛物线型铝反射器)。它们有很多尺寸,最大的标记为 PAR 64(数字表示灯的直径为八分之一英寸)。

作为照明工程师,需要在对观众的选择、安排和解释性能方面具有良好的创造性。当设置照明装置时,场所可能有从屋顶结构悬挂灯的设施。这种结构通常称为照明桁架,它可以具有被固定到天花板或下降到地面水平的能力,桁架的下降使灯连接到灯具变得容易。

生产人员将链条支架件附接到三角形桁架,然后将其提升到舞台上方。在桁架完全升起之前,将滤色器的 6 个组中的 PAR 64 附接到桁架上。开始提升前,检查所有灯泡连接,以确保桁架的紧密性和安全性。一旦桁架被提升到位,必须检查它是否水平,否则在结构上过度失衡可能破坏桁架。

当涉及把灯具连接到一个结构物时,应该有一个上了保险并有从事其工作许可证的工人。

一个深夜的户外音乐活动必须考虑在整个活动区域安装独立的一般照明设备。便携式照明单元(图 14.7)由内部发电机独立供电。

图 14.7　贴近地面的户外现场音乐会(打击乐)卡斯尔球场,曼彻斯特,
2006 年 便携式照明单元

由于声音和照明设备具有消耗大量电力的特点,因此在选择场地时,是否具有独立的功率单元可用于单独运行声音和照明设备是至关重要的。照明系统的功率量取决于灯的数量及其功率,通过扬声器来计算声音系统的功率。如果功率过大超过场地承受的范围,就会熔断保险丝或者断电。为了在体育场或竞技场类型的场所中操作用于现场音乐会的声音和照明系统,需要三相和单相独立的功率单元。

除了通过照明装置或桁架将灯固定在舞台上,一些表演者可以向操作者要求聚光灯,通常被称为追光灯,该操作者确保当舞曲指示时灯在追随着舞台上的表演者。追光灯是非常强大的光单元,并且只应由受过训练的人操作。准备照明过程的一部分是所需的电缆的数量。用于活动照明的电缆不应被紧紧缠绕。电缆具有产生大量能量或热量的潜力,因此,可能会烧毁电缆外壳。在电缆布线上不应有任何限制,一般串在消防通道上方或通过管道布置。电气连接过程应按照以下顺序进行:灯、调光器架、电源、照明台,最后连接到调光器架。

调光器架的主要目的是通过改变发送到灯的电量,从而控制亮度。这个过程与观众厅照明灯上的普通调光器没有区别。理论上,调光器不会关闭,保持效率和低热量。总之,操作过程需要照明人员之间进行交流。前面的观众厅照明灯操作员将与舞台上的操作者或桁架的装配工进行通信。内部通信系统不仅要团队根据需要设置灯光,还要能够在整个演出过程中保持连续通信。

解释的条例、立法和标准文件

如本章前面所述,1974 年《工作健康和安全法》是总体立法,因此涵盖了英国境内的所有生产领域。许多法规直接来自欧洲法律,但并非都包含在欧洲法律中。各个行业雇主和雇员的合法性有时是值得怀疑的。它要求健康和安全执行机构及其区域办事处、工会及其代表对此进行强有力的监测和评估,以确保雇主和雇员理解并实施各项法规。通过向其区域办事处准确报告事件的方式,地方政府可以直接与健康与安全执行局(HSE)及员工合作,提高工作标准。

有人提到,英国和欧洲的法规对生产设备和人员有重大影响。让我们仔细看看这两个具体领域。在欧洲议会向所有新成员国公布新法规之前,英国政府在境内是通过法规更新工作实践。高空作业法规开始成为英国法规,它合并了 2001 年欧洲理事会指令,并取代了以前的所有规定。健康与安全执行人员报告说,在 2003—2004 年,英国工作场所有 67 起死亡事故和 4 000 起重伤。这项特别的规定是为了防止每年高空作业造成的伤亡。对这一规则的解释在活动生产领域中是至关重要的。高空作业可能涉及爬上楼梯,悬挂在固定的屋顶桁架上,攀爬脚手架或操作可伸缩的移动升降台,这都只是与该规定相关的一些领域。在活动生产中,展览、会议以及户外现场音乐活动都涉及高空作业。如前所述,英格兰全境许多场馆都不允许在高处工作,除非向当地政府申请许可证,并且该人员还应该有包括近期风险评估的个人保险。如果个人由组织或活动生产公司直接雇用,则该公司有责任确保完成所有文件的规定以支持该特定任务。2005 年的法规规定了雇主对所开展活动类型的责任。《2005 年高空作业条例》中规定的一般责任是:

尽量避免高空作业,当不能避免高处作业时,使用工作设备或其他措施防止跌落;并且在他们不能消除跌倒的风险时,如果发生危险,则使用工作设备或其他措施来减少坠落的距离和后果。[2005 年高空作业条例,第 3 页(在线)]

还必须注意的是,高空作业仍然是高风险活动,因此,一个人正在工作的区域(称为无菌区)必须由健康和安全官员或指定的生产经理指定为危险区域。

如前所述,有许多法规涵盖这一领域。健康和安全执行局网站提供了适用于各种行业和工作条件的法规完整的法规目录。

1993 年推出的"六包"法规主要针对 1974 年《工作健康和安全法》中的管理。图 14.8 概述了需要遵循的六项法规。

在生产领域工作时,具有操作/健康和安全责任的人必须了解并在必要时执行图 14.8 中列出的这些规定。

很常见的是,清单上的 1,2,4,5 和 6 条普遍适用多数生产设备和人员进行一定程度的体力劳动的场所/场地。

职业健康已成为所有行业,包括生产行业的重要领域。2004 年的健康和安全执行报告,题目为"三十年",主要期待英国健康和安全系统的发展和未来。

在我们的工作中越来越明显的趋势之一是越来越强调职业健康问题。[健康和安全执行,2004:6 在线)]

职业健康评估员正在成为许多行业,特别是公共部门的共同措施,公司在要求员工从事特定任务之前评估新员工或现有员工的健康。这种评估成为生产公司的标准做法,因为如果发现公司大意或不合规在评估与工作中员工相关的健康风险合规,则案件可能会受到工业法庭或法律诉讼。因此,在制定健康和安全政策时,职业健康评估必须占据重要地位。

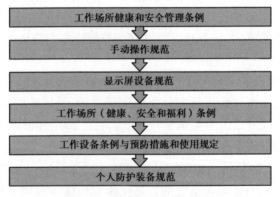

图 14.8　健康和安全工作条例

临时结构安装的生产程序

活动经理在建立和维护室内或室外舞台时具有特定的角色和职责。

当在对与特定任务相关的生产领域实施管理时,必须概述执行任务所需的人力。应该包括所有专业的技术人员和非技术人员。还需要确定哪些规章将与特定的工作实践或情况相关。

任何工作实践或情况都有最基本的法律要求,即 1974 年《工作健康和安全法》。该法规制定了英国法律规定的所有工作环境中常见的工作实践和情况。为了配合 1974 年《工作健康和安全法》的规定,1999 年颁发了《职业健康与安全管理条例》。

你打算雇用哪个公司来搭建舞台,然后确定这个公司是否会有能力的个人来搭建舞台。如果将在你的控制下组织搭建舞台的人力,那么交付时的结构必须有一个概述的施工方案。

为了搭建户外舞台,你需要一个技术/合格的团队,包括:

- 合格的现场勘测员;
- 经过培训和有执照的叉车操作员;
- 有能力的工头;
- 训练有素和有能力的工作人员,按照健康和安全条例穿着合适的工作服;
- 合格的和有执照的结构工程师;
- 接受过训练和持有执照的并提供个人保险赔偿的装配工。

适用于这种情况的法律规定包括:

- 1974 年《工作健康和安全法》;
- 1999 年《职业健康与安全管理条例》;
- 《升降装置及设备条例》;
- 1992 年《手动操作规范》;
- 1999 年《活动安全指南》,健康和安全执行委员会。

当选择一个场所的某个区域来架设户外舞台时,您需要检查以下内容:

- 地面是否需要排水?
- 它有足够的承载能力吗?
- 在搭建舞台之前,平整地面你需要一个合格的调查吗?

舞台应在不侵犯或不对周围植被造成危险的区域内搭建,应始终为应急车辆留有适当的通道,并与附近的建筑物保持合适的距离。

如果你的活动是临时的娱乐活动,许可证中的条件将指明被许可人必须承担的检查和程序(的义务),以便有效地管理活动。

在主管生产经理/工头的授权下,搭建便可以按顺序进行。标出将要搭建舞台的区域;如果在草地上可以用绳子和帐篷钉做到这一点。放置基准水平线,使其水平和竖直,这可以由合格的测量师和工作人员进行。如果采用一种可行方法,则所有与结构相关的方向都应该遵循该规则。应该直接向任何供应商进行进一步询问。提供最近的测试证书,应要求和提供的结构;如果消防官员或地方政府的任何成员提出要求,则需要提供信息。在搭建过程周围的"没有未经授权的访问"区域应该保留。

在舞台搭建过程中使用的任何机械设备应由经过培训和授权的个人或合格人员操作。与该机械设备和个人相关的所有文件也必须提交给现场办公室。

如果在舞台的架设时需雇用装配工,则处在工作环境中的指定区域直到工作完成之前,必须标记为"禁止未经许可的进入"区域。装配工在工作时必须穿戴一套全身保护服。

任何连接到结构的设备都必须在结构的承载能力内,并且在发生故障时必须使用辅助机构来支撑该设备。D 型钩环是首选的安全装置。其是可计算的悬挂和断裂应变的钢缆。

一旦所有的灯光、音响和舞台布景设备都悬挂在结构上,结构工程师必须对结构上的所有设备进行全面的计算。这些数字应在构建之前提交,并在竣工时进行检查。

当结构工程师对完全搭建好的舞台和附属的设备感到满意时,必须在现场办公室向生产经理提交签字的证书。

消防员还将进行最后检查,检查灭火器和疏散程序是否正确,以及阻燃材料的消防证书。

应向所有表演者提供指示消防程序和紧急撤离舞台的信息。在整个活动期间必须进行持续的安全检查。所有搭建结构以及悬垂的布景必须经过防火测试和阻燃测试,并附有测试证书以进行认证。与临时结构相关的所有文件必须在现场办公室。

总结

本章从特定的角度讲述了生产过程,并且通过一些适用于在音响和照明领域取得的相关法规和立法进行了说明。并非所有法规都在本章中被提到,所以重要的是研究 HSE 网站,以确保你对与该特定领域相关的所有法规有充分和完整的理解。本章很重要的一点在于健康和安全是成功举办活动领域的主要驱动力。本章应该让你深入地了解对于活动管理中非常复杂的工作。它显示了各种技术人员的工作关系对实现高质量生产的重要性。本章的目的不是使活动管理者成为音响或灯光工程师,甚至是生产经理。它是为了使有相同目的的双方相互进行沟通并理解彼此。因此,为了提高你在这个特定领域的知识和理解,建议进一步阅读和培训。在英国有一个代表生产人员的公认贸易组织——生产服务协会,为行业内的人们提供帮助和指导。它有一个成员数据库和关于培训课程的信息,以及行业内的招聘和组织的新闻。

本章介绍了与照明和音效工程师工作有关的一些方面,特别是会对法规和立法产生影响的方面。以概述的方法展示了在为实现高质量的现场音乐会所需的一些设备和过程。

问题讨论

问题 1

生产经理在使用特效的活动中,这种照明可能会有潜在的风险或伤害。请描述应采取哪些措施限制或消除客户的风险。

问题 2

概述你对于搭建工这个专业名词的理解,并描述该人员在开始工作之前所需的文件。

问题 3

概述你对于照明图的理解,并讨论为照明设计师提供照明图时所涉及的一些关键问题。

问题 4

概述你对于施工说明书以及与它相关的生产过程的理解。

问题 5

概述如果活动组织者违反许可证条件中规定的扩声水平协议,许可证颁发机构可使用的两种方法。

问题 6

在 2003 年的《许可证法》中,对许可证附加了法定要求,其中规定了在任何地方当局中有关于如何应用和控制许可证的条件。描述地方当局在提及其在当地区域时能够在许可条件下提出具体建议。

案例研究 1　户外舞会和现场音乐节

这是一个有许可证、可容纳 4 万人的场所,在该场所内,根据许可证对活动进行全面运营管理。活动控制者工作日 24 小时工作以及周六周日不工作。职责包括管理所有部门人员的许可机构和环境问题,并对活动许可官员和安全官员负责。被许可人对本次活动附带的所有运营和许可问题负有全部责任。安全人员的主要职责是直接向活动控制者和被许可人报告健康、安全和风险管理问题。作为活动管理者必须处理许多问题;大多数问题都与现场操作或生产设备相关。以下是生产管理者在执行其职责时可能属于其管理范围的问题。

1. 烟花表演不符合许可证的要求,并决定在星期六晚上点燃。将当地居民的投诉直接报告给发证机关。最后行动:在活动周末期间取消烟花表演。

2. 客户相关死亡现场。位于授权的舞蹈场内。出勤、警察、救护、安全和发证机构的紧急服务。医务人员在现场宣布死亡。死亡的地点被认为是犯罪现场。由安全主任命令在指定地区展示。所有客户和艺术家腾出临时场地。安全和警察要控制所有非必要人员的位置。艺术家在该场地内的行程将转移到另一个场地。调整生产计划和时间计划,应对许可地点内出现的新状况。这个场地的生产经理将直接控制最早为出现意外的顾客呼叫电话的人,然后将消息传递给医疗代表,包括现场位置和潜在的情况。在许可场所内的所有医疗车辆移动必须遵守政策和程序,如果医疗车辆需要通过主门进入场所,则必须在到达之前通知安保人员允许其进入。

3. 作为对一个地方的额外警力被要求到许可场所为管理现场人群的预防方法的回应。这种预防方法不是必需的,因为没有报告说人群骚乱。

4. 在一个许可场地内,游乐场因机械故障而关闭,致使一名客户被困。应采取的行动:安全官员与游乐场和消防服务部门协商,救出该人,并保证游乐场设施安全。受伤人员被送往医院接受全面的医疗评估。游乐场开始关闭,等待评估合格后由安全人员颁发新的安全证书,再重新开放游乐场景点。

5. 恶劣的天气警告,在4小时内降下15毫米雨。活动方有责任给顾客发太空毯帮他们御寒。

6. 因摄入过量酒精而进入当地医院的客户,被认为足够稳定以便出院,之前要进行6小时监测。

7. 由于恶劣的天气预警,主会场当天关闭。因为从结构角度来看,主会场(在恶劣天气中)不安全。原定于主会场的表演以及艺术展示取消,提供一个暂时的会场作为替代。

8. 主要阶段在活动期间关闭与容量,数量和生产考虑有关。在安全人员的建议下,主会场为全体观众在安全距离外画警戒线。

9. 关闭现场所有医务人员的无线电通信。所采取的行动:许可证持有人建议所有医务人员将现有无线电频率上转移到另一个免费频道。

10. 客户通过客户投诉热线投诉音乐声过大。许可证发放机关派人去现场检查分贝水平。将信息直接传送到许可站点内的所有临时场地,以根据许可协议调整声级。并在整个活动期间不断监测和检查情况。

11. 有降雨过量的预告。(需要给)顾客提供衣服烘干设备。

12. 活动结束,通过检查野营地的帐篷确定现场还有多少顾客。

13. 由于操作变化,通过手机上的蓝牙应用程序与现场客户通信。安全工作人员还在整个现场的关键地点简单介绍了传播业务变化。将信息张贴在官方网站上,并与外部媒体代表联系。

案例研究2　阿米奇篮球比赛

媒体报道和意识

2009年12月,曼彻斯特在阿米奇篮球中心主持了Haris Junior U18的国际锦标赛。在美国,这种类型的运动到场观众无法达到美国体育运动的国际高度。总体来说,国际体育通过电视、广播和报纸获得的免费报道比休闲行业的其他部分都多。显然,这有助于保持公众的意识,通过鼓励公众去现场观看体育赛事提高利益。然而,对国家和地区报纸进行粗略扫描,作为一个个体运动,篮球努力实现各种突出报道,并且经常完全被足球、板球、橄榄球和拳击掩盖。也就是说,大多数已审查的在线媒体在其主页和网站的体育部分没有直接链接篮球。对于阿米奇篮球中心(ABC),特别是"曼彻斯特魔术"品牌来说,这种媒体关注的"玻璃天花板",则需要在曼彻斯特地区打破。为了实现这一点,最重要的是提供一个有效的信息,旨在影响目标观众对曼彻斯特魔术的看法。此外,俱乐部不得不利用与当前涉及该运动的媒体建立关系,例如曼彻斯特晚报。

奥运影响与比赛出席人数

随着伦敦获得 2012 年奥运会举办权,人们越来越关注体育运动。可以说,重点关注的是体育所展示英国具有获得奖牌的机会。这些运动不仅有助于政府资金的增加,还将增加消费者对现场观看体育的意识和兴趣,这应当转化为更广泛的观众比赛出席率,并相应地增加提供现场活动的俱乐部的收入。

第 5 部分
节事行业及其后续发展

第 15 章　长期的节日和活动

在本章中,您将了解到如下内容:

- 可持续发展框架;
- 国际视野;
- 欧洲和英国视野;
- 伦敦 2012 可持续发展面临的挑战;
- 通过奥运会可持续发展方式;
- 2011 英国城市音乐节案例研习;
- 总结;
- 问题讨论;
- 案例研究。

本章将探讨可持续发展这个主题,旨在明确联合国和欧盟之间的全球基准指标之间建立联系。也将会批判性地讨论可持续的三大问题:英国经济、环境和社会景观。在这里将会讲述用来协助组织应对环境变化挑战的立法文件、指导手册和实践法则的适用性。以英国城市音乐节为例——2011 年一个特定行业案例收集的数据,突出整体原则,提出了组织从短期到长期的可持续发展战略。

可持续性发展框架

可持续发展在全球化背景下始于一个基本前提:二氧化碳排放量。从 1979 年以来,联合国组织的第一次国际气候会议时,提出二氧化碳排放量过高的问题,而其对于世界气候有着显著的负面影响。政府间气候变化专门委员会(IPCC)在 1990 年发布了第一份文件。国际社会在这一点上具体参考第一次报道并针对气候变化制定政策。在国际社会中关于此问题的讨论始于 1990 年。1992 年,154 个国家和欧洲共同签署第一次国际协议。

2010 年,联合国在哥本哈根举行国际会议,针对 2013 年失效的《京都议定书》进行讨论,并为未来设定目标。从欧洲和英国的角度来看,由于每个成员国之间存在不同的社会、环境和经济上的差异,气候变化是一个更广泛的话题范围。在英国,气候变化通常包括在"可持续发展"的大目标下。在这一目标下,一些政府任命的机构都有一个特定的职权范围沟通战略,并为所有的业务部门设置目标。环境署有一个具体的职权范围,即制订一个在英国的商业和非商业废物处置的策略,另一个政府机构、环境、食品和农村事务部发表英国的空气质量文件。该机构还发布了一些业务部门甚至是行业的指导文件。

显然,这个问题是非常复杂的,而且世界性的问题无法通过一个简单的解决方案或是一个单一的行动解决。此外,关于经济和环境原则有一个二分法观点与建议,即一个原则优先于另一个。随后,社会因素往往较少受到关注。在本章中,平等考虑这三个原则,包括实施社会框架作为可持续发展的活动管理的基本概念。

作为一个正在变革的行业,节事行业正面临着许多挑战。这给一些组织带来了许多机会,以及对其他业务进行成本高昂的营运变革。为了保持竞争优势,组织必须积极应对日益迫切的全球问题。当试图将可持续发展的原则付诸行动,还有一些难以克服的障碍,如缺乏可靠信息、个人和组织的惰性、员工感知、使用规划和性能标准的失败。从本质上讲,活动是由多个阶段、多个供应商、多个性能指标和多个客户组成。因此,引入一个可持续的政策应该是包括活动的全部因素,活动前后,以及持续整个生命周期的活动管理。

活动的命名有大型的、特殊的、社会的、主要的、标志性的、社区的活动。活动根据其大小、范围和规模进行分类。此外,还可以根据类型或部门进行分类,例如,会议和展览、艺术和娱乐、体育赛事和慈善活动。公认实践交换(APEX)行业术语(由会展业协会发布的一个事件)的定义:

一个有组织的场合,如会议、展览、特别活动、节日晚宴等。一个活动通常由几个不同但相关的功能组成。(鲍丁等,2006:14)

活动与人类、社会和文化价值观等基本要素有明确的关系,并且与社会包容的基本阶梯——归属感和认同感相关。德怀尔等人(2000)支持组织和管理一个有计划的事件涉及许多组成部分和利益相关者的观点。通常,组织和主办活动的决定是从不同的利益相关者的观点出发的。良好的经济理论是一个强有力的指标,目的是社会文化效益,提高社会问题的认识,加强思想交流以及网络和业务联系。可持续发展的三大支柱中的社会要素往往被忽视,是模棱两可的。任何框架的范围应包括工作、参加的活动,并考虑将社会包容作为一个关键原则扩大参与和引起来自周围社区各方面的兴趣。

很明显,此举对发表的一些框架创造可持续事件管理提供的不仅是一种意识在当代问题的敬业精神,而且突出了行业内的最佳做法、最佳实践,建议和指导、切实可行的解决方案,以及对现代社会中事件的重要性内省意识。

国际视野

联合国与国际社会在2007年出版了一些文件,包括《政府间气候变化第四次评估报告》。该报告概述了全球在环境影响方面的立场,特别是四种温室气体:二氧化碳、甲烷、一氧化二氮和六氟化硫。在为每个国家或欧洲共同体成员制定长期政策时,应对这四种气体进行全面调查。

　　欧洲议会还出版了一些文件并向欧洲共同体提供了明确的指导。在某些方面,它制定了需要所有成员国一致接受的具体规定。

　　正是这些气体已经成为许多环境学家和政策制定者在确定短期到长期整合变革中需要考虑的主要问题,以确保英国可以迎接"气候变化"的国际挑战。

　　尽管这是一个在国际上争论 20 多年的话题,但此次的明确指导推进了这一议程。在过去的五年中,英国活动产业积极参加和理解指导推动产业发展。

　　2007 年,英国标准协会(BIS)发布了一个关于可持续发展活动管理系统的 BS8901 规范,并提供了使用指南。本文件于 2009 进行更新并重新发布。2006 年,环境、食品、农村事物部门(Defra)公布了英国企业环境的关键绩效指标。为了配合该文件,2007 年,随同此文件 Defra 还出版了可持续发展目标的口袋书。同年,贸易工业部(DTI)和另一个政府部门第一次出版了《迎接能源挑战:能源白皮书》。英国政府还推出了英国可持续发展战略。这是为了企业和整个国家巩固和发展前进的道路。2004 年,第一个国际性的和受到高度认可的国际标准通过国际标准组织提出。ISO 14001:2004 和 ISO 14004:2004。作为一个政府部门,拥有相当数量的来自被认可的组织和机构可以帮助整合环境政策和标准的官方文件。2008 年,英国颁布"气候变化法",是第一个颁布此类法律的欧盟国家。该法案涉及可持续和环境影响领域内的若干事项。它提供了减少碳排放的基础数据,大气中二氧化碳减少了 38%,符合 1990 年评估减排的基准,并与联合国 1997 年公布的《联合国气候变化框架公约京都议定书》(以下简称《京都议定书》)直接相关,该议定书提出了到 2012 年二氧化碳排放量和到 2012 年需要的减少量,与 1990 年公布的数据一致。

　　附件所列的缔约方应单独或共同确保二氧化碳等温室气体的排放总量不超过附件 A 的规定,根据附件 B 所列的量化的限制和减少排放承诺以及根据本条规定计算的分配量,以期在 2008—2012 年承诺期内,这类气体的总排放量比 1990 年至少减少 5%。(《京都议定书》,1998 年:线上))

欧洲和英国视野

　　《京都议定书》在促进"气候变化法"的实施中的作用是很明显的,因为英国是该协议的注册成员。英国作为欧洲成员国,需要一个明确的战略,允许行业制定适当的政策和激励措施,以切实减少二氧化碳的排放。根据该法案,欧洲议会在 2009 年出台了《碳核算条例》。该条例现在是英国法律的一部分,允许每个成员国交易碳信用额并设定碳预算水平。为每个国家设定的排放水平直接源于 1997 年的《京都议定书》。2009 年的规定与 2003 年的"欧盟排放交易指令"同时生效。

　　这种与贸易和碳预算相关计划的管理由英国政府机构环境署控制。环境署对《京都议定书》制定了严格的规则。如果碳信用额是剩余的,那么它们不会结转,而是被取消。环境署还同意,在英国以外产生并用于满足碳预算的碳信用额必须被取消,重复计算信用的方法也将被删除。还必须指出的是,根据该计划,英国的碳减排承诺仅占英国碳排放的60%。在广泛意义上,这个计划与英国工业部门和大型能源排放者更相关。

为了使中小型企业对这一环境倡议做出贡献,并对剩余的40%企业产生积极影响,必须从单位层面控制其业务。

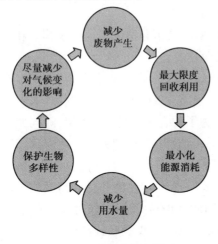

图 15.1　可持续发展战略

英国和世界其他国家的地方当局正在制订合作和综合计划,并计划制定政策和指导文件,以实现可持续和长期的变革。例如,肖尔黑文市议会(在澳大利亚新南威尔士州)正在为未来制定可持续发展政策声明(图 15.1)。

肖尔黑文市议会正在计划一项详细的政策,以实施可持续发展战略,确保在肖尔黑文市举行的活动以可持续的方式组织和进行。"可持续性"将被定义为目前使用更少的自然资源,以便它们可用于子孙后代。实际上,这意味着选择供应商或程序,或对地球影响较小的产品,并确保人类和环境的福祉。

肖尔黑文市议会希望所有未来的活动都得到规划和实施,目的是减少活动对环境的影响。该政策的制定旨在通过鼓励活动组织者在规划未来活动时采取以下战略实现成果。

一些政策和立法文件可以帮助制定一个明确和可行的战略。难以想象的是,组织可以首先在整个业务操作中实施批发变更。这一变革过程应该在一个组织内达成一项集体协议,允许持续的承诺,然后将其传达给供应商、合作伙伴和商业伙伴。

ISO 环境标准的实施要求采取循序渐进的方式改变业务运作,ISO 将根据协议条款对寻求批准和持续认证的潜在业务持续评估,这需要企业清楚地证明。通过制定内部使用的政策和指导,使员工在业务部门和外部运作时充分了解其具体职责。如果企业需要与外部机构接触以满足其产品或服务的交付,则需要通过对话和协议实施变革。这将成为一个有凝聚力的长期环境战略的基石。

在英国,获得 ISO 批准的最引人注目的赛事是 2012 年伦敦奥运会和残奥会。伦敦奥组会(LOCOG)发表了一系列文件,概述了他们应对气候挑战的要求,也呼吁英国人民与国际社会一起应对气候挑战。

《2012 年伦敦:迈向一个星球》特别提到《京都议定书》(1997 年出版)规定了在京都签署的国际协议的到期日期为 2012 年。因此,对于关于气候变化的国际辩论来说,以及在京都会议上签署的国际协议如何推进议程。京都议程的巩固是在 2010 年哥本哈根会议上达成的。一些国家签署哥本哈根协议,也是中国和发展中国家首次签署。然而,并不是每个国家都批准了具有法律约束力的协议,并达成一个将全球温度上升限制在 2 摄氏度的理想目标。

伦敦 2012 可持续发展面临的挑战

作为一项大型赛事,奥运会对伦敦 5 个行政区格林威治、哈克尼、纽汉、塔哈姆雷茨和沃尔瑟姆森林都有影响。鉴于奥运会对这些行政区可能产生的影响,2012 年伦敦奥运会提出了 5 个可持续发展目标。

图 15.2 突出了 2012 年伦敦奥运会可持续发展战略的基础。从 5 个目标来看,需要进一步调查,以区分英国政府需要解决的社会和政治问题。根据 2012 年伦敦奥运会的统计,包容性是:

通过促进获取、庆祝多样性以及促进下利亚谷和周边社区的物质、经济和社会再生,到目前为止,伦敦奥运会是最具包容性的奥运会。(LOCOG,2008:6[online])

人们普遍注意到,伦敦奥运会举办地所在的 5 个行政区的居民受到更大程度的不平等。这一理论得到国家统计局的数据支持,表明伦敦内外部在犯罪、剥夺和健康领域存在显著差异。

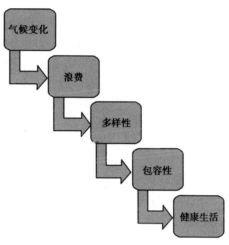

图 15.2　2012 年伦敦奥运会可持续发展战略

内伦敦自治市镇—纽汉

- 对人的暴力行为:2010 年 4 月—2011 年 3 月发生 7 003 起暴力事件。
- 包括纵火在内的刑事损害:2010 年 4 月—2011 年 3 月发生 3 108 起事件。
- 社会服务事件:2006 年 1 月—2006 年 12 月发生 1 209 起事件。
- 县法院判决总数:5 361 件,总价值为 2 439.49 英镑。
- 2007 年 4 月—2008 年 3 月的冠心病病例:3 950 例。

内伦敦自治市镇—哈克尼

- 对人的暴力行为:2010 年 4 月—2011 年 3 月发生 5 952 起犯罪。
- 包括纵火在内的刑事损害:2010 年 4 月—2011 年 3 月发生 2 205 起事件。
- 社会服务事件:2006 年 1 月—2006 年 12 月共有 2 460 起事件。
- 县法院判决总数:4 256 条,总价值 2 337.24 英镑。
- 2007 年 4 月—2008 年 3 月的冠心病病例:2 369 例。

内伦敦自治市镇—塔哈姆雷茨小村庄

- 对人的暴力行为:2010 年 4 月—2011 年 3 月犯罪 6 315 起。

- 包括纵火在内的刑事损害:2010 年 4 月—2011 年 3 月发生 2 803 起事件。
- 社会服务事件:2006 年 1 月—2006 年 12 月发生 3 144 起事件。
- 县法院判决总数:3 155 件,总价值 2 978.56 英镑。
- 2007 年 4 月—2008 年 3 月的冠心病病例:787 例。

内伦敦自治市镇—沃尔瑟姆森林

- 对人的暴力行为:2010 年 4 月—2011 年 3 月发生 5 456 起违法行为。
- 包括纵火在内的刑事损害:2010 年 4 月—2011 年 3 月有 2 585 起犯罪。
- 社会服务事件:2006 年 1 月—2006 年 12 月共有 885 起事件。
- 县法院判决总数:3 860 件,总价值为 2 252.25 英镑。
- 2007 年 4 月—2008 年 3 月的冠状动脉心脏病病例:3 206 人。

内伦敦自治市镇—格林威治

- 对人的暴力行为:2010 年 4 月—2011 年 3 月发生 5 435 起违法行为。
- 包括纵火在内的刑事损害:2010 年 4 月—2011 年 3 月发生 3 191 起事故。
- 社会服务事件:2006 年 1 月—2006 年 12 月 1 482 起。
- 县法院判决总数:4 235 件,总价值 2 191.55 英镑。
- 2007 年 4 月—2008 年 3 月的冠状动脉心脏病病例:3 157 例。

将这些统计数据与另一个伦敦地区如卡姆登比较时,我们看到了一个类似的情况。2010 年 4 月—2011 年 3 月,侵犯人身暴力罪行共发生了 5 867 起。2010 年 4 月—2011 年 3 月,包括纵火在内的纵火案件共发生 2 269 起。社会服务事件,2006 年 1 月—2006 年 12 月共发生 2 367 起。县法院判决总数为 2 469 件,总值为 3 473.53 英镑。

外伦敦自治市镇—泰晤士河畔金斯顿

- 对人的暴力行为:2010 年 4 月—2011 年 3 月发生 2 234 起犯罪。
- 包括纵火在内的刑事损害:2010 年 4 月—2011 年 3 月发生 1 327 起事故。
- 社会服务事件:2006 年 1 月—2006 年 12 月发生 480 起事件。
- 县法院判决总数:1 529 件,总价值为 2 865.32 英镑。
- 2007 年 4 月—2008 年 3 月的冠心病病例:2 537 例。

外伦敦自治市镇—巴尼特

- 对人的暴力行为:2010 年 4 月—2011 年 3 月发生 4 438 起犯罪。
- 包括纵火在内的刑事损害:2010 年 4 月—2011 年 3 月发生 2 686 起事故。
- 社会服务事件:2006 年 1 月—2006 年 12 月发生 1 314 起事件。
- 县法院判决总数:4 058 件,总价值为 3 392.39 英镑。
- 2007 年 4 月—2008 年 3 月的冠心病病例:3 491 例。

外伦敦自治市镇—默顿

- 对人的犯罪：2010 年 4 月—2011 年 3 月发生 2 874 起犯罪。
- 包括纵火在内的刑事损害：2010 年 4 月—2011 年 3 月发生 1 838 起事故。
- 社会服务事件：2006 年 1 月—2006 年 12 月发生 621 起事故。
- 县法院判决总数：2 550 件，总价值为 3 189.85 英镑。
- 2007 年 4 月—2008 年 3 月的冠心病病例：2 441 例。

外伦敦自治市镇—哈罗

- 对人的犯罪：2010 年 4 月—2011 年 3 月发生 3 260 起犯罪。
- 包括纵火在内的刑事损害：2010 年 4 月—2011 年 3 月发生 1 577 起事故。
- 社会服务事件：2006 年 1 月—2006 年 12 月发生 561 起事故。
- 县法院判决总数：2 771 件，价值为 3 047.89 英镑。
- 2007 年 4 月—2008 年 3 月的冠心病病例：3 433 例。

外伦敦自治市镇—布罗姆利

- 对人的犯罪：2010 年 4 月—2011 年 3 月发生 4 841 起犯罪。
- 包括纵火在内的刑事损害：2010 年 4 月—2011 年 3 月发生 2 808 起事故。
- 社会服务事件：2006 年 1 月—2006 年 12 月发生 933 起事故。
- 县法院判决总数：3 073 件，价值为 2 946.45 英镑。
- 2007 年 4 月—2008 年 3 月的冠心病病例：5 265 例。

伦敦共有 32 个行政区，其中 12 个被指定为内伦敦，20 个被指定为外伦敦。伦敦内、外行政区在健康、犯罪和社会贫困方面存在显著差异。浏览所有行政区域中的一个特定数据集得出的结论是，犯罪对特定地点具有广泛和不成比例的影响。至于不健康，这不完全取决于你住在哪里，而是取决于你对健康问题的了解程度。同样重要的是，要记住，在伦敦市的一些行政区，少数民族群体患冠心病的可能性更高。

这些统计数据还可以与公共卫生观察站协会编写的一份独立研究相联系，该研究报告表明，英国人在整个欧洲中的肥胖率最高。这个问题需要政府、卫生专业人员、食品生产商和零售商共同解决，并立即做出反应。2009 年，英国政府推出了一个名为"改变 4 生活"的运动，这项运动最初的目标是让儿童变得更加积极，尽管自那时起，它已经将其职责范围扩大到父母。英国政府也可以从欧洲合作伙伴那里学习一些教训。2003 年，丹麦是世界上第一个取缔含反式脂肪的食品的国家，此举有效地禁止了部分氢化油（限制为用于人类食用的脂肪和油的 2%）。瑞士遵循丹麦反式脂肪禁令，并于 2008 年实施了自己的禁令。英国国家卫生和临床优化研究所（NICE）报告说，反式脂肪每年导致英国每年 40 000 例早死。巧合的是，麦当劳和可口可乐是奥运会的全球合作伙伴，而在默认的情况下，东道国必须与这些合作伙伴合作并促进这些合作伙伴的发展。

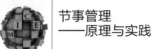
正是在政治议程上的这些和其他问题，表明为什么 2012 年伦敦将健康生活和包容性作为伦敦奥运会的五个目标中的两个。

空气质量

这里没有直接列入《京都议定书》和与气候变化有关的其他联合国文件。然而，与清洁空气有关的健康与《清洁空气法》和欧洲法规有关。

《1995 年环境法》对英国所有地方当局都规定一个职责，即评估和监测其空气质量。如果空气中的污染物水平超过设定的限值，地方当局将被指定为空气质量管理区，并且必须制订行动计划以清除污染物。该法规定了地方当局必须监测的 7 种污染物，例如，曼彻斯特城在 2010 年达到了 7 项污染物中的 6 项标准。但是，预计该城市内的二氧化氮（NO_2）会增加，这可能是英国所有主要城市的共同问题。

除了这项立法，英国政府和欧洲议会也提请注意 PM10 颗粒的问题，PM10 颗粒的主要来源是公路运输、发电和工业。

与呼吸问题相关，例如咳嗽、感冒、呼吸短促和支气管炎，PM10 由许多物质组成，其中一些可能增加患癌症的风险。（曼彻斯特市议会，2006：7［在线］）

2012 年，伦敦奥运会涉及的 5 个行政区（哈克尼、纽汉、格林威治、塔哈姆雷特和沃尔瑟姆森林）都在二氧化氮（NO_2）和颗粒物（PM10）的质量管理区，因此，空气质量行动计划已经准备就绪。

2008 年出版的"哈克尼环境状况"报告得出以下结论：仍然预测目前的空气污染均每年在伦敦造成超过 1 000 人的过早死亡和 1 000 额外呼吸入院。（London Borough of Hackney，2008，P14）

报告称，伦敦的空气质量是英国最差的。与曼彻斯特一样，哈克尼在 NO_2 和 PM10 污染物方面也有问题，这也成为英国许多大城市的关注焦点。

英国政府目前违反了 1999 年《清洁空气法》和欧洲法规。由于该法规在 2005 年具有法律约束力，英国每年都未能达到这些标准。欧盟委员会于 2009 年向英国政府发出最后警告，可能处以 3.6 亿欧元的罚金。为了解决这一问题，2012 年 1 月 3 日，伦敦引入了低排放区，该区每天 24 小时，每周 7 天瞄准特定尺寸（从 4×4 汽车到铰接式卡车）的车辆，其使用柴油燃料行驶。如果车辆被发现违反低排放标准，罚款从 250 欧元到 1 000 欧元不等。

低排放区的引入使 2012 伦敦奥运会和残奥会能够实现 5 个目标之一，并用结论性数据衡量 PM10 颗粒物减少情况，这些地区被欧盟委员会认定为违反规定的地区。

通过奥运会可持续发展方式

第一，主办奥运会将增加消费支出。事实上，据专家估计，奥运会期间的支出增长将达到 7.5 亿英镑。奥运会期间,有很多游客将在酒店、餐馆、商店等消费。

第二,奥运会将提高企业的产量。通过生产筹备奥运会期间所需的货物和服务,可能达到 11.4 亿英镑的收入。奥运会是国有企业提高销售的真正机会。

第三,奥运会将创造就业机会。事实上,奥运会准备期间发生了这种情况,在建筑部门、客运陆运、商业服务和体育设施方面创造了新的就业机会。除此之外,许多餐馆、酒店和商店肯定会聘请更多的工作人员应对奥运会期间涌入的人群。

第四,举办奥运会将导致整个国家和城市增加对外投资。一些研究表明,在英国举办奥运会的城市是有吸引力的。此外,伦敦作为奥运会的主办城市将会增加国际曝光率,该市将获得额外投资不同的项目。从长远来看,主办奥运会将给予伦敦和英国一个全球性的曝光和认可,这有助于向世界宣传这座城市和这个国家。例如,2016 年,英国将新增 119 家公司,伦敦将新增 439 家公司。同样,这种曝光率将产生第二个影响,即从长远来看会增加旅游业。

此外,奥运会将对整个英国和伦敦的 GDP 产生重大影响。根据亚当·布莱克的一项研究,英国 GDP 在 2005—2016 年会增加 19 亿英镑,伦敦国内生产总值将增加 59 亿英镑。

奥运会设施、场地和基础设施将有助于伦敦,特别是东端的城市复兴,包括伦敦贫困地区的下利谷。

案例研究　2011 曼彻斯特 国贸节

2011 年,Ear To the Ground 和仓库项目联合在曼彻斯特普拉特领域举办了第二年的公园生活节。

这次活动在帕克兰的人民公园举行,目的是举办户外活动。Ear To The Ground 活动的机构位于曼彻斯特市中心,2010 年通过了 ISO 14001 环境标准认证。通过该认证,Ear To the Ground 必须在其业务运营的所有方面实施、审查和制定环境标准。

它设计了一种方法,与活动代理机构一起先评估环境方面和影响提示列表。除了对参加节日的客户进行环境评估,此评估还衡量了客户对环境问题的态度以及观众参加活动的二氧化碳排放量。

2011 年的公园生活节拥有 20 000 名客户,对事件传递和加载相匹配的环境协议负责。其起草了一项具体的环境政策,以便为所有贸易商、承包商和相关组织形成环境方面和影响提示列表。该文件允许贸易商和承包商评估和监测其对环境的总体影响。在现场开始工作之前,每个交易商/承包商都被发放此文件的副本,在其完成后返还给现场活动管理团队。

环境政策评估

Ear To The Ground 提供了一份 36 个官方承包商和相关组织的名单,以参与环境评估研究。

该机构提出的第一个问题是:"什么是承包商对环境方面和影响提示列表的初步反应?"

这个问题在活动开始的前4周首次提出,此时有一个否定回答。当第二次问到这个问题时,即在向客户递送活动的前一天,依旧是否定答案。因此,该机构制订了一个现场办法,以确定在活动开始前一天确定政策的参与程度。

支持这次活动的组织之一是警察,然而,由于他们到达现场的距离很远,只有一辆警车和少数警官参与了预建阶段,因此他们对环境的影响很小。该组织累积的所有废物都放置在整个场址的废物处理箱进行处理。警方没有积极参与任何环境政策,也没有具体提及环境因素和影响提示清单。

一个特定的承包商支持环境政策,VSC Events以确保所有食品贸易商遵循自己的环境标准(规则和法规)。

在交易员文档中,VSC Events强调了废物管理—减少、再利用和回收。为了确保在一定程度上对规则的遵守,VSC Events的代表一直在现场监督以遵守标准,还包括以可持续的方式收集和处理食用油。这也体现在每个贸易商在节日期间可以丢弃的废物类型上。贸易商所需的所有水都来自现场供应。所有交易商的电力都来自公园发电机。

公园生活节有潜力成为曼彻斯特学生的主要签名活动。有了这些知识,节日可以利用现有的举措吸引消费者,以提高消费者的接受度并增强直接人群的意识。

总结

创造大量的出版可持续事件管理框架不仅提供了一种当代的专业性视觉,更为业内的实践提供了最佳的建议和指导,以及切实可行的解决方案。

很明显,可持续发展作为一个运动、政治议程或社会意识流,需要政治支持和战略指导。政府,特别是欧盟理事会成员国应该有一个统一的欧盟法规法律。如果存在差异,则成员国之间在推动一个或所有问题时将会有重大的分歧。可持续发展会使得一个国家朝着更加健康的方向发展,其经济实力提供的替代能源供应可在一个负担得起的成本上满足其长期需求。商品和服务及税收的增加可改变消费者的态度和购买决定。这几个重要问题已成为中小规模企业成长路上的重要里程碑。

通过分析英国国家统计局的数据我们可以得出结论,社会剥夺和犯罪相当大比例地发生在伦敦自治市镇内。相比之下,外部行政区在生活质量上与内部行政区存在显著差异。许多伦敦内地区的犯罪率和健康问题,对居民造成了重大影响,并可能会削弱一个社区的可持续发展。我们还研究了排放政策的长期可持续影响,有助于减少幼儿的呼吸系统问题,如NICE研究所显示。

本章还讨论了伦敦奥组委在2012年伦敦奥运会和残奥会的可持续发展目标。2012年伦敦奥运会提出的每个目标必须认真评估,以确保能显著减少指定地区的问题。这些目标是可以衡量、内部验证以及随具体情况而调整的。生物多样性、浪费和气候变化涵盖了大量的问题,包括能源、水资源管理、基础设施建设、交通、当地的粮食生产和碳抵消问题。其官方网站称,伦敦奥组委公布了一批文件,清楚地表明他们是如何推进和实现他们的目标的。

然而,健康生活及其具体方面是一个长期目标,需要英国在 2012 年后进行长期的政治干预。

问题讨论

问题 1

讨论 2012 年 1 月在伦敦引入低排放区后对伦敦社区的社会和健康益处。

问题 2

2007 年,英国标准协会(BSI)为活动部门提出了一份可持续的指导文件。请讨论 ISO 14001 环境标准与 BSI 可持续发展指南之间的差异。

问题 3

在英国,有一些政府机构有明确的职权,为商业部门制定战略以应对气候挑战。请选择 3 个机构,并概述其实现长期变化的战略。

问题 4

在所提供的案例研究中,客户表示,如果活动展示了向公开的可持续发展转变的态势,他们准备为节日门票支付更多的费用。从客户角度讨论,如何在节日中引入 3 个可持续发展方案,以应对气候变化挑战。

问题 5

2012 年,伦敦奥运会与联合国国际植保公约关于气候变化的第四次评估报告有什么战略联系?

问题 6

联合国组织了一些关于气候变化的会议。讨论这些会议是否是成员国的国际协议和制定长期政策变革发展的工具。

案例研究 1　LOCHNESS 马拉松和跑步节

营销审查和影响评估

2002 年,卡利多尼亚概念公司作为总赞助商与巴克斯特一起举办了首届尼斯马拉松比赛。该活动现已举办七届,并已扩大成为一个跑步盛会,其中包括:巴克斯特河 Ness 10 千米,健康工作生活 10 千米,企业挑战赛和巴克斯特河 Ness 5 千米。该活动目前持续增长,但仍依靠其赞助收入生存,并且面临来自许多领域的未来挑战诸如当前经济气候和市场,参与者数量正逐渐减少。

FEI 被要求查看该事件的营销,以帮助确定其下一阶段的发展,并探索如何最好地确保该活动的地位和财务未来。此外,FEI 被要求管理发送超过 4 500 个参与者的事后问卷,以量化经济影响,并且获得参与者的反馈以帮助改进该活动的未来发展。

营销审查由 FEI 顾问 Lucy McCrickard 负责,该运动品牌营销赞助和活动管理专家在重大活动方面拥有超过 20 年的经验。她有 13 年管理伦敦马拉松赞助的经验,还有维珍公司的活动协会管理经验。她也是英国奥林匹克马拉松运动员特里西·莫里斯的商业代理和经纪人。

FEI 的工作包括评估活动的当前位置,检查其未来愿景,并确定如何在拥挤的竞争市场中最好地保护活动的独特性。我们继续研究当前和潜在的目标受众。我们检查了营销和沟通渠道,并调查了当前和潜在的合作伙伴。慈善在尼斯湖马拉松中一直发挥着重要作用,露西提出了如何在慈善事业的长期利益中最好地与慈善团体合作。我们还研究了这些发展如何能最好地得到资助和管理,以维护和保护这一事件。2008 年 8 月,这项工作被概括在一篇市场综述中。

继 2008 年 10 月的马拉松赛之后,FEI 还与客户商定了事后在线调查问卷的措辞,管理其分发情况,并在 2008 年 11 月提交的经济影响报告中总结了调查结果。

案例研究 2　冬季花园展馆

作为布里斯托尔地区最大的会议中心之一,威尼斯超级玛丽海滨的冬季花园凭借其优越的地理位置、良好的设施和友好的服务一直吸引着客户。然而,为了在酒店市场中保持竞争力,它需要继续吸引新客户,并尽量减少成本和资源的使用。

图 15.3　演绎韦斯顿冬季花园展馆

图 15.4　越过海港观看冬季花园展馆

2005 年初,冬季花园的工作人员决定进一步减小建筑物对环境的影响。由北萨默塞特理事会运营,充分利用了构成机构的专业知识,成为试点环境管理系统(EMS)的第一次理事会服务。Winter Gardens 餐饮合作伙伴 Parkwood Leisure 已经达到 ISO 14001 标准,因此,达成下一步目标似乎理所当然。

从简单的纸张回收、节约塑料杯回收计划和确保计算机显示器不通宵待机,到安装节能设备,大家积极响应,并提出各种建议、想法帮助改进。例如,在办公区域安装致水冷却器代替瓶装冷却器,消除了运输水的需要并节省了资金,这一做法的优势已经在权威机构中得到认可,并且很快将在北萨默塞特委员会的其他地方实施。

冬季花园的一个重要问题是能源消耗。通过升级计算机化的建筑管理系统,更大程度地控制消耗,同时改善客户的温度控制和舒适度,能源消耗已大大降低。冬季花园还购买绿色电力,ENVEC 背后的团队帮助在屋顶安装光伏(PV)面板,以帮助抵消年度 ENVEC 活动产生的碳。其他改进计划,如对节能照明的应用也正在进行。通过在厕所和小便器中安装节水装置等措施,也减少了用水量。

环境管理体系已经解决的另一个领域是活动的举办以及他们所产生的各种环境影响。致力于满足绿色事件指南的标准并促进对客户指南的使用,有助于通过减少污染影响和提高环保意识实现环境管理体系的环保目标。

冬季花园的现有客户和新客户认可他们在关于提高可持续性方面所做的努力,并积极给予支持。《绿色活动指南》的方案取得了很大成功,并获得了大量的新会议业务。这表明,活动组织者对可持续发展问题的认识也在不断提高。冬季花园馆的经验清楚地表明,环保意识可以带来商业利益,并有助于其未来的长期发展。

第16章 长期遗产及影响

在本章中,您将了解到如下内容:

- 活动的影响;
- 活动的长期遗产;
- 活动的经济影响;
- 蒙特利尔奥运会的经济遗产;
- 活动的社会和环境影响;
- 总结;
- 问题讨论;
- 案例研究。

本章的目的是批判性地审查长期遗产的发展以及对主办国活动的影响。本章将提出令人信服的证据说明与主办国的长期遗产对于其经济和社会的影响。本章将指出主办大型活动不仅取决于一个国家是否有能力满足国际标准,而且需要与国际组织建立战略联盟,采用西方政治治理方法可以在最终的结果中发挥重要作用。本章将讨论长期遗产的历史发展对全球平台的影响,特别关注西方民主国家。本章还将介绍一些案例,从正反两个角度阐述更广泛的问题。

活动的影响

在活动行业中,人们会对不同目的进行影响因素的研究。人们经常将活动的成本效益分析的要素与收入和游客支出进行比较。活动促进东道主城市经济的发展,通过增加就业、发展旅游促进贸易和商业的发展。

可以这样认为,随着投资的增加将会产生催化效应,对于基础设施的额外投资,促进其长期发展。此外,其他具体的好处包括:税收收入的提高和房价上涨。

然而,活动管理者总是过分强调活动的财务收益,并且忽视活动期间发生的其他可能的影响。活动经理必须重视这种潜在情况,识别和管理活动所产生的积极和消极影响。

活动为主办城市带来巨大的经济资源,可以为当地留下长期遗产。此外,当地企业依靠大型活动和节日提高他们的收入;对许多人来说,它可能是"蛋糕上的糖霜"。Getz 对于大型活动的定义是:大型活动通过其规模或自身的重要性给主办社区、场地或组织带来大量的旅游量、媒体报道、声望或非常好的经济影响。(2005,18)

活动范围广泛,涉及文化、环境和社会影响方面。每种都有自己的影响,这有助于对活动的大小类型进行分类,每一个都有自己的影响。奥运会被认为是世界上最大的体育盛会,为主办国和当地社区带来巨大的经济、社会和政治利益。

活动的长期遗产

为了满足与奥运会有关的需求,需要很多资源,其中一些资源可能被用于其他用途。与奥林匹克相关的需求的资源、如劳动力资源,它们将增加就业和经济总产出。(财务管理研究和信息办公室,1997)

遗产一词引起了持续的讨论(表 16.1)。

表 16.1　遗产的种类(国际奥委会,2003)

遗产	内容
运动	在区域内引进各种体育活动
	提高妇女参与奥运会的比例,在主办国各个年龄的女性积极参与体育活动
	世界级的体育设施
政治	改善教育的潜力
	促进奥林匹克作为文化援助
	对主办国各种文化思考的介绍
经济	由于常数变量难以测量
	通过再生项目为国家带来长期利益
社会	建立民族自豪感和传统
	作为一个成功的体育国家被长期认可
	作为一种历史工具,在其社会历史中教育年轻群体

奥运会的主办城市

直到 1968 年,国际奥委会向西方民主国家颁发了奥运会(主办资格)。1896—1964 年,一共举行了 17 次奥运会,那段时间曾受到许多经济和政治入侵。本章将从国际和国家层面展示入侵行为,并探讨它们如何为奥运会的主办城市的社会、经济和环境影响做出贡献。最明显的入侵是第一次和第二次世界大战;在这些时期没有举行奥运会。然而,在每次战争结束时,战败国短时间内被排除在奥运会外。

1920 年,奥运会主办(主办资格)权交给了比利时的安特卫普;1924 年交给了巴黎;1928年是荷兰的阿姆斯特丹,由于它在第一次世界大战中的中立地位而被认为是一个可行的选择。第二次世界大战后,伦敦在 1948 年申办了这场比赛活动。由于英国在战后经济破产,根据马歇尔计划,英国从美国政府获得了大约 40 亿美元的财政援助。没有这笔贷款,英国可能永远不能维持其国际收支平衡和世界强国联邦的中心地位。有了这笔贷款援助,英国才能够在 1948 年申办和主办奥运会。1952 年,由赫尔辛基主办奥运会;1956 年,再由澳大利亚的墨尔本主办;1960 年是罗马主办奥运会;1964年,日本东京获得了主办奥林匹克运动会的权利。东京不仅在第二次世界大战中遭到轰炸,而且遵循了西方的政治治理风格。1956 年,日本加入联合国,从那时起日本经济强大并开始拥有雄厚的技术力量。

1968 年,国际奥委会将奥运会主办资格授予墨西哥。在历史上的那一刻墨西哥处在独裁统治下,随之而来的是大量的年轻学生进行政治示威游行,寻求政治和公民自由,摆脱压迫。10 月 2 日,在奥运会开幕前10 天,44 名学生和民间示威者在示威中被政府军队杀害。可以说,这一事件是奥运会对主办国造成的的最坏的社会影响。

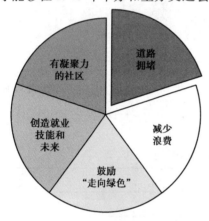

图 16.1 2012 年伦敦奥运会的长期遗产框架

2012 年伦敦奥运会的长期遗产

Higgins(2008)确定了 2012 年伦敦奥运会需要投资的五个主要领域,以发展其长期遗产(图 16.1)。

2008 年北京奥运会举办成本

表 16.2 列出了举办 2008 年奥运会并重建城市的建筑成本。表 16.3 显示了奥运会和非奥运相关投资的再生支出。这种改善提高了城市居民的生活水平,因此,对主办社区有积极的影响。

表 16.2 2008 年北京奥运会建筑成本

收入	美元/百万	%
电视转播权	709	43.63
顶级赞助	130	8.00
本地赞助	130	8.00
许可	50	3.08

续表

收入	美元/百万	%
官方供应商	20	1.23
奥运纪念币计划	8	0.49
集邮	12	0.74
彩票	180	11.08
门票销售	140	8.62
捐款	20	1.23
资产处置	80	4.92
补贴	100	6.15
其他	46	2.83
支出	美元/百万	%
资本投资	190	11.69
休育设施	102	6.28
奥运村	40	2.46
北京奥运会主新闻中心（MPC）、国际广播中心（IBC）	45	2.77
MV	3	0.18
运营	1419	87.32
体育赛事	275	16.92
奥运村	65	4.00
北京奥运会主新闻中心（MPC）、国际广播中心（IBC）	360	22.15
MV	10	0.62
仪式和节目	100	6.15
医疗服务	30	1.85
餐饮	51	3.14
交通	70	4.31
安全	50	3.08
残奥会	82	5.05
广告宣传	60	3.69
行政	125	7.69
奥运前的活动和协调	40	2.46
其他	101	6.22
盈余	16	0.98
总计	1 625	1 625

表16.3　奥运和非奥运相关投资的再生成本

资本投资	建设成本/百万美元								
	2001	2002	2003	2004	2005	2006	2007	2008	总计
计划的非奥运支出									
环境保护	1 000	1 000	1 500	1 500	1 500	1 300	827	0	8 627
公路和铁路	547	592	636	636	636	313	313	0	3 673
机场	12	30	31	12	0	0	0	0	85
奥运相关支出									
运动场馆	213			425	496	283	12	0	1 429
奥运村	111					159	135	38	442
总计	1 559	1 622	2 380	2 573	2 743	2 055	1 287	38	14 257

资料来源:北京奥组委.

活动的经济影响

　　从历史上看,经济影响报告会作为活动的前言或总结发布,特别是在大型活动的情况下。学术界和既定的独立组织一直被赋予生成报告的责任,并向更广泛的公众公开,有证据表明,大型活动可以给主办国带来重大的经济价值,无论是通过旅游还是大型基础设施建设。除此之外,主办国和官方权利人在每次奥运会后也发表了经济研究。据报道,这笔支出为主办国提供了重要和值得的附加价值。在大多数情况下,基础设施如房屋、道路和商业建筑的增加是任何城市都欢迎的。然而,这些资产的初始支出在很大程度上来自主办国的地方和国家纳税人。

　　2004年,普华永道发布了一份报告,分析了奥运会对主办国的经济影响。它明确区分了主办奥运会的总体财务成本和通过直接产生的收入可以满足的成本。这份报告考虑到主办国的规模,并衡量地方和国家层面的经济影响,如美国和希腊。该报告考察了赛前和赛后的影响。广播收入也在被探索——这是奥运会最大的经济收入驱动因素,虽然国际奥委会通常占这些收入的很大一部分。在建立奥运会主办国的经济概况时,报告参考了一个被经济学家称作"乘数效应"的指标。这个经济指标通过总支出测试和衡量经济绩效。

　　该报告考虑了从1972—2000年举行奥运会的7个国家。在经济报告中分析的7个国家中,美国的特殊情况必须被承认。洛杉矶奥运会打破了主办国债务的经济周期。当地的组委会能够以赞助方式获得所有的财政支出。在1984年之前或之后没有任何国家举办奥运会能够融资并为活动带来盈余。

　　该报告在8～10年的时间内衡量每个国家的经济表现,以了解奥运会对国内生产总值、投资、私人和公共消费及消费支出是否有重大影响。虽然该报告没有考虑到全球的经济形式,但引起了读者的注意,全球经济形势可能对一些国家的经济增长产生影响,例如,希腊与伊拉克战争和增加的安全预算。报告清楚地表明,几乎所有国家的经济表现在赛前影响阶段都有所增加。然而,对于一些主办城市,在奥运会影响和赛后影响方面,与 GDP 相关的经济表现和前面提到的其他指标水平,经济表现在几年内均有所下降。

澳大利亚政府报告和国际奥委会的结论都是 2000 年的悉尼奥运会在经济上取得了成功。然而,普华永道报告显示,新南威尔士国内生产总值下降,消费支出和公共消费水平持续下降。在悉尼申办 2000 年奥运会的预算为 30 亿澳元(10 亿英镑),其中只有 3.635 亿澳元将由公众承担。2002 年,新南威尔士州审计长进行了进一步的审计,确认悉尼奥运会的成本为 66 亿澳元,公众支付了 17.2 亿澳元。这种预算差异可以在许多投标中看到,包括 2012 年伦敦奥运会,当地组织委员会决定否决/排除设施和基础设施的资本成本,这最终成为投标中最昂贵的方面。

2005 年,文化传媒与体育部与普华永道共同发布了 2012 年伦敦奥运会影响研究最终报告。该报告得出的结论减少了 7 个奥林匹克国家 2004 年经济概况中的信息。

[例如,它显示,奥运会有 84.4% 的机会在 2005—2016 年对英国 GDP 产生积极影响;而在伦敦,相应概率为 95.3%。(普华永道/文化传媒和体育部,2005:5(online))]

2005 年,在伦敦获得奥运会主办权之前,政府进行了一些广泛的研究,并发表了一份报告:下议院文化、媒体和体育委员会对 2012 年伦敦奥运会的申办(2002-3)。

它详细说明了 2012 年举办奥运会的费用。报告调查了雅典、悉尼和曼彻斯特奥运会,考虑了基础设施成本、通货膨胀、土地征用、不确定性和十年项目的假设等因素。提出的最终预算为 467.4 万澳元,文化传媒和体育部(DCMS)的公共补贴为 26.24 亿澳元。考虑到仅 2004 年雅典的安全预算记录在 14 亿澳元,而希腊政府要求国际货币基金组织(IMF)提供贷款以支付奥运会的费用,很难相信政府与相关合作伙伴会提出这样一个被低估的主办奥运会的成本。

[国务大臣在口头证据中参考了雅典和悉尼的经验,强调了关于运动会预算的风险。她说,他们都发现他们的产出是估计费用的两倍。我们问文化传媒和体育部已经采取了哪些工作来评估和避免悉尼和雅典在预测成本方面的失败。(House of Commons Culture, Media and Sport Committee, 2002-3:17)]

从官方网站获取的 2012 年伦敦奥运会的安保成本为 6 亿英镑,关于这个问题的最近的声明表示,成本已经超过 10 亿英镑。一些媒体评论家比较了 2004 年雅典奥运会的 14 亿欧元的安全预算。到 2007 年,伦敦奥运会的预算增加了一倍。

[2007 年 3 月由奥林匹克运动会和残奥会部长以及奥林匹克委员会联合主席宣布的 2012 年伦敦奥运会预算为 93.25 亿英镑。(The Olympic Delivery Authority, 2011:17 [在线])]

考虑到 2004 年的报告,奥运城市的 GDP 在活动后期没有显示任何重大变化,但在某些情况下经济表现有所下降,而且相较于其他未纳入 2004 年报告样本的奥运城市,证据显示,它们在经济表现方面显示出非常相似的特征。因此,很难得出 2012 年伦敦奥运会有很高的概率实现较好经济概况的结论。

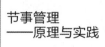

当描绘大型活动对西方国家的经济影响时,我们面临的是一定程度上与已公布的数据不一致的情况。然而,国际奥委会一直在努力表明,主办奥运会将被视为经济的成功,并且是稳定的经济、新兴国家和发展中国家的地位标志。

蒙特利尔奥运会的经济遗产

1996 年,Michel Guay 撰写并发表了一份题为"蒙特利尔奥林匹克运动会的介绍"的报告。在报告中,他明确指出,蒙特利尔奥运会没有赤字。事实上,奥运会给加拿大魁北克政府带来了超过 2.23 亿美元的盈余。在同一份报告中,它提到了专门用来削减"奥林匹克债务"的烟草税。

【根据魁北克政府在 76-77(8)预算中的原始估计(当确定了用于奥运偿还债务的新烟草税时),"奥林匹克债务"的支付将在 1981—1982 年完成。然而比计划日期晚 15 年的现在,仍然有"奥运债务"。非常感谢我们的政治家朋友。(Guay,1996 [在线])】

在这里我们非常清晰地对一个文件中的同一主题有不同的意见。许多学术论文和独立报告都提到了魁北克人民承担着奥运会的巨额债务,特别是对奥运场馆的债务。该体育场的 15 亿美元债务最终于 2006 年还清。据报道,蒙特利尔是举办奥运会偿还期最长的城市。

在 1976 年蒙特利尔奥运会发表的官方报告中,报告的第 1 卷提到奥运成本升级,最初设定为 3.1 亿美元用于举办奥运会。报告将成本升级归因于若干因素,包括加拿大国内和全球的社会和经济状况。从 1973 年以来,加拿大经历了通货膨胀,物价水平上升了 40%。财务预测和现实之间的差距被归因于技术困难、材料估计不足、奥运场地的劳资纠纷,还有新建筑技术。技术问题被认为是奥林匹克体育场具有失控成本的主要因素之一。设计这个体育场地的法国建筑师罗杰·塔伯特并没有完全做好建设奥运会场馆时建筑技术的测试,这最终给建筑过程带来了许多问题,并造成了一定时间的延迟。即使在建成后,体育场地也遭到了许多建筑缺陷的破坏。1991 年,55 吨混凝土梁从建筑物上掉下来;1999 年,一个 350 平方米的屋顶塌陷。幸运的是,没有人在这些场合中受伤。

在西方民主国家,特别是在英国,招标大型活动的主要驱动力是被称为"城市重建"的政策,这是许多大都市忽视的产物。再加上重建计划也有社会影响,这是大型活动的招标文件中的一个重要补充。

城市重建的政策直接来自国家政府,但城市衰落也在欧盟议程上,欧盟委员会的目标指标给予了表现不佳的城市或地区。目标 1、2 和 3 是给予在社会和经济上造成最广泛影响的城市。利物浦被欧盟委员会授予近 20 年的目标 1 地位,因为该市对欧洲造成了一些最恶劣的经济和社会影响。

直到 2008 年,当利物浦正式成为欧洲文化之城时,该城市才开始体验新的投资机会,并被从目标 1 状态中删除。

2002 年英联邦运动会在曼彻斯特,2012 年奥运会在伦敦,2014 年英联邦运动会在格拉斯哥举行,从这些选址中也可以看出这一点。

2002 年曼彻斯特联邦运动会举办地位于曼彻斯特市中心的东部,一个由于经济和社会问题突出而闻名的地区。由于投资不足,东曼彻斯特需要大量的经济投资来扭转多年的经济衰退。被废弃的土地被指定用于重建,使之具有可持续的长期前景。一些学者和独立组织对该运动会的事后分析,通过新的家园,就业,改善交通和道路网络,包括从当地居民持续使用的体育设施,曼彻斯特联邦运动会取得了巨大的成功。2012 年伦敦奥运会的申办是第二次世界大战未被污染和遗弃的土地。这个活动覆盖了伦敦 5 个行政区的社会、环境和经济,这些地区和外围行政区相比在社会层面表现最差。2014 年,格拉斯哥英联邦运动会被战略性地设在城市的东部城市。同样,从健康的角度来看,这个地区被列为英国表现最差的地区之一,也显示了与健康不佳相关的一系列其他社会问题。欧盟委员会还将其作为欧洲最贫困的地区之一。因此,大型活动在试图改善当地居民的生活方面发挥战略作用并非偶然。在三个事件中应用的方法清楚地表明大型活动有改变城市的社会和经济结构的倾向。

活动的社会和环境影响

现在,活动组织者利用历史和文化主题开展年度活动,通过在社区环境中举办节日,吸引游客并在东道主城市创造文化形象。尽管如此,许多活动组织者没有考虑到社会和环境的影响。

活动可以极大地影响当地居民的生活质量。有人认为,当分析每个单独活动的经济影响时,需要从战略角度控制节日对社会和环境的影响。活动组织者可能只考虑经济影响,忽略居民的看法,这提供了一个重要的非经济维度,用于衡量东道主如何在活动中受益或受到冲击(Hall,1992)。

因此,活动管理者必须解决当地人关心的问题,减少负面影响。活动管理者还应考虑当地居民的看法,并与当地居民讨论活动的初步建议。许多有影响力的作者建议,活动组织者对居民的关注和态度有清晰的认识和理解是很重要的。Delemere(2001)认为,这将促进社群内社会和经济发展力量之间的平衡。主办方的观点也可能有助于规划者和决策者在改善行业长期可持续发展中使用的分析框架(Jeong and Faulkner,1996;Williams and Lawson,2001)。

没有当地社区的支持,无法确保任何活动的成功,获得当地的支持是一件从一开始就很紧急的事,甚至是常识。没有考虑当地居民感受情感的活动组织者只会获得敌意并使得当地人感觉这些活动与他们无关。这只是影响活动的许多潜在问题之一,因为成本和收益是不均匀分布的,并且可能短期和长期出现。

这是非常重要的一点,可能会对本研究的结果产生影响。因此,确定成本和收益如何以及谁受到影响显然很重要。

总 结

本章指出游客对当地商品和服务的支出对当地企业产生直接的经济影响,并在经济和社会中更广泛地传递利益。

本章讨论了经济评估的有效性,并表明在评估事件性能的准确方法方面存在分歧。然而,政府仍然十分关注活动产业经济层面的影响,因为这通常被视为衡量活动及相关发展是否成功的直接标尺。活动组织者和地方政府只考虑了经济影响,忽略了社会影响。随着活动行业的发展,活动管理者的作用是对利益相关者可能产生的影响进行编目和预测,同时制订减少所有负面影响的计划。

证据清楚地表明,在大型活动场所内的社会和经济影响是一个常见问题,政府在决定未来参加国际大型活动时必须认真对待。对一些居民留下的社会印记将在活动结束后保持很长时间。留给主办国居民的财政债务造成了他们对大型活动极大的不满。特别是在提交财务数据时,解释大型活动的整体遗产和影响的正式文件必须遵循一致的标准。在提交事前和事后影响报告时,必须始终包括基础设施成本。长期财务预测应密切关注类似投标价,其中财务数据要准确说明财政支出。

透明度和问责制不应被视为标记在最终报告中的粗略意见,而应用作解决问题的机制,并为打算投标的国家制定未来的新标准。

问题 1

与墨西哥奥运会一样,大型活动的社会影响可能对当地居民产生巨大的负面影响。讨论导致 1968 年墨西哥奥运会大屠杀,以及美国和墨西哥政府之间的政治关系。

问题 2

主办国和指定组织的经济影响报告一直表明,对于决定举办大型活动的大多数国家来说,债务是一个小问题。讨论为什么存在可信机构发布的代表大型活动的信息与之冲突的理由。

问题 3

城市重建是一项政治和政府政策,旨在重建一个已经出现显著下降的区域,城市或城镇地区。大型活动已经采取了这一政治议程。从英国的角度讨论为什么有些招标文件把城市重建作为一个特色。

问题 4

2008 年,城市文化奖对利物浦产生了重要影响。请探讨利物浦主办活动的好处,使利物浦脱离目标一的状态。

问题 5

在一些城市,通过在场馆内举办赛事的途径,大型体育场馆对经济有巨大的推动作用。请探讨加迪夫千年球场带的好处。

问题 6

1851 年,英国首次举办世博会,这对提升一个国家的国际地位有很大的好处。下面是在特定历史时期内,世博会主要由三个国家举办。请说出这三个国家并讨论为什么在特定时期内仍由这三个国家举办活动。

案例研究 1　爱丁堡节日的社会和文化影响

在苏格兰,最富有开创性的工作领域之一是分析节日对文化和社会生活的重要性。爱丁堡节日影响研究询问当地人、参观观众、演员、教师和媒体关于"节日影响"的诸多方面。例如,相较于国内和国外竞争对手,节日活动究竟有多好;节日如何鼓舞儿童和年轻人,如何提高更多的艺术和文化关注度,如何提高爱丁堡、苏格兰的形象和身份,以及如何培养团体意识和幸福的观念。这是第一次在这种规模下问及如此深远的问题。

这项研究中一些最引人注目的发现是有关节日的巨大影响,节日是当地的骄傲和魅力所在,以及游客来此的目的。有很多的证据表明,节日对当地、国家和国际形象有巨大贡献。82%的游客表示,节日是他们进行苏格兰之旅的唯一的也是很重要的原因。同样,85%的受访者认为爱丁堡和苏格兰的节日是开放的,展现了多样性、开放性和积极性的国家形象。

长期遗留的影响

在城市里,93%的游客和参观者表示,节日使爱丁堡成为一个特别的城市,82%的人认为,他们在节日的经历让他们更有可能在未来去爱丁堡。当地受访者也认为节日是非常好的,有89%的人认为家乡的节日使他们感到更加骄傲。

此外,在夏季,节日的同时举办也被视为有很大好处,78%的被调查者认为同时举办节日增加了节日城市整体吸引力。

许多其他的重要发现与节日的扩大和参与者有关。在一个 32 055 人出席的专门研讨会和教育活动,95%是儿童和年轻人。93%的家长认为,参加节日活动能提高孩子的想象力,当被问及代表他们的家庭给节日活动打多少分时,家长对节日的评价平均分为 8.5 分(满分10)。

影响的不只是孩子,93%的观众说节日能使他们见到通常不会看到的艺术家或参与一些活动,超过四分之三的参与者(78.4%)评价爱丁堡节庆活动的质量和其他地方的类似活动一样好甚至比它们更好。大约有三分之二的观众表示,他们的节日体验使他们更可能承担更大的风险和参加不知名的演出。

环境影响

有时候节日也在一直努力解决气候变化和资源耗竭的问题,采取大量的行动减小他们的办公和活动的影响,比如,最大限度地减少垃圾填埋,监测和减少能源使用,负责任地采购印刷纸张,减少纸张的使用。许多节日也采用活动、对话和电影形式加深对环境问题的理解。

这项研究有助于支持环保工作,无论是个人还是集体,都在制订基准和减少节日对环境的整体影响。

首次尝试记录这种影响,该研究表明,观众前往活动地旅行产生的二氧化碳占二氧化碳排放量的比例很大,排放量计算为 44 653 吨,相当于每出售一张票排放 1.34 千克二氧化碳。在废弃物管理方面,近一半(48%)的废物被回收利用。

考虑到它们的临时性质,很多"弹出式"节日场地的评估的操作和影响是一项更为复杂的工作。为此,节日办公室最近已经协调进行了"绿色场馆计划"的试点工作,这个计划是支持、促进和识别具有监控、测量和减少对环境影响的场馆。飞行员一年这个项目是在 2010年,27%的节日演出在"绿色场所"举行。预计这个数字在不久的将来还会增长,从而使爱丁堡的节日环境足迹受到越来越多的监控和减小影响。

案例研究 2　　体育基础设施投资对加的夫游客数量的影响

能够吸引主要体育赛事的举办或主办整个比赛新的体育场馆,吸引了大量英国和国际游客。本文还通过加的夫体育场馆的例子探讨了体育基础设施投资对游客数量的影响。认为现有的场馆和体育赛事的举办和未来事件或仍在计划建设的场馆和他们的预期会影响这个城市游客的数量。

近年来,英国的曼彻斯特和贝尔法斯特等大型城市和乡镇在体育基础设施方面增加了巨额投资。一般由私人融资、政府发展津贴或两者共同提供资金,资金已经用于大型基础设施项目建设,包括体育馆、多功能体育场馆及配套设施的建设。

在获得资金的地区,对游客数量的影响是显而易见的。新的体育场馆能够吸引主要体育赛事或主办整个比赛,通过比赛能够吸引大量英国和国际游客。此外,媒体对重大体育赛事报道的累积效应有助于维持游客对城镇或城市的长期兴趣。

这种投资类型的长期旅游的影响是非常重要的。资金和开发形成一种模式化遗产,并延伸到未来,甚至完全改变当地的公众看法和投资倾向。

几乎没有以加的夫这种投资形式增加游客数量的更好的例子了。

旅游业是威尔士经济的一个重要组成部分。近年来,每年在威尔士过夜和月间旅游的花费已经超过 26 亿英镑,大约相当于威尔士 GDP 的 7%。

对一个城市来说,体育设施投资促进国内和国际游客数量的增加,并形成一种遗产,有助于维持游客数量增加。这已经被许多地方发展部门,包括加的夫郡议会所描述的作为建立加的夫旅游发展战略重要性的关键一步,"作为一个主要的短期目标,特别是对体育和文化领域"。

加的夫的传统观念

多年来,人们对加的夫的传统印象并不是一个顶级的多运动场所,加的夫除作为威尔士橄榄球的传统发源地之外,几乎没有其他的联系。

这种看法并非没有依据。最著名的体育场地和最大容量是加的夫公园。于1962年开业,到了20世纪90年代中期变成了一个┈┈┈┈┈,缺乏现代化酒店停车场或媒体设施。

直到20世纪初,城市的其他主要场馆包括陈旧的┈┈┈┈开放)、索菲亚花园板球场(19世纪末开放)、帝国游泳池(于1958年开放┈┈士国家溜冰场(20世纪80年代开放)。其他额外的体育设施只包括一小部分标准场馆,这些场馆往往需要大量投资,无法举办任何形式的重大体育赛事。

虽然20世纪加的夫举办了很多著名的体育活动,但加的夫缺乏举办吸引国内或国际关注的多运动高级赛事的能力。

投资和转型

基础设施投资对于场地交付至关重要,场地是交付活动的关键。除了相对较少的人特别愿意来体育场馆,绝大多数游客前来是因为他们有大型体育赛事的门票。

莱德杯、灰烬、足总杯等活动组织者必须保护这些赛事的声誉。因此,他们对于主办这些体育赛事的场地要求很高。体育场、球场、酒店、媒体和企业设施,停车场、交通连接、人群控制等都是考虑因素,获得举办这些活动的机会的场所必须达到非常高的标准。

体育基础设施投资对于提供这些高质量的设施至关重要,并允许团队投标大型体育赛事。加迪夫在显示投资、建设、竞争、奖励活动以及由此带来的旅游和经济效益之间的联系方面取得了巨大的成功。加迪夫在过去10年的运动日记已经令人印象深刻,包括全球体育赛事,如灰烬(2009)和莱德杯(2012)。

体育基础设施发展进步:建成、建设和筹划威尔士千年体育场

大约在20世纪90年代中期,成立了一个委员会,以重新开发威尔士国家体育场(旧武器公园),并与重建加迪夫联系起来。

加的夫武器公园国家体育场的评论显示,它在容量上早已被超越;与特威克纳姆和苏格兰开发了能力分别为75 000和67 000的体育场,法国即将建成的法兰西体育场容量超过8万个座位。

威尔士千年体育场加的夫武器公园于1999年6月开放。在建造时,它是英国最大的体

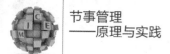

育场,可容纳 74 500 人。体育场坐落在塔夫河的西岸,体育场的一个特点是它靠近市中心。体育场的球迷可以在体育场内举行的体育和娱乐活动结束后直接漫步到酒吧和餐馆。

体育场是一个多用途场地,拥有英国的第一个可伸缩屋顶。它已被授予欧足联(UEFA)五星级评级,现已举办两届橄榄球世界杯、一届威尔士大满贯和六届足总杯决赛。

根据为威尔士橄榄球联盟进行的独立调查的结果,它为威尔士的经济带来了 7.25 亿英镑的财政收入。

经济影响调查显示,自该体育场开放以来,已有超过 900 万人进入,这帮助它成为威尔士最受欢迎的景点和英国十大景点之一。

资料来源:旅游洞察(2012)分享行业的专业知识,分析和情报。

第 17 章　节事产业的展望

在本章中,您将了解到如下内容:

- 全球节事产业发展的动因;
- 科技发展;
- 虚拟活动;
- 节事活动管理人才的可转换技能;
- 活动产业从业基本技能;
- 总结;
- 问题讨论。

本章讨论的重点为对节事产业的展望。本章将解释可持续发展,国际化、创新力和科技是如何促进节事活动产业逐步发展的。过去十年,节事活动在西方迅速成为一股强劲的力量。值得瞩目的是,知识和经验的积累在这个过程中逐渐占据优势,因此,今后经验和知识的能力将逐渐成为节事产业发展的导向型要素。除此之外,互联网的应用、移动电话和虚拟应用的发展也将逐渐成为影响节事产业发展的重要因素。互联网将持续连接分享各大会议,利用其便利性使人们不需与会也可体会到持续更新信息的流通性。随着未来这些力量的崛起,专业从事节事产业的人应拥有更加变通性、全能的、保持警惕性学习的特质。

全球节事产业发展的动因

随着经济的下行,大型企业纷纷采用了裁员、减少服务和尽量避免商业外出减少预算支出,且由于气候变化和自然资源的短缺,许多企业开始进行绿色化转型,并尝试对多样的环保项目投资减少二氧化碳的排放。因此,以上这些因素都使得活动产业开始面临着更多不同的专业性挑战,比如文化转型,顾客体验服务,运动、经济和活动产业之间的动态变化关系,以及移动网络和虚拟应用的科技发展等(图 17.1)。随之带来的一个现象就是,活动方等也开始寻找能够替代面对面会议的高科技沟通方式,保持环保可持续发展。

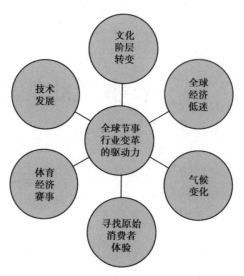

图 17.1　全球节事活动行业推动要素

文化影响的行为变化

目前,消费者的消费水平确实得到了一个质的提高,然而他们在自我认同方面依靠的却是日常接触的文化、生活活动轨迹以及社会性规律和自我认知。这一标准不再是靠个人财富所定义的,取而代之的是,如何使用财产的方式和消费者周围的人的影响。活动产业中,文化资产的影响表现在,比如人们如何沟通和讨论他们作为游客时体验到的节日或运动赛的精彩体验。

创新性探究

活动探究者需要在传统的活动基础上,不停地探索新的活动轨迹和活动的新型举办方式。而市场上也确实存在着一种越来越紧迫的需求,寻求更真实可靠未加渲染的产品和促销方式。

大型赛事与发展中的经济

大型体育赛事和多媒体,健康和福祉以及业余体育对大多数国家做出巨大贡献,国际足联足球世界杯这样的大型体育赛事具有很高的竞争和价值,其是因为它对目的地有潜在的积极影响。

另一方面,大型赛事也对某些国家经济产生负面影响,比如,希腊举办的 2004 年奥运会,就成了后来经济崩溃的一个催化剂。2004年雅典奥运会上的实际支出达到了原始预算的两倍。到了2010年,尽管奥运会确实促进了当地交通系统的发展,比如,新增了地铁线路、新的飞机场和轻轨事业的发展,但是,希腊的奥运场馆却几近闲置。尽管大型赛事的举办会带来国家的财政赤字,其对于地区的经济贡献仍是有目共睹的。

大型赛事与政治

　　体育运动总是被政客们用来作为影响政治重组或作为国家变革的一种手段。例如,在冷战时期,一些国家(尤其是西方国家)决定共同联合抵制莫斯科奥林匹克运动会;在南非种族隔离的影响下,一些地区拒绝与其共同竞赛。我们看到,2012年,汽车一级方程式比赛是否可以在巴林岛举办也引起了巨大的争议,缘于受到中东地区的"阿拉伯之春"运动的启发的抗议者,对该地区的严苛的政治体制发起了广泛的抗争。无论如何,大型赛事的举办将持续受到政治活动的影响,并且反作用于世界政治。

科技发展

互联网与移动科技的发展

　　迄今为止,全球已有30亿的移动手机用户,移动手机的改革已经并将持续改变人们沟通、获取信息以及导航、购物和活动从业人员工作的方式。

　　科技事业的共同发展正在主导着这些变化的进程。比如,移动手机的硬件发展带来了移动手机在除通话以外的高科技功能,手机更多成了一种小型电脑,能够进行一些高端的网页浏览、卫星定位、视频及沟通系统的大幅度改善等。智能手机将会带来更加智能化、强大的运行系统以及更轻便的使用体验。

　　除此之外,互联网技术的进步已经成为软件的主要交付媒介。谷歌和其他大型的互联网公司都看准了这一方向并努力发展技术,几乎都采取了无任何收费的模式发展。网页搜索的发展也在很大程度上推动了高速的宽频技术的发展。相信在不久的将来,互联网技术的全覆盖将会实现。

　　GPS定位系统现已在许多移动手机端实现应用,已成为大规模使用的常规功能。最终,NFC终端功能(已在日本、美国、德国、芬兰得到了大规模的应用)将会把移动手机转换成更高级的支付终端。只要具备了NFC的读卡功能,手机里的小小芯片会帮助人们完成及时敏感的支付操作。因此,信用卡、银行账户等金融账户的操作方式也会因此得到改变。

　　这些正发生在移动终端的科技都会在不同程度上影响活动策展人员的工作方式。比如,上面提到过的几个应用带来的改变,会体现在会议日程的安排、展会的引导和移动终端的导航等,这些都可以帮助参会人员更便捷地找到日程安排等一系列信息,以及更有效建立了策展人员与参会人员之间的联系。移动城市导航和地图定位功能将会引导参会人员在不同地区间的路径规划。像 iPhone 以及其他很有实力的开发公司也会不断地探索出更有效的软件。

除此之外，移动产品如谷歌地图和其他一些实时路况查询、卫星定位系统，都可以有效、便捷地给用户指出，比如，在日本的电影院、好吃的餐厅、买票信息、餐厅定位、实时追踪导航等信息，而这一切都只存在于手机终端的使用中。先进的移动网络定位功能也可以帮助用户更方便地找到旅店、接待处、会议中心的房间，并且在会议任何时候都可以导航出有效路径。

并且，交互或观众回应键盘是吸引与会者的优秀工具，可以提供非常有用的数据。当然，这项高难度技术现在仍是个挑战，甚至租赁费用可以达到每人每天 10 美金。当组织人或演讲者想要使用投票功能时，参与者完全可以拿出手机实时反馈。目前为止，有些公司如 Log-On 已经开发出了让观众进行短息回馈来进行投票的技术。在未来，一定会出现更方便有效操作的基于网页端的投票产品。现在我们可知的，像 VisionTree（视觉树）的一些公司已经开始尝试提供一些可以让观众投票、参与调查和追踪回馈的移动装备了。

在网络上可以完成的操作现在和在移动终端上的相比，都越来越丰富了。它们都可以帮助人们基于兴趣搜索查询一些有趣的活动等。网络与移动终端有利有弊，如果能够二者结合就可以实现效率最大化——也就是说更高质量的会议连接效果与更低廉的成本。

这个需求最终会开发出更专业的办公专用软件系统，来制订出会议计划并实时通知参会人员等，并且可以实现与会人员之间的沟通合作。

当下，策展人员在会议组织、分发、现场安检等方面投入了太多的成本，相信这些在几年之内就会被改善。使用小范围内的移动终端 NFC 功能就可以让参会人员更便利地交换沟通信息，而这些只需要两部都具有 NFC 芯片的手机即可。类似的科技还可以被应用在入场证的检验、电子票、实时收受信息的反馈及存包管理等操作。

在这些在线应用帮助会议规划的过程中，有超过 1 500 多项技术可以应用在 30 多个子目录中。其中一些工具是基于网页发展起来的，而随着移动终端互联网技术的成熟，相信在不久的将来，这些技术都可以更方便地通过移动终端手机来实现。

一个基于移动终端的网络注册解决系统拥有以下这些功能：
- 作为会前工作的一部分，会议的参会人员将会收到一份邀请邮件。
- 与会嘉宾可以通过点击进入注册页面。
- 利用自动填充的功能，注册就可以顺利完成，并且后台设定的付款流程也可以顺利弹出。
- 在回复会议确认函时，其包含一份打印版的收据以及电子确认信。
- 参会人员只要拿着电子码或电子票就可以在现场进行登记。

以上例子只是来证明移动手机是有可能改变活动产业的。下一代移动手机的发展将会革命性地颠覆活动产业的策划发展等操作过程。

虽然很难预测，一直高速发展的科技将会把人们带向何处，但是我们可以确定的是，对一部分特定活动产业最基础性的面对面会议还是很有必要的。比如，一个成功的销售团队队需要彼此面对面地传达出来的工作激情相互鼓励。

微软团队曾发声,在接下来的时间里,美国国内50%的生产总值将会被技术的管理和传授工作所占据。一些先进组织仍旧会采取面对面的形式进行沟通。而一些评论员和其他一些预测的认为活动产业将死的言论发生了巨大分歧。

拥有不断审视的思想和对创新想法的知悉,是这场改变中的游戏获胜的关键。为了实现这些目标,一个创新型团体应该拥有图17.2中的特质。

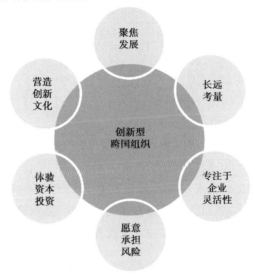

图17.2　创新型跨国组织的优秀特质

虚拟活动

一些企业和组织开始重新审视面对面的活动交流的必要性,或者在一些情况下选择更具视觉感官的来呈现会议。在2010年,超过70%的专业策展人员意识到成本的削减是他们遇到的最大困难,并且有38%的人员开始打算利用视频会议及在线会议电话来取代面对面的沟通会议。

在这个潮流的驱使下,组织活动者们也纷纷转型,都逐渐转向了视觉活动的策划以及其他一些另类方式的活动。2009年,一个研究数据表明,有40%的合作品牌市场人员与31%的策展人员都采取了视频会议的方式;71%的回馈表明,应用视频技术可以有效解决地理区位上劳动力参会人员分散的问题。

视频会议的市场,包括了不同的产品和服务,(就 Market Research Media ,2010 得到)从2010年到2015年完成了186亿美元的增长额。Market Research Media 将视频会议中的不同服务类型统计到了图17.3中。

这一系列的虚拟视频应用在了活动产业中包括娱乐、建筑成像、教育、培训等方面。

虚拟现实的应用也逐渐变得相互关联了起来,然后,大多数的活动产业从业人员却并没有一个清晰的认识来如何应用这些技术,辅助完成确定的商业策展目的。

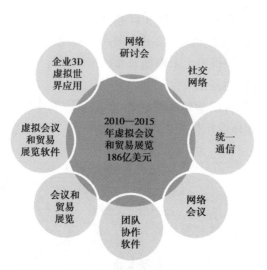

图 17.3 视觉效果及贸易展览会的使用方面

来源：Market Research Media ,2010

虚拟展会将对展览者及参会人员都会带来利好。对策展人员来说,虚拟展会可以带来一个全新的商机来组织活动,增加会议传递方式的选择性,在网络连接沟通方面来说主导更强健的应用,并且在主办方的选择上大大加大可选择力度,并且更有创新性地扩展了客户的想象。

这些优秀的会展活动在于经验的积累,而这种实验性的市场行为也逐渐受欢迎,在这基础上的有技术培养的专业人才将会出现一个持续缺口。无论是音乐会还是大型会议、见面会、竞赛、时装秀还是电影节,这些专业人才也会逐渐共享交融其在各种活动上的经验。

所以,到底什么是一个活动从业人员的可持续转换的个人技能呢? 就检验的各种工作的广告说明、介绍和个人观察来说,对一个会展管理的职位来说,以下这些技能都是十分重要的:

- 有逻辑思维、有组织能力;
- 时间管理能力—可以管理日程表;
- 领导力—成为一个组织成员/领导;
- 自我驱动力—个人自我驱动的上进心并且可以鼓励团队;
- 社交能力—可以和不同阶层的人友好沟通;
- 市场技能—了解媒体、销售;
- 公关能力—增加兴趣点,仿写,联络,营销;
- 沟通能力—跟同事、客户和责任方沟通;
- 展示的能力—用不同的媒体工具等;
- 调查技能—收集及整理信息的能力;
- 商业敏感性—对经济、成本和热点信息的把握;
- 乐观积极可适应调节的态度—促成事情完成;
- 事情解决的能力和自信的态度;

- 创新性和原创性—总是能爆发出让人咋舌的创意。

以上这些技能,尤其是结合在一起讨论时,需要从业人员不断积累经验来提高。而这也恰好解释了世界上大部分高校和研究院都为毕业生和在校生同时提供项目的原因。

这个产业逐渐发展起了一些权威机构,通常用不同的机构来描述这个产业的不同方面,比如,会展部门培训机构(ESITO)。ESITO 是一家在英国"城市导览"中被官方认定"国家职业资格证协会(NVQs)"中的会展业的评定机构。在 NVQs 中的会展方面信息对从业人员完全公开,尤其是对组织会展者、在活动现场的工作人员、办展会的人员和提供物资、服务的工作人员都很有用。

ESITO 由以下 12 个主要组织构成:

- ACE—会议与活动组织协会;
- ABPCO—英国国家专业会议组织协议;
- AEO—会展组织协会;
- BECA—英国会展承包商协会;
- EVA—会展当事地点协会;
- ITMA—旅游业和会议组织;
- MIA—会议活动产业协会;
- MPI(英国)—国际专业会展人才协会;
- MUTA—纺织品制成协会;
- NEA—国际专业组织会展人才协会;
- NOEA—国际会展外围活动协会;
- TESA—会展服务协会。

ESITO 参与一个项目有责任甄别和培养拥有以上这些基本技能、理解和知识性的人才,提供给国际会议的组织者和管理者。这些项目在捷克、德国、波兰和英国都有进行。

ESITO 的前身—会议与活动组织协会在 2003 年首次成立,初衷也只希望在会议会展方面有些建树。

活动产业的可持续发展性

在活动的不同国家、不同部门、不同时期,其改变的进程是不同的。这很好理解,因为节事活动的不同部门都处在持续发展中,而且对统一教育和顾客服务方面来说确实很难统一标准,尤其是受众都处在一个不同的全球化的世界中。

节事产业中的某些环节看起来还是不太能理解可持续发展的意义,并且当全球都在不断地出现精彩的贸易展会案例、社会福利和精彩的文化遗产的情况下,人们从事节事活动时却并没有呈现出在考虑可持续发展的这一特质。而思想的转变在未来的发展中是一定会逐渐转变的,就像从业人员越来越意识到顾客反馈的重要性和对产业生态带来的作用。例如,当一个参会人员在参加鸡尾酒会,他拿到了最后一块寿司卷时,一定不会觉得"啊这个活动组织得真的很好",相反会认为"这个活动没有准备好足够的食物,我并没有觉得没很好的对待着"。从业人员逐渐意识到客户服务的重要性将随着下一次的劳工改变的浪潮中逐渐加剧。

在巴西,两次大型的活动——世界杯、奥运会,被看作这次改变的开端。实际上,这种备受瞩目的大型赛事带来的商业机遇和挑战都是双面性的。换言之,这样潜在和持续的商机会给消费者带来压力,会反作用于培养节事可持续发展的土壤。

一些业内评论人士认为,经济是整个赛事行业接受和广泛实施可持续性的主要障碍之一。主要有以下 2 个原因:首先,成为可持续发展的产业确实是很耗成本的;其次,人们需要时间和一些必要因素进行这些节事活动知识的学习。其实可以从侧面和改变专业化活动事业中的要素慢慢消除这个障碍。积极展现出领导力,努力使用一些便于操作的软件参与活动产业是一个能够让人们感到新鲜的技巧的重要性的尝试。

以下是由佩勒姆,一个活动产业的从业人员提出的对可持续从业的优秀的建议:

• 会展产业从业人员不应该坐以待毙来等待一个被别人定义的产业的持续发展的方向。虽然改变确实会影响其产品与服务。这样做可能会导致其品牌和客户的品牌与活动参与者潜在的无法修复的破坏性。

• 政府和企业客户可能会率先要求可持续活动与其声誉和经济的目标相一致。

• 行业从业人员应该研究清楚他们的客户目前是否关注可持续发展,因为随着越来越多的企业关注可持续性,这将导致会展行业对持续性考虑的需求的增加。

• 那些能够吸引国际公众的关注和创造广泛的商业机会(如奥运会)的大型会展可能会越来越关注可持续发展,这将大大推动需求。

• 尽管国际认可的存在框架的实施和报告的可持续性(例如 ISO 20121 和 GRI 事件组织者部门补充),从业人员感到可持续监管政策很可能会袭击活动行业,在不久的将来以更快和更显著的程度来改变商业模式。

• 透明度是强调作为区域产业需要改变当前的商业模式。例如,声明佣金。

下一代活动行业的被视为热爱可持续性和可能会带来热情甚至专业水准(佩勒姆,2011:6)。

总结

全球化带来的预算下降和需求增长,以及对可持续性环境的担忧和 IT 行业的发展已经迫使节事活动从业者在满足业务需求方面更具有创新精神。然而,许多人认为会展行业已经在缓慢适应着变化的环境,包括 IT 解决方案的可采纳性。

在未来,互联网的解决方案的实施将导致成本节约,通过扩大会展出席人数的范围、增加会展活动来降低成本。这种持续影响会展行业的发展模式将会是虚拟应用程序的产物。

一些有远见的企业已经采用了虚拟现实的应用程序来满足业务需求,同时解决一些社会问题。虚拟会议和虚拟特殊节事活动是环保的、低成本的,并且提供了面对面的会议的替代方式。他们创新的和可行的方法有效且高效地满足组织的需求。虚拟世界对于娱乐、学习、工作和电子商务的协同发展有很大的发展空间。

　　强大的竞争力需要不断地重新评估能力,如果他们在这样的竞争环境中成为可行的成员,活动从业者必须习惯于工业需要和愿望。这种 IT 技术应用的意识和提供这样的服务可能会成为组织的分界点;这只是时间问题,在虚拟世界中的业务或组织存在将会和网站的现有业务一样常见。

问题讨论

问题 1

　　讨论活动行业未来变化的驱动因素。

问题 2

　　分析全球经济和政治的变化将对体育活动行业产生的影响。

问题 3

　　简析移动技术的发展将会对活动产业产生的影响。

问题 4

　　评估将迫使活动行业改变的各种虚拟应用程序。

问题 5

　　活动从业人员将以何种方式适应活动行业的变化?

问题 6

　　讨论环境的变化性质及其对活动产业的影响。